干部学习投入与学习成效

廖来红　著

国家行政学院出版社
NATIONAL ACADEMY OF GOVERNANCE PRESS
·北京·

图书在版编目（CIP）数据

干部学习投入与学习成效 / 廖来红著．—北京：国家行政学院出版社，2023.4
ISBN 978-7-5150-1362-6

Ⅰ.①干…　Ⅱ.①廖…　Ⅲ.①干部教育—研究—中国②干部培训—研究—中国　Ⅳ.①D630.3

中国版本图书馆 CIP 数据核字（2022）第 230643 号

书　　名　干部学习投入与学习成效
GANBU XUEXI TOURU YU XUEXI CHENGXIAO
作　　者　廖来红　著
责任编辑　王　莹　孔令慧
出版发行　国家行政学院出版社
（北京市海淀区长春桥路 6 号　100089）
综 合 办　（010）68928887
发 行 部　（010）68928866
经　　销　新华书店
印　　刷　北京盛通印刷股份有限公司
版　　次　2023 年 4 月北京第 1 版
印　　次　2023 年 4 月北京第 1 次印刷
开　　本　170 毫米×240 毫米　16 开
印　　张　18
字　　数　283 千字
定　　价　58.00 元

序一

从某种意义上讲，中国共产党一百多年波澜壮阔的奋斗征程，也是干部教育培训不断创新发展的百年历程。从成立之初的简易干部学校、农民运动讲习所，到土地革命时期的军官教导队、中央红军学校、马克思共产主义学校，再到抗战时期的抗日军政大学，解放战争时期的学校干部教育、干部训练班和在职干部教育，干部教育培训为中国革命输送了大批急需人才。新中国成立后尤其是改革开放以来，通过举办各级各类党校（行政学院）、干部学校、工农速成中学、干部学院，制定干部教育培训规划，构建干部教育培训体系，培养了大批社会主义建设人才。经过长期努力，中国特色社会主义进入新时代。以习近平同志为核心的党中央统筹中华民族伟大复兴的战略全局和世界百年未有之大变局，明确干部教育培训事业的先导性、基础性和战略性的科学定位，提出加快推进学习型政党和学习大国建设，要求干部增强“八项本领”和“七种能力”。中国共产党人对干部教育培训工作的高度重视，贯穿于中国革命、建设、改革各个重要历史时期。

干部教育培训是建设高素质干部队伍的重要途径，是党的建设新的伟大工程的重要组成部分，也是终身教育体系的重要组成部分。世界百年未有之大变局下，我们面临的是一个急剧变革的时代，国际格局正在发生重大调整，全球治理体系正在发生深刻变革，世界范围内呈现影响人类历史进程和趋向的重大新态势。同时，我们面临的又是一个加速创新的时代。知识创新、科技创新、产品创新、组织创新、制度创新几乎每时每刻都在发生。以信息技术为代表的科技革命正日益深刻改变着人们的思维观念、生活方式和行为习惯，创新精神和创新能力决定着一个国家的核心竞争力和国际战略地位。在这种时代背景之下，2022 年 10 月召开的党的二十大再次强调“建设马克思主义学习型政党”。干部教育培训事业的蓬勃发展，亟须借鉴现代教育学、成人教育学、教育心理学和管理学的最新理论成果作指引，不断提升科学化办学水平。值得欣慰的是，经中央组织部和教育部批准，部分高等院校设置了干部教育学二级学科。

《干部学习投入与学习成效》一书运用教育学中的学习投入理论，以及现代培训评估理论，科学构建评估参训干部学习表现和学习成效的指标体系，探寻其影响因素及影响机制，具有重要理论意义和实践意义。从理论研究来看，这些年侧重研究干部教育培训宏观管理方面的居多，真正深入教学研究的相对较少，而教学工作又恰恰是干部教育培训中最基础也是最本质的工作。此书将学习投入理论从大中小学领域运用到干部教育领域，深入教学过程尤其是“学”的过程中，不仅有利于深化干部教育教学理论研究，也有利于提升成人教育和继续教育理论水平，具有一定的开创性。从实践来看，参训干部的学习表现和学习成效，不仅关系到干部个人的成长、国家治理体系和治理能力现代化，更关系到党风学风、党和国家事业的长远发展。对参训干部的学习表现、学习效果开展考核评价，历来是政策强调的重点，但也是实践中的难点和薄弱点。其原因就在于缺乏相应学科理论作指导，未能将“态度”“表现”等抽象概念细化为科学的、具体的、可操作的指标体系，一些办学机构仅从出勤、纪律和外在要求等行为层面加以评估或鉴定，并未真正涉及学员内在心理过程和情感体验。就实践意义来说，此书可以为科学构建评估指标体系、改进办学质量、提升办学成效提供学理依据。

在研究方法上，本书采取质的研究为主、量的研究为辅的混合式研究方法，把通过质的研究总结归纳出的理论模型作为研究假设，运用量的研究方法予以验证，也具有一定的开创性。在质的研究部分，作者访谈参训干部，生动鲜活地呈现了干部学习投入、学习成效的现实情况；在相对纷繁复杂的各种影响因素中，作者运用扎根理论提出组织支持和卓越教学这两大核心因素，并归纳出组织支持主导、卓越教学直接作用的影响机制，具有很强的可读性。在量的研究中，作者通过问卷调查，直观地呈现了干部学习投入和学习成效状况。尤为难得的是，在研究中存在影响因素、学习投入、学习成效等多种变量的情况下，作者能够较好地利用计量研究方法中的结构方程模型，探讨多变量之间的因果关系，验证质的研究中得出的部分结论。两种研究方法的结合使用，既可以多角度、全方位分析事物，有利于把握其整体情况，又能进一步提升研究的效度和信度，给人耳目一新之感。

本书作者长期在北京大学从事干部教育培训的理论研究和实践工作。曾经受学校党委委派，借调中央组织部参与中央关于干部教育培训规划的起草工作；也参与过教育部相关政策文件的起草，是一位既懂得理论，又熟知政策和实践的管理干部。本书的公开出版必将有助于进一步提升干部教育培训事业的科学化水平。

是为序。

闵维方

2023 年 4 月于燕园

序二

本书系廖来红在其博士学位论文《干部学习投入与学习成效及其影响机制研究》的基础上修改而成。2015—2022 年，廖来红在北京大学教育学院跟我攻读在职教育管理博士，结合其长期从事干部教育培训工作的实践经验，将干部学习投入、学习成效确定为学位论文选题方向。其间，他阅读了大量中英文文献，访谈了四十余名各级各类参训干部，回收有效问卷四千余份，历经七年写就论文，并最终通过严格的博士学位论文答辩。

本书中的干部学习不是根据自身需求、自行承担学费、自主选择培训机构和培训内容等一般意义上的学习，而是根据一定的培训目的，参加由相关单位或部门组织的，利用工作时间脱离工作岗位的教育培训，具有政治性、组织性和实践性等特点。培训期间，参训干部照常享受工资待遇，且无须承担培训费用，从某种意义上说，干部学习是其工作的延伸。因此，干部学习期间的表现和学习成效，不仅为其所在单位、主管部门和办学单位所关注，也为社会各界所关注。

近些年中共中央历次出台的全国干部教育培训规划，均强调对干部的学习态度和表现、理论知识掌握程度、党性修养和作风养成情况，以及解决实际问题的能力等进行考核评估。在办学实践中，一些教学机构也将学员的出勤、课堂纪律、学习情况等纳入评估或量化考核范畴，但由于缺乏学理支撑，他们仅仅关注考勤、纪律、完成要求等外显行为表现，并未真正关注学员的心理因素。他们不仅对参训干部学习过程的评估缺乏科学性，而且对干部学习成效的评估也基本停留在柯氏四级评估中的第一层，即“反应层”评估，因而缺乏完整性。本书的出版恰恰为科学评估参训干部的学习过程和学习成效提供了学理依据。其创新之处在于：

首先，本书吸收借鉴了大中小学领域常见的学习投入理论。学习投入理论是高等教育和中小学教育的研究热点，但在成人教育以及干部教育培训中却关注甚少。在现有干部教育培训的理论研究中，比较强调参训干部的学习态度、学习动机、学习表现、学习风气、学习纪律等；在实践中，干部教育培训的主办单位和办学机构主要侧重于对参训干部出勤、纪律、表现等情况进行评估。但这些具体评估均无法科学、全面、深入概括干部全学习过程。实际上，干部学习过程不仅仅包括出勤、纪律、听课、做笔记、完成学习要求等外在行为表现，还包括认知、情感等在内的深层次心理因素，如学习态度、学习动机、精神状态等。本书将学习投入理论应用在干部教育培训领域，从行为、认知、情感三个维度提出若干具体测量指标来评估干部学习过程，为学员的考核评估提供学理基础，能够较为科学、全面地评估干部参加学习的全过程。

其次，本书揭示组织因素、教学因素是影响干部学习投入和学习成效的核心因素。在高等教育和中小学领域，研究者往往会从社区、家庭、学校、班级以及同辈群体等方面来探寻学习投入的影响因素。但成人教育不同于上述普通教育，参训干部需要承担着相应的工作责任和家庭职责，还要考虑自身身体素质状况。在实际工作中，人们往往以“工学矛盾”来形容工作对干部参训的影响。根据生活余力理论，成人在克服工作、家庭等所耗费的精力之后，有了余力才能更好地投入学习。本书在质的研究中，最初罗列出的直接影响因素多达20多项。通过类属分析、归纳提炼，发现家庭职责、身体状况对干部学习投入影响并不大，工学矛盾从本质来说可以归结到组织因素。组织支持包括对干部正向的关心、爱护和支持，以及反向的严格要求，可以对干部学习投入产生直接影响作用。组织对培训目标、培训机构、培训课程和培训师资的选择在干部学习投入、学习成效中起主导作用。卓越教学对干部学习投入、学习成效起着直接作用。单就学习成效来说，卓越教学既起着直接作用，也可以通过学习投入起间接作用。在整个影响因素中，卓越教学的直接作用显得极为关键。

再次，本书构建了组织支持、卓越教学等相互作用的影响机制。这一影响机制是一个整体。书中指出，组织支持对干部学习投入、学习成效起主导的统领性作用，卓越教学则起关键的直接作用；学习投入作为中介因素对学习成效有重要作用。就学习投入而言，它既受组织支持的直接影响，还受卓越教学的直接影响，并直接影响干部学习成效。具体来说，行为投入中的规则性投入、认知投入中的认识水平以及主动克服生活困难等是取得学习成效的必要条件；情感投入、认知投入等提供精神能量，为取得良好学习成效起到保障作用，它们在取得良好学习成效上同样居于不可或缺的地位。但这些因素本身对学习成效不直接产生作用。行为投入中的积极主动及认知投入中的深度思考、反思学习等涉及高级思维投入，与实质性学习过程高度吻合，其本身就是实质性学习活动，它们可以直接影响学习成效，是取得学习成效的充分条件。

最后，本书通过结构方程分析，相对科学地呈现了包括行为、认知和情感等维度的学习投入对学习成效的影响路径系数，以及教学水平对学习投入、学习成效的影响路径系数，部分验证了通过质的研究所得出的结论。这一影响机制或理论模型显示，组织支持对干部学习投入、学习成效起主导作用，并通过学习投入这一中介影响着学习成效；卓越教学不仅通过影响学习投入间接影响学习成效，而且还直接影响着学习成效。本书提出具体建议：增强干部学习投入、提升学习成效应该着重从组织因素、教学因素等方面入手。

本书逻辑清晰、资料翔实、方法得当、论证严谨、行文规范，反映出作者具有较为扎实的理论基础和独立从事教育科学研究的能力。希望本书的出版能够为干部教育培训的理论研究人员和广大从业人员提供新的视角、方法和可操作性的建议，为进一步提升干部教育的科学化水平作出应有的贡献。

丁延庆

2023 年 4 月于燕园

目录 CONTENTS

第一章

绪　论

本章导语

- 参训干部的学习表现、学习成效如何，不仅关系到干部个人成长、关系到国家治理体系和治理能力现代化，更关系到党风学风、关系到党和国家事业的长远发展。
- 对参训干部开展考核评价，历来是政策强调的重点，也是实践中的难点和薄弱点。
- 本书运用学习投入理论和现代培训评估理论，科学构建评估干部学习表现和学习成效的指标体系，探寻其影响因素及影响机制，为进一步改进办学质量、提升办学成效提供可操作性的建议。

第一节 研究背景

干部教育培训是干部队伍建设的先导性、基础性、战略性工程，对提升国家治理体系和治理能力现代化具有重要意义。党的十八大的召开标志着中国特色社会主义进入新时代，面对中华民族伟大复兴战略全局和世界百年未有之大变局，中国共产党在以往“大规模培训干部”的战略基础上，提出“高质量教育培训干部、高水平服务党和国家事业发展”，更加强调干部教育培训质量，更加突出干部学习成效。学习投入作为教育质量的过程性评价指标，对参训干部开展学习投入和学习成效研究极具理论价值和实践意义。

一、更加重视干部教育培训工作

高度重视干部教育培训，是中国共产党的优良传统，是马克思主义政党先进性的内在要求。毛泽东说过：“政治路线确定以后，干部就是决定的因素。”① 干部自身素质如何，直接关系到中国共产党的执政能力和治理水平。在中国共产党一百多年的历史征程中，在不同形势、任务和目标下，干部教育培训承载着不同的历史使命，持续提供人才培养和智力支持。党的十八大以来，面对中华民族伟大复兴战略全局和世界百年未有之大变局，以及国家治理体系和治理能力现代化的深入推进，中国共产党高度重视干部教育培训工作。

（一）对干部教育培训工作的定位更为科学精准

对于干部教育培训工作在中共整体事业中如何定位，长期以来未有官方明确表述。实际工作中，一些地方和领导存在“说起来重要、做起来次要、

---

① 毛泽东：《中国共产党在民族战争中的地位》，载《毛泽东选集》（第二卷），人民出版社 1991 年版，第 526 页。

忙起来不要”的现象。[①] 在2008年全国干部教育培训工作会议上，习近平提出，干部教育培训工作是干部队伍建设的先导性、基础性、战略性工程，对干部成长有着直接而重要的影响，关系党的工作全局，具有不可替代的战略意义。[②] 他首次以“先导性、基础性、战略性”这“三性”，完整概括了干部教育培训的地位和作用，是对干部教育培训定位的科学论述和精准表达，也是对干部教育培训事业认识的不断深化。此后，中共中央颁布的《2013—2017年全国干部教育培训规划》《干部教育培训工作条例》《2018—2022年全国干部教育培训规划》等重要文件中，均坚持了上述“三性”定位。

（二）加快推进学习型政党和学习大国建设

2004年，党的十六届四中全会首次提出“学习型政党建设”；2007年，党的十七大对此加以强调；2009年，党的十七届四中全会就“建设马克思主义学习型政党”进行部署；2012年，党的十八大提出“建设学习型、服务型、创新型的马克思主义执政党”。[③] 2014年，习近平在与外国专家座谈会上提出，中国要永远做一个学习大国，不论发展到什么水平都虚心向世界各国人民学习。[④] 党的十九大报告提出，“我们党既要政治过硬，也要本领高强。要增强学习本领，在全党营造善于学习、勇于实践的浓厚氛围，建设马克思主义学习型政党，推动建设学习大国”[⑤]。2019年，习近平在《第五批全国干部学习培训教材序言》中强调，“要加快推进马克思主义学习型政党、学习大国建设”[⑥]。2022年，习近平在党的二十大报告中强调“建设马克思主义学习型政党”。

与提出建设马克思主义学习型政党要求相一致，党的十六大开创了中央

---

① 参见习近平《在全国党校工作会议上的讲话》(2015年12月11日)，《求是》2016年第9期。

② 中共中央组织部干部教育局编《习近平同志在全国干部教育培训工作会议上的讲话》，载《扎实推进新一轮大规模培训干部教育工作》，党建读物出版社2008年版，第5页。

③ 谢春红：《建设马克思主义学习型政党新论》，人民出版社2016年版，第5页。

④ 《习近平在同外国专家座谈时强调：中国要永远做一个学习大国》，《经济日报》2014年5月24日。

⑤ 《决胜全面建成小康社会 夺取新时代中国特色社会主义伟大胜利——在中国共产党第十九次全国代表大会上的报告》，《求是》2017年第21期。

⑥ 习近平：《第五批全国干部学习培训教材序言》，《党建》2019年第3期。

政治局集体学习先例。据统计，第十八届中央政治局共组织集体学习 43 次，第十九届中央政治局集体学习 41 次。截至 2023 年 2 月 21 日，第二十届中央政治局集体学习 3 次。考察近几年公开报道可以发现，习近平多次出席中央党校（国家行政学院）开学典礼，或出席全国党校工作会议，并就干部教育培训、党校教育和干部学习多次公开发表论述，强调干部教育培训、干部学习的重要性，这在以往并不多见。

二、更加强调干部教育培训质量

质量是干部教育培训永恒的生命线，也是其存在的价值和意义所在。考察改革开放以来的干部教育培训政策文献，均可发现对保证办学质量的诸多要求。如 1980 年 8 月，教育部、国家计委、财政部发布《关于高等学校、中等专业学校举办干部专修科和干部培训班暂行办法的通知》，要求“保证教学质量”；1984 年 5 月，教育部、国家计委、财政部发布《高等学校举办干部专修科，中等专业学校举办干部、职工中专班的试行办法》，提出“保证教学质量，培养出合格的毕业生”。历次全国干部教育培训规划或规划要点，均对培训质量作出明确要求。党的十八大以来对干部教育培训质量的要求更加严格。

（一）党的十八大前的主导思想为大规模培训

党的十六大后确定了“大规模培训干部、大幅度提升干部素质”战略部署。2005 年 3 月，胡锦涛给中国浦东干部学院、中国井冈山干部学院、中国延安干部学院的贺信中提出，实现全面建设小康社会的宏伟目标，不断开创中国特色社会主义事业新局面，迫切要求我们大规模培训干部，大幅度提高干部素质。2006 年，中共中央颁布《干部教育培训工作条例（试行）》，明确提出“全员培训，保证质量。干部教育培训面向全体干部，创造人人皆受教育、人人皆可成才的条件。大规模培训干部，大幅度提高干部素质，实现干部教育培训的规模和质量、效益的统一”。党的十七大提出，继续大规模培训干部，大幅度提升干部素质。2008 年，中央组织部出台《关于 2008—2012 年大规模培训干部工作的实施意见》，对大规模培训干部作出具体部署。为配合大规模培训干部需要，中共中央 2005 年建成中国浦东干部学院、中国井冈山干部学院、中国延安干部学院三所干部学院；2009年中央组织部将北京大学、清华大学等13所高校列为全国首批干部教育培训高校基地；各省（区、市）也确立相关院校为省级干部教育培训高校基地。尽管这一时期相关政策文献依然强调“保证办学质量”，但主要矛盾还是解决培训规模问题。“规模”，成为党的十六大至党的十八大前开展干部教育培训的主旋律。

（二）党的十八大以来更加强调高质量教育培训

党的十八大以后，在大规模培训干部的同时，将高质量提到了更为突出的位置。2013年，中共中央出台《2013—2017年全国干部教育培训规划》，在指导思想中提出“持续推进大规模培训干部、大幅度提高干部素质的战略任务，全面深化干部教育培训改革，全面提升干部教育培训质量”。在具体做法上，要求全面开展培训质量评估，研究制定干部教育培训机构办学质量评估办法和指标体系，努力探索科学的项目质量评估办法。2018年，中共中央发布《2018—2022年全国干部教育培训规划》，将“高质量教育培训干部、高水平服务党和国家事业发展”确定为指导思想之一；在涉及质量评估的具体措施上，提出建立健全干部教育培训质量评估制度，要求“全面推进干部教育培训机构办学质量、项目质量、课程质量评估”，这不仅在质量要求上更进一步，而且措施也更为具体明确。尽管这一时期也注重规模发展，但从“全面提升质量”到“高质量教育培训”，“质量”成为这一阶段的新主题。

追求规模、质量以及与效益之间的有机统一历来是干部教育培训各方所关注的焦点。从“大规模培训”到“高质量教育培训”，从着重解决规模问题到追求高质量发展，这对干部教育培训相关方也提出了更高的要求。

三、更加注重严格管理学员和考核评价

党的十八大以来，在全面从严治党战略布局下，干部教育培训更加注重学员管理，更加注重学员考核评价。

（一）更加强调培训纪律

培训纪律是做好干部教育培训工作的重要保障。2008年，中央组织部

出台《关于在干部教育培训中进一步加强学风建设的若干意见》。2013 年，根据《十八届中央政治局关于改进工作作风、密切联系群众的八项规定》及中央办公厅、国务院办公厅《实施细则》精神，中央组织部制定《关于在干部教育培训中进一步加强学员管理的规定》。中央纪委监察部网站从学业、外出活动、食宿、请假、用车、往来、关系、管理部门和培训机构等方面，将该规定归纳为 25 条“不准”。2019 年，中央组织部印发《干部教育培训学员管理规定》（2013 年 2 月 19 日中央组织部制定并发布，2019 年 11 月 28 日中央组织部修订）。上述 3 项学员管理规定均要求学员集中精力学习，端正学习态度，自己动手撰写发言材料、学习体会、调研报告和论文，不准请人代写，不准抄袭他人学习成果，不准“陪读”等；后 2 个规定要求累计请假不超过总学时的 1/7，要求一律不准以同学名义搞“小圈子”等。2019 年修订的学员管理规定中，要求施教机构“切实履行学员管理主体责任，完善并严格执行学籍、学习、考勤等规章制度，从严管理、从严监督学员”。

（二）从侧重评估“教”到开始评估“学”

政策规定对学员学习期间的考核评价一直都有明确要求。2006 年版的《干部教育培训工作条例（试行）》、2010 年中央办公厅《2010—2020 年干部教育培训改革纲要》、2015 年修订的《干部教育培训条例》《2018—2022 年全国干部教育培训规划》等中考核内容都包括干部学习态度、学习表现、理论知识掌握情况、党性修养和作风情况、解决实际工作能力等。在实际工作中，党校（行政学院）、干部学院等的干部教育培训项目在实施考核方面做得比较好。如中央党校（国家行政学院）的考核：理论学习方面包括学习态度、学习效果和能力素质，党性锻炼方面包括认识态度、理想信念以及党的宗旨意识、组织观念和纪律意识，还有改善知识结构和扩大知识面等方面的考核；考核主体为学员支部组织员、中央组织部联络员和各学员支部委员；考核方式为撰写鉴定意见。[①] 中央民族干部学院对参训干部的学习态度、学习行为、

① 胡兵：《新时代中共中央党校干部教育培训研究》，中共中央党校（国家行政学院）2019 年博士学位论文，第 139—147 页。

学习收获进行量化评分，由带班老师引导，学员党支部和班委会成员组织实施考核，对最终分数进行定级，并报送组织单位。

从干部教育培训整体评估来看，学员对“教”的评估要重于对“学”的情况评估。2003 年发布的《人事部关于进一步加强国家公务员培训质量评估工作的意见》中，评估事项为“综合评估”和“课程评估”两项。“综合评估”内容主要包括培训方案、培训实施、培训保障和培训效果等方面的满意度，“课程评估”包括教学内容、教师讲解、教学方法和教学效果等方面的满意度。涉及学员方面仅为综合评估中的培训效果，包括达到培训目标程度、提高工作能力和培训班总体满意度。如中央组织部、中央和国家机关工委自 2010 年以来每年举办的中央和国家机关司局级干部专题研修项目，在其“课程教学质量评估表”中，一级指标包括“教学水平”、“教学内容”、“教学办法”和“教学效果”4 个方面，涉及教学效果的有“对推动工作帮助程度”“对个人成长帮助程度”2 个二级指标，而对学员态度、学员学习表现均未涉及。《干部教育培训学员考核评价方法及指标问题研究》中显示，开展针对师资、课程和培训项目的质量评估较多，而对学员进行考核的主动意识不强，考核评价理念、方法和技术掌握不充分，[①] 这从另一个方面显示出对学员的评估依然处于薄弱地带。

“在每一个重大转折时期，面对新形势新任务，我们党总是号召全党同志加强学习；而每次这样的学习热潮，都能推动党和人民事业实现大发展大进步。”[②] “党的历史经验和现实发展都告诉我们，没有全党大学习，没有干部大培训，就没有事业大发展。”[③] 正因为干部教育培训、干部素质提升与整个事业发展紧密相连，党的十八大以来党对干部教育培训、干部学习更加高度重视。在解决规模培训问题的前提下，对高质量教育培训的追求也就成为这一时期干部教育培训工作的重点。

---

① 中国人民银行课题组：《干部教育培训学员考核评价方法及指标问题研究》，载中共中央干部教育局编《〈2018—2022 年全国干部教育培训规划〉课题研究报告汇编》（下卷），党建读物出版社 2018 年版，第 6 页。

② 习近平：《在中央党校建校 80 周年庆祝大会暨 2013 年春季学期开学典礼上的讲话》，《人民日报》2013 年 3 月 3 日。

③ 习近平：《第五批全国干部学习培训教材序言》，《党建》2019 年第 3 期。

第二节　研究问题

国内外高等教育、中小学教育对学习投入的研究，为提升干部教育培训质量提供了良好的借鉴。在美国高等教育领域，来自联邦政府、教育政策制定者等对本科教育质量的关切，促使公众、从业者和学者更多地讨论学生在大学的成功。高等教育机构在促进学生成长发展的过程中，不仅包括智力增长，还包括社会、情感和文化发展，因此，对高等教育质量或学生大学表现的评估应根据其对学生成长的影响来衡量。[①] 亚历山大·W. 阿斯汀（Alexander W. Astin）认为，假设学生参与（involvement）得越多，他在大学里就越成功；乔治·D. 库（George D. Kuh）认为，高水平的学生投入（student engagement）是在大学取得成功的必要条件，[②] 有效的教育实践指标可以作为本科教育质量的重要指标。[③] 乔治·D. 库倡导的全美大学生学习投入调查（The National Survey of Student Engagement，NSSE），将大学生学习投入视为高等教育质量的决定因素。[④] 在中小学领域，学生投入被认为是解决学生厌学的良方，[⑤] 是学生在学校取得成功的一个主要决定因素。[⑥] 他们从学生角度出发，强调学生在学业上投入或参与的时间和精力越多，学生学业收获越大，教学质量也就更得以保证。

---

① Tam Maureen, "University Impact on Student Growth: A Quality Measure?," *Journal of Higher Education Policy & Management*, 24 (2002): 211.

② Lisa Wolf-Wendel, et al., "A Tangled Web of Terms: The Overlap and Unique Contribution of Involvement, Engagement, and Integration to Understanding College Student Success," *Journal of College Student Development*, 50 (2009): 413.

③ George D. Kuh, "Assessing What Really Matters to Student Learning Inside the National Survey of Student Engagement," *Change: The Magazine of Higher Learning*, 33 (2001): 12.

④ 尹弘飚：《大学生学习投入的研究路径及其转型》，《高等教育研究》2016年第11期。

⑤ Jennifer A. Fredricks, Phyllis C. Blumenfeld, Alison H. Paris, "School Engagement: Potential of the Concept, State of the Evidence," *Review of Educational Research*, 74 (2004): 60.

⑥ Michel Janosz, "Part IV Commentary: Outcomes of Engagement and Engagement as an Outcome: Some Consensus, Divergences, and Unanswered Questions," in *Handbook of Research on Student Engagement* (New York: Springer, 2012), p. 697.

一、学习投入事关教育培训质量

学员在学习过程中是否努力、勤奋、认真、专注，是否做到全身心投入，是影响干部教育培训质量的重要因素。我国古代教育思想历来强调学生的勤学苦练、学思结合和持之以恒。收录于《管子》中的《弟子职》类似现在的学习守则，它提出“朝益暮习，小心翼翼。一此不解，是谓学则”[①]。意思是早要不断学习新知识，晚要不忘温习和实践，按照这些坚持不懈，这就是学习的规范。《论语》中提到“学而时习之，不亦说乎”“温故而知新，可以为师矣”，就是强调学了之后还要不断温习。《荀子·劝学篇》中的“学不可以已”“锲而舍之，朽木不折；锲而不舍，金石可镂”，强调学习不可以停止，必须坚持下去。同样的还有唐代韩愈的《进学解》中的“业精于勤，荒于嬉；行成于思，毁于随”，宋代张载的《经学理窟》中的“人若志趣不远，心不在焉，虽学无成”。从上述古代圣贤思想可以看出，要想在学习上取得良好成效，需要勤奋、专注和坚持。

学习投入强调的是学习者“学的状况”，侧重受教育者自身的角度。学习投入事关教育培训质量，这是一个不言自明的道理。

（一）从马克思主义哲学来说，强调人的主观能动性作用

主观能动性思想在马克思主义哲学体系中占有很重要的地位，马克思在肯定存在决定意识的前提下，承认意识通过实践对存在的反作用[②]。毛泽东在批判继承的基础上，丰富了马克思主义主观能动性思想，他在《论持久战》中第一次明确提出“主观能动性”这一科学概念，他说：“一切事情是要人做的，持久战和最后胜利没有人做就不会出现。做就必须先有人根据客观事实，引出思想、道理、意见，提出计划、方针、政策、战略、战术，方能做得好。思想等等是主观的东西，做或行动是主观见之于客观的东西，都是人类特殊的能动性。这种能动性，我们名之曰‘自觉的能动性’，是人之所以区别于物

① 孟宪承编《中国古代教育文选》，华东师范大学出版社 2010 年版，第 5 页

② 王棣棠：《毛泽东坚持和发展了马克思主义的主观能动性思想》，《社会科学》1983 年第 5 期。

的特点。”[1] 他深刻阐明主观能动性和客观规律之间的辩证关系，认为自觉的能动性是人类固有的特点，要高度重视人的主观能动性所起的作用。战争胜负，固然决定于双方军事、政治、经济等诸多条件，但要分胜负，还须加上主观的努力，这就是指导战争和实行战争，这就是战争中的自觉的能动性[2]。

（二）从唯物辩证法来说，事物发展的动力来自于内外矛盾共同作用

内部矛盾即内因，是事物发展的根据，是第一位的，决定事物发展的基本趋势。外因是事物发展的外部条件，是第二位的，对事物的发展起着加速或延缓的作用，外因必须通过内因而起作用。“事物发展的根本原因，不是在事物的外部而是在事物的内部，在于事物内部的矛盾性。任何事物内部都有这种矛盾性。”“唯物辩证法认为外因是变化的条件，内因是变化的根据，外因通过内因而起作用。”[3] 干部参加教育培训，其自身学习投入情况是内因，是主要依据；教学水平、后勤保障、制度要求等属于外因。想提高培训的质量与效果，外因作为条件固然重要，但内因更为关键。

（三）从教育学角度看，学生与教育者、教育内容、教育方式等共同构成教育活动的基本要素

“学生是学习过程的主体”[4]，必须发挥学员的主体性作用。人作为主体的规定性，相对客体而言，是指人在实践过程中发挥出来的积极、主动、自由、能动的特性，与马克思主义哲学中的主观能动性相通。肖川认为“主体性的内在规定性为自主性、能动性和超越性。主体在与他人、与社会的关系之中表现出自主性；主体在对象性活动中，即与客观物质世界的关系中，表现出能动性；主体在与自我关系中表现出超越性”[5]。从新中国成立初期学习苏联模式至改革开放前的相当长的一段时间内，教育理论界并不承认学生的主体

---

① 毛泽东：《论持久战》，载《毛泽东选集》（第二卷），人民出版社 1991 年版，第 477 页。

② 同上书，第 478 页。

③ 毛泽东：《矛盾论》，载《毛泽东选集》（第一卷），人民出版社 1991 年版，第 301—302 页。

④ 陈琦、刘儒德：《当代教育心理学》，北京师范大学出版社 2019 年版，第 4 页。

⑤ 肖川：《从建构主义学习观论学生的主体性发展》，《教育研究与实验》1998 年第 4 期。

地位，而是把教师主导和学生主体对立起来，“既然教师居于主导作用，学生必然居于被领导地位，必然服从教师”[①]。改革开放以来，随着研究的深入和实践的发展，学生的主体地位已经在理论界形成共识，理论成果也不少见。“受教育者，特别是青少年学生……一方面，他们参与教育活动、与教育者互动，是在教师的教导下进行的，是教育的对象，有受动的一面；另一方面，他们是有旺盛的生命潜能和富有好奇心和求知欲望的人，是学习的主体。”[②]干部作为具有丰富实践经验的成人，在学习中具有较强的自我导向性，在中共中央或者中共中央办公厅出台的关于干部教育培训的文件中，也多次提到要突出干部在学习中的主体作用。

（四）从学习心理学角度看，认知学习理论和建构主义学习理论注重学习者的主观能动作用

行为主义、信息加工论的学习“基本都以客观主义为基础，即把事物的意义看成存在于个体之外的东西，是完全由事物自己决定的，而对事物的认知就是单向的刺激或信息接收过程，是从事物到心理的过程”[③]。而认知学习理论要求将事物看成整体的结构；建构主义学习理论更是强调学习者利用已有的知识经验，对事物加以理解，这是一个积极主动主观建构的过程，即对同样的事物，不同的学习者会有不同的理解，并建构成不同的新经验。心理学家班杜拉将主体因素引入到对人类行为的获得与表现过程的分析之中，从而建立了一般学习论观点。[④]

综上，哲学、教育学、心理学等均强调学习者的主观能动性。学习投入便是学员在学习过程中这种主观能动性的体现。学员的学习投入程度如何，不仅直接关系到教育培训质量和成效，更关系到党风学风。因此，有必要了解干部参加教育培训中的学习投入情况，把握其学习动力、投入时间、勤奋程度、遵守纪律、思考状况乃至情绪状态和精神风貌等。通过深入访谈、问卷调查等方式，评估参训干部学习投入状况是本研究中的第一个问题。

---

① 王策三：《教学论稿》，人民教育出版社 1985 年版，第 124 页。

② 王道俊、郭文安主编《教育学》，人民教育出版社 2016 年版，第 18 页。

③ 陈琦、刘儒德：《当代教育心理学》，北京师范大学出版社 2019 年版，第 80 页。

④ 高申春：《论班杜拉社会学习理论的人本主义倾向》，《心理科学》2000 年第 1 期。

二、学习成效体现教育培训质量

（一）符合性质量观与适用性质量观

长期以来，管理学领域存在符合性质量观和适用性质量观两种质量观。符合性质量观是由美国质量管理大师菲利浦·B. 克劳士比（Philip B. Crosby）提出的。他从生产者的角度出发，把质量概括为产品符合规定要求的程度。只要该产品是按照规定标准、符合设计要求生产的，产品就是合格的，合格品就是质量好的产品。其判断标准是技术标准和产品标准，检测办法是检验和试验。这种质量观比较直观、实用，便于具体从业人员操作，在一定时期内为促进产品质量起到积极作用。“符合性质量观在 20 世纪 80 年代之前占有统治地位，并且人们把质量同工厂、产品制造以及生产过程相联系。”① 但这种只考虑生产者而不考虑消费者体验的质量观是一种静态的质量观，无法适应个性化的市场需要。另一名美国质量专家约瑟夫·M. 朱兰（Joseph M. Juran）则从产品使用者角度出发，提出产品质量就是产品的适用性，考核产品在使用时能满足用户需要的程度，即适用性质量观。这种产品不仅是具体实物产品，也包括服务领域。适用性质量观要求产品生产者或服务提供者更多从顾客角度来思考问题，质量高低由顾客来评价，其出发点和落脚点是顾客需要，在某种程度上揭示了质量概念的本质特征，是一种不断发展变化的质量观，得到社会广泛认可。

（二）高等教育领域的质量观

在高等教育从精英迈向大众化阶段，西方有三种比较具有代表性的高等教育质量观，它们本质上来源于上述符合性质量观和适用性质量观。根据赵婷婷在《从精英到大众高等教育质量观的转变》一文中的介绍，这三种高等教育质量观主要认为：其一，高等教育质量所体现的是某种“目的的适切性”

---

① 尹瑛、袁剑波：《论现代高等教育质量观与教育质量社会监控》，《黑龙江高教研究》2008 年第 8 期。

(fitness for purpose)，即衡量教育教学质量的标准应该是当初所设定的相应教育目标，当然，不同类型、不同层次的学校其教育目标是不同的；其二，高等教育质量应该致力于“符合消费者的愿望和需求”(meeting customer expectation)，高等教育的消费者就是学生，个体接受高等教育，就像产品和服务一样，应该首先符合学生的需要；其三，衡量高等教育质量高低的标准应该是“价值增值”(value added)，即学生在进入高校之前和接受完高等教育之后，在成就、行为等方面变化越大，价值增值就越多，教育教学的质量也就越好。[①] 不难看出，高等教育“目的适切性”质量观来源于符合性质量观，即质量标准来源于事先设定的目标要求。“符合消费者愿望和需求”“价值增值”落脚点均在消费者即学生身上，与适用性质量观要求一致，只不过前者更加重视消费者的兴趣、需要、要求和期待，后者则直接体现了学生接受教育后的收获、效果、成效，这也正是教育教学质量的体现。国外高等教育致力于促进学生成长发展，包括智力增长，还包括社会、情感和文化发展。如果我们认可教育是大学的核心目标，那么学生的学习就成为大学教育质量观中的重中之重，[②] 这也是将学生学习成效当作教育质量的重要体现。

《教育大辞典》对“教育质量”的定义是：教育水平高低和效果优劣的程度。教育质量主要受以下因素影响：教育制度、教学计划、教学内容、教学方法、教学组织形式和教学过程等的合理程度；教师的素养、学生的基础以及师生参与教育活动的积极程度。教育质量最终体现在培养对象的质量上。[③] 该定义有三层含义：一是教育水平高低和效果优劣程度，侧重表明教师“教”的水平是否符合一定的标准要求，这与符合性质量观本质一致；二是影响教育质量的各种因素，除教育制度、教学计划、教育内容等之外，教师和学生参与教育活动的积极程度也是主要因素之一；三是教育质量最终体现在培养对象的质量上，也就是是否满足学生的需要、兴趣、期待，学生是否真正学有所获、学有所得，这里对受教育者质量的强调与适用性质量观本质上是相

---

① 赵婷婷：《从精英到大众高等教育质量观的转变》，《江苏高教》2002 年第 1 期。

② 海迪·罗斯、罗燕、岑逾豪：《清华大学和美国大学在学习过程指标上的比较：一种高等教育质量观》，《清华大学教育研究》2008 年第 2 期。

③ 顾明远主编《教育大辞典》(第一卷)，上海教育出版社 1990 年版，第 24 页。

通的。实际上，全面质量观应该是符合性质量观和适用性质量观二者之间的有机结合，而不是将二者对立起来。产品或服务必须符合事先设定的标准要求，这是把好质量关的前提条件。如果连基本标准都未达到，连合格都谈不上，也就谈不上质量。但仅仅符合标准还远远不够，最终还要看受教育者是否有成效。从这点来看，《教育大辞典》中关于“教育质量”的定义，正是上述两种质量观相结合的体现。

（三）干部教育培训的质量观

在教育理论界，长期存在“知识本位”和“能力本位”之争。知识本位注重学科本身的逻辑和结构，往往从概念、定义、公式出发，力图给学生以完整的知识体系。能力本位突出对完成某种活动所需要的实际本领和能力，学生学习不仅仅停留在知识掌握上，更要体现在运用所学知识来分析问题和解决问题上。在干部教育培训领域，党一直坚持理论联系实际的马克思主义学风，注重问题导向，要求干部有运用所学理论知识指导实践、解决问题、推动工作的能力。[①] 在实际工作中经常遇到这样的情况，某授课老师学术造诣高、教学水平高，但参训干部评价却不高。这是因为老师在概念、定义、知识体系等方面讲述过多，对实际问题关注却很少。学员往往认为老师水平很高，但对自己并没有什么帮助。从这点来看，教得好，更多体现的是符合性质量观，但有的授课内容却因为不能满足学员需要，达不到“适用性”要求，最终不被学员所接受。董明发将干部教育培训质量界定为“培养的干部符合干部教育培训目标、满足现在和未来组织的需要以及干部自身发展需要的充分程度”[②]。在这一概念中，要求“培养的干部符合干部教育培训目标”，这是“符合性”的体现；要求满足组织需要和干部需要，这是“适用性”的体现。应该说，它体现了符合性质量观和适用性质量观的结合。

干部参加教育培训之后政治素质、专业素质是否得到提高，并且将其运用在实际工作中的效果如何，这便是接受教育培训之后的成效。从上述质量

① 《2013—2017年全国干部教育培训规划》，《人民日报》2013年9月29日。
② 董明发：《干部教育培训质量保障研究》，中共中央党校2011年博士学位论文，第17页。

观分析，干部学习成效直接体现了干部教育培训质量。不同于社会人员自愿、自费并利用业余时间参加继续教育，干部参加教育培训往往由组织安排、利用工作时间和财政经费，某种程度是工作的延伸。因此，干部教育培训质量、干部学习成效更容易受到社会公众的关注。很长一段时间内，社会上对将干部学习视为“认认人、养养神、串串门”，不真学、不深学等现象多有非议。因此，通过问卷和深度访谈等方式，评估干部学习成效到底如何，这是本研究中的第二个问题。

三、学习投入、学习成效受多重因素影响

教育质量受教育制度、教学计划、教学内容、教学方法、教学组织形式和教学过程等的合理程度，以及教师的素养、学生的基础以及师生参与教育活动的积极程度等多重因素影响，学员学习投入、学习成效同样也受多重因素影响。

（一）教育情境的影响

学员学习总是处在一定规则、制度和情境之下，学习投入是个体与环境互动、不断调整的结果。美国学者康奈尔（Connell）、芬恩（Finn）等认为“它是由个体与环境的交互作用产生的结果，并对环境的变化作出反应”，詹妮弗·A. 弗雷德里克斯（Jennifer A. Fredricks）等认为“对投入的兴趣越来越大的另一个原因是，它被认为是可塑的（malleable）”“将投入作为多维的和个人与环境之间互动的研究，有助于我们更好地理解儿童在学校经历的复杂性，并设计更具体、更细致的干预措施”①。在高等教育领域，NSSE 中的学习投入，除强调大学生个体学习参与情况之外，还包括教育机构在增加学生投入方面所做的努力。“学生投入的概念是鼓励机构对有效实践的反思和行动。具体而言，它包括考虑该机构在引导学生参与有效教育实践方面的作用。因此，它是一个与机构改进有关的概念，因为它立即确定了可以直接或间接影

① Jennifer A. Fredricks, Phyllis C. Blumenfeld, Alison H. Paris, “School Engagement: Potential of the Concept, State of the Evidence,” *Review of Educational Research*, 74 (2004): 61.

响改善学生学习的活动。”① 学者们对学习投入进行研究的最重要的目的在于分析影响学习投入的因素，从而找到干预办法，达到提升学生学习投入的目的，以促进学生发展。

（二）教育内容的影响

教学内容是构成教学过程中的基本要素，通常以课程形式呈现，反映了一定的教育目标。干部教育培训中，要求“干什么，学什么；缺什么，补什么”，将所用与所学结合起来，最好既满足学员个体需要，同时也满足组织需求。但干部教育培训存在较大差异性。在同一个培训班次中，很少有学员来自同一个单位或部门，或者来自同一单位或部门中的同一个岗位。从工作需求角度来看，同一个班次就存在较大差异。另外，学员之间还存在年龄、学历、专业、级别，以及兴趣爱好等多方面差异。这些差异的存在导致对学习内容的需求也存在差异。对于同一个班次的同一门课程，有的学员很感兴趣，有的学员却兴趣不大甚至毫无兴趣。因此，教学内容与工作岗位以及自身需求的匹配度，必然影响学习投入和学习成效。

（三）教学水平的影响

教师的“教”与学生的“学”，是教学领域中的一对基本矛盾。王策三认为：“所谓教学，乃是教师教、学生学的统一活动；在这个活动中，学生掌握一定的知识和技能，同时，身心获得一定的发展，形成一定的思想品德。”② 王道俊、郭文安将教学的概念进一步具体化，认为“教学是在一定教育目的的规范下，在教师有计划地引导下，学生能动地学习、掌握系统的课程预设的科学文化基础知识，发展自身的智能与体力，养成良好的品行与美感，逐步形成全面发展的个体素质的活动”③。干部教育培训虽不属于国民教育序列，但仍须遵循一般教育规律。从改革开放初期中共中央、中央组织部、教育部

---

① Lisa Wolf-Wendel, et al., “A Tangled Web of Terms: The Overlap and Unique Contribution of Involvement, Engagement, and Integration to Understanding College Student Success,” *Journal of College Student Development*, 50 (2009): 414.

② 王策三：《教学论稿》，人民教育出版社 1985 年版，第 88—89 页。

③ 王道俊、郭文安主编《教育学》，人民教育出版社 2016 年版，第 16 页。

等发出的通知来看，要求办学机构“保证教学质量”，基本上都从“教”的水平这一角度来要求的。从干部教育培训相关的现有政策文献看，要求干部教育培训形成“需求调研机制”“提高针对性”“高质量教育培训干部”等，均是从“教”的角度提出的。因此，教师“教”的水平如何，必然直接影响到学员学习投入和学习成效。

（四）工学矛盾的影响

与全日制国民教育相区别，干部教育培训大多是干部利用工作时间参加主办单位组织的学习，“工学矛盾”成为干部教育培训中的常见问题。这主要体现在两个层面。一是某岗位的干部以忙于工作为理由，应该参加教育培训却不参加，导致长期不训。尤其某些涉及安全稳定等的重要岗位，同级组织往往也以其承担工作无人替代为由不愿让其脱产学习。针对这种应该参训却以工作为由不能参训的现象，2015 年后中共中央出台的文件中明确提出，完善点名调训和补训制度，由上级组织对重要岗位的干部直接实行点名调训，如果确实无法参加的，其后进行补训，干部必须服从。① 这从根本上解决了某些重要岗位干部以工作为由不能参训的问题。二是一些干部在参加教育培训过程中因为不时地处理工作事务，难以集中全部精力参加学习。尽管相关文件要求参加脱产的干部一般不承担所在单位的日常工作、出国（境）考察等任务②，但在实际中难以真正执行。往往是干部在参加脱产学习的同时还要处理一些重要工作，有时还需请假回原单位处理。针对工学矛盾，早年有些地方采取了“免职培训”的做法，即将参训干部职务全部免除，使其彻底脱离工作岗位后参加脱产培训，结业以后再重新安排工作。从理论上来说，这种

---

① 见《干部教育培训工作条例》第二十五条规定：脱产培训以组织调训为主。干部教育培训管理部门负责制定干部调训计划，选调干部参加脱产培训，对重要岗位的干部可以实行点名调训。干部所在单位按照计划完成调训任务。干部必须服从组织调训。《2018—2022 年全国干部教育培训规划》第二部分第一条规定：“全面系统学习习近平新时代中国特色社会主义思想，对重要岗位的干部实行点名调训。”第六部分第二条规定：“严肃调训纪律，建立健全调训情况通报制度，完善点名调训和补训制度。对 5 年内没有参加党校（行政学院）、干部学院系统理论教育和严格党性教育的领导干部，及时进行补训。”

② 见《干部教育培训工作条例》第十七条规定：干部在参加组织选派的脱产教育培训期间，一般应当享受在岗同等待遇，一般不承担所在单位的日常工作、出国（境）考察等任务。因特殊情况确需请假的，必须严格履行手续。

方式似乎完全解决了工学矛盾，让干部能够有时间和精力投入学习。但也有干部在免职之后，面对未来职务安排的不确定性，出于对未来前途的担忧，难免影响到学习。因此，工学矛盾是考察影响学习投入、学习成效的重要因素。

（五）参训方式的影响

干部参加干部教育培训的具体方式大致如下。一是全员式，即针对某次党代会或中央全会精神、习近平新时代中国特色社会主义思想等重大主题开展轮训或集中宣讲，要求所有干部必须参加。二是任务式，即上级部门或本单位根据某专项工作需要开展某项培训，本单位必须安排人员参加，以完成培训任务。三是自选式，也即干部选学，学员根据自身需要，从主办单位提供的干部教育培训项目中选择具体参训班次，包括培训项目、教学内容、上课时间、教学机构等，适当扩大了干部的学习选择权。2015 年之前的中央相关文件要求建立健全“组织调训为主、干部选学为辅的参训机制”，但 2015 年修订的《干部教育培训工作条例》中取消了这一方式。四是遴选式，一般来说，这种培训项目具有一定稀缺性，并非普惠式。如带有明显选拔性质的中青年后备班，就需要组织部门的严格遴选，有的甚至要参加严格的入学考试。不同的具体参训方式，是否会给学习投入、学习成效带来影响，这也是本研究关心的问题。

在全面从严治党的战略布局下，中央组织部出台严格的学员管理规定，各主办单位、教育机构对参训学员提出严格的纪律要求。教学培训机构住宿、就餐等后勤保障方面以及学员身体素质、个人兴趣等是否也影响着学习投入和学习成效？学习投入、学习成效到底受哪些因素影响，其影响程度如何？这是本研究的第三个问题。

四、学习投入、学习成效及其影响机制

“机制”英文为“mechanism”，最早应用于机械科学，是指机械系统中各个零件或部件之间的联结方式和原理。关于机制的内涵学者们有不同的概括，有的认为是客观规律，即“机理”；有的认为是静态的系统范畴；还有的认为是系统内部各要素之间相互关系、相互作用、相互制约的工作体制、管理规

范和工作方式等。[①]

学习投入直接影响着学习成效，这是学习投入理论的基本出发点。而学习投入又受其他多重因素影响，学习成效也受除学习投入之外的其他多重因素影响。那么，它们之间如何相互作用，即学习投入怎样影响学习成效，其他因素又如何影响学习投入、学习成效，它们是如何运行的，在深入分析影响因素基础上，通过归纳总结和建构模型，进一步探寻干部学习投入、学习成效的影响因素及其影响机制，这是本研究中的第四个问题，也是核心问题所在。

综上，本研究主要涉及干部参加脱产培训时的四个问题：一是干部学习投入状况如何；二是干部学习成效如何；三是哪些因素影响干部学习投入、学习成效；四是学习投入、学习成效的影响因素及其影响机制是什么。

① 李松林：《体制与机制：概念、比较及其对改革的意义——兼论与制度的关系》，《领导科学》2019 年第 6 期。

第二章

理论基础与研究方法

本章导语

- 本章详细梳理了学习投入的术语使用、定义辨析、测量维度和影响因素。学习投入理论强调其在教学中的重要作用，为进一步构建干部学习投入、学习成效及其影响机制提供学理依据，是本研究中的核心理论基础。
- 培训效果评估模型起源于企业的培训评估，组织层面关注回报率、利润率等经济收益，个人层面强调在知识、技能、态度等方面的收获，尤以柯克帕特里克提出的“反应、学习、行为、结果”四层评估模型运用较广。西方培训效果评估模型是本研究中的主要理论基础。
- 自我决定理论、组织支持理论、生活余力理论可以从不同角度解释干部学习投入的各种影响因素。
- 本书采用以质的研究为主、量的研究为辅的混合式研究方法。以通过质的研究总结归纳出的理论模型作为研究假设，运用量的研究方法予以验证。

第一节 学习投入理论

学习投入，由英文词“student engagement”翻译而来。在高等教育领域，乔治·D. 库将学习投入源头认定为20世纪30年代著名教育心理学家拉尔夫·泰勒（Ralph Tyler）提出的任务时间（time on task）。[①] 在中小学领域，最早见于1984年纳特里洛（Natriello）提出的“学生参与”（student participation）概念[②]，而投入（engagement）一词最早于1985年由莫希（Mosher）和麦高恩（MacGowan）提出[③]。通过梳理国外相关文献可知，基础教育和高等教育领域对学习投入的研究，从源头就不一致，二者之间近乎平行，理论层面并不对话。

一、术语使用与中文表述

无论是英文还是中文，“学习投入”均有不同的表达术语。为了有助于更好地理解学习投入相关理论，有必要全面梳理与此相关的术语及其中文表述。

（一）高等教育领域

乔治·D. 库、亚历山大·C. 麦考密克（Alexander C. McCormick）分别阐述了学习投入一词的起源及演变。最早是20世纪30年代在俄亥俄州立大学，为了协助教师改进教学质量，以增强对学生的吸引力，拉尔夫·泰勒开展了学生花在学业上的时间及其对学习影响的研究，提出“任务时间”这一

① George D. Kuh, “The National Survey of Student Engagement: Conceptual and Empirical Foundations,” *New Directions for Institutional Research*, 141 (2009): 6.

② James J., et al., “Student Engagement with School: Critical Conceptual and Methodological Issues of the Construct,” *Psychology in the Schools*, 45 (2008): 369.

③ Amy L. Reschly, Sandra L. Christenson, “Jingle, Jangle, and Conceptual Haziness: Evolution and Future Directions of the Engagement Construct,” in *Handbook of Research on Student Engagement* (New York: Springer, 2012), p. 3.

术语。随着时间的推移，研究者发现，仅仅研究学生在学业活动中的投入时间还远远不够。20世纪60至70年代，罗伯特·佩斯（Robert Pace）在吸收拉尔夫·泰勒的研究基础上，提出“努力质量”（quality of effort）这一概念，并进行可操作化，以此为基础开发大学生调查问卷。他发现，当学生在有教育目的的任务上投入更多时间和努力时，他们从大学经历中的收获就会更多。亚历山大·W. 阿斯汀在20世纪80年代提出了“学生参与”（student involvement）这一术语来构建大学生发展理论，认为大学生在大学里的收获与他们的参与成正比。乔治·D. 库认为，亚历山大·W. 阿斯汀的参与理论充实和普及了努力的质量概念。[①] 瑞克·D. 阿克塞尔森（Rick D. Axelson）对亚历山大·W. 阿斯汀的参与理论评价甚高，认为许多教育历史学家都会赞同这一理论是现代投入研究（modern engagement research）的开端。[②] 汀托（Tinto）从社会文化角度，提出了“学术和社会融合理论”（theory of academic and social integration），认为学生投入包括学生与同龄人和教师的互动，以及学生在多大程度上利用学术资源，并在机构中获得支持。[③] 真正将学习投入引入高等教育，并在全球引起重大影响的是乔治·D. 库。他以学习投入理论为基础，主导设计的NSSE成为美国当前最有影响的一套大学学习过程指标，这也是衡量美国大学质量的卓越指标。到2015年，已有564所美国本科院校和21所加拿大本科院校逾31万人参与了这项调查[④]，一度影响到英国、澳大利亚、新西兰等。由此可知，在高等教育领域，与学习投入相关的英文词汇主要有：任务时间、努力质量、学生参与、融合、学习投入等。

中文表述方面，同一个英文词汇，往往存在不同的表述方式。比如involvement，《英汉大词典》中有卷入、牵连、参与等意思。亚历山大·W. 阿

① George D. Kuh, “The National Survey of Student Engagement: Conceptual and Empirical Foundations,” *New Directions For Institutional Research*, 141 (2009): 6.

② Rick D. Axelson, Arend Flick, “Defining Student Engagement,” *Change the Magazine of Higher Learning*, 43 (2011): 40.

③ Alexander C. McCormick, Jillian Kinzie, Robert M. Gonyea, “Student Engagement: Bridging Research and Practice to Improve the Quality of Undergraduate Education,” *Higher Education: Handbook of Theory and Research*, 28 (2013): 53.

④ 尹弘飚：《大学生学习投入的研究路径及其转型》，《高等教育研究》2016年第11期。

斯汀提到 student involvement 时列了 attach oneself to、commit oneself to、devote oneself to、engage in、participate in 等近 20 个相近词组，让读者预知其含义。[①] 在中文方面，朱红将其表述为“学生涉入”[②]；鲍威、张晓玥将其表述为“学生参与”[③]；汪雅霜将其表述为“学生学习参与度”[④]；姚志坚将其表述为“学习投入”等[⑤]。对于 student engagement 一词，罗燕[⑥]、王纾[⑦]等将其表述为“学习性投入”；任峥等则将高等教育领域的 student engagement 表述为“学习性投入”，将中小学领域的 student engagement 表述为“学习投入”[⑧]，并从研究目的、适用对象、理论来源、研究方法等方面加以区分；汪雅霜将其表述为“学习投入度”[⑨]；朱红则认为将其表述为“学习参与度”更为妥帖，但她也承认，学生参与度无法确切表达 engagement 中 make commitment 的内涵；[⑩] 尹弘飚[⑪]、姚志坚[⑫]等则将其表述为“学习投入”。从上述内容可知，无论是英文词汇还是中文表述，均无一致的术语。相对来说，由于 NSSE 在全球影响较大，高等教育领域中使用 student engagement 相对更多。

---

① Alexander W. Astin, “Student Involvement: A Developmental Theory for Higher Education,” *Journal of College Student Development*, 40 (1999): 519.（注：刊物注明该文最初发表于 1984 年。）

② 朱红：《高校学生参与度及其成长的影响机制——十年首都大学生发展数据分析》，《清华大学教育研究》2010 年第 6 期。

③ 鲍威、张晓玥：《中国高校学生学业参与的多维结构及其影响机制》，《复旦教育论坛》2012 年第 6 期。

④ 汪雅霜：《〈我国大学生学习投入度调查问卷〉设计与检验——基于“国家大学生学习情况调查”数据分析》，《河北科技大学学报》（社会科学版）2015 年第 3 期。

⑤ 姚志坚：《大学生学习投入地区研究综述》，《濮阳职业技术学院学报》2019 年第 3 期。

⑥ 罗燕、海蒂·罗斯、岑逾豪：《国际比较视野中的高等教育测量——NSSE-China 工具的开发：文化适应与信度、效度报告》，《复旦教育论坛》2009 年第 5 期。

⑦ 王纾：《研究型大学学生学习性投入对学习收获的影响机制研究——基于 2009 年“中国大学生学情调查”的数据分析》，《清华大学教育研究》2011 年第 4 期。

⑧ 任峥、张胜楠、杨宏：《“学习投入”与“学习性投入”的关系辨析》，《北京联合大学学报》（人文社会科学版）2018 年第 1 期。

⑨ 同④。

⑩ 同②。

⑪ 尹弘飚：《大学生学习投入的研究路径及其转型》，《高等教育研究》2016 年第 11 期。

⑫ 同⑤。

（二）中小学教育领域

主要术语集中为 engagement。在具体使用上，詹姆斯 · J. 阿普尔顿（James J. Appleton）等对各研究人员使用的术语进行了汇编，包括 engagement（投入）、engagement in schoolwork（学校活动投入）、academic engagement（学业投入）、school engagement（学校投入）、student engagement（学生学习投入）、student engagement in academic work（学生学业活动投入）、student engagement in/with school（学生在学校的投入）、participation identification（参与认同感）等。① 但无论使用哪一个词组，其基本含义均是学生在学校的投入。杰里米 · D. 芬恩（Jeremy D. Finn）等在其研究中强调，无论使用哪种“投入”术语，如学校投入、学生学习投入，都是用来指学生在学校的投入。② 威廉 · 卡博纳罗（William Carbonaro）也用“学生努力”（students' effort）来表述中学生的学习投入状况，即努力是指学生在完成老师和学校所规定的正式学业要求时所花费的时间和精力，他认为投入需要依靠“努力”来测量。③ 詹妮弗 · A. 弗雷德里克斯（Jennifer A. Fredricks）等认为，commitment、investment 两个词语所表达的思想，均可作为理解投入一词意义的核心。④ commitment 除有承诺、许诺、保证、承担义务、信奉等意义之外，还有献身、介入之意；investment 除表示投资之外，还表示在时间、精力、思考等方面的投入。通过这两个词语可以更好地理解投入。在中文表述方面，国内大部分学者均以“学习投入”来表述 student engagement，如孔企平等⑤，而张娜则用“学习投入”应该对应英文 academic engagement⑥（见表 2－1）。

---

① James J. Appleton, et al., “Student Engagement with School: Critical Conceptual and Methodological Issues of the Construct,” *Psychology in the Schools*, 45 (2008): 371.

② Jeremy D. Finn and Kayla S. Zimmer, “Student Engagement: What Is It? Why Does It Matter?,” in *Handbook of Research on Student Engagement* (New York: Springer, 2012), p. 98.

③ William Carbonaro, “Tracking, Students' Effort, and Academic Achievement,” *Sociology of Education*, 78 (2005): 28—29.

④ Jennifer A. Fredricks, Phyllis C. Blumenfeld, Alison H. Paris, “School Engagement: Potential of the Concept, State of the Evidence,” *Review of Educational Research*, 74 (2004): 61.

⑤ 孔企平：《“学生投入”的概念内涵与结构》，《外国教育资料》2000 年第 2 期。

⑥ 张娜：《国内外学习投入及其学校影响因素研究综述》，《心理研究》2012 年第 2 期。

表 2-1　学习投入的不同术语及中文表述

领域	英文术语	中文表述
高等教育	time on task, quality of effort, student involvement, integration, student engagement	student involvement：学生涉入、学生参与、学生学习参与度、学习投入； student engagement：学习投入度、学习性投入、学生参与度、学习投入
中小学教育	engagement, engagement in schoolwork, academic engagement, school engagement, student engagement, student engagement in academic work, student engagement in/with school, participation identification, students' effort	student engagement：学生投入、学习投入； school engagement：学校投入、学习投入

综上，关于学习投入的术语使用及中文表述较为丰富，上述所列或许未尽其全，在某种程度上反映出学习投入这一研究主题得到学界关注并呈现百家争鸣的局面。但从总体上看，在高等教育和中小学教育领域，更多地使用了 engagement 或 student engagement。本研究无意对术语和中文表述深入探讨，为方便读者阅读，将 student involvement 统一表述为学习参与，将 student engagement 表述为“学习投入”。

二、定义辨析

定义是揭示概念内涵的逻辑方法，反映了事物的本质属性。[①] 在了解上述相关术语和中文表述之后，必须对相关术语的定义做进一步了解，以把握其本质属性，这是了解该理论的前提基础。本研究同样通过高等教育和中小学教育领域两条线索，辨析相关术语定义。

（一）高等教育领域

亚历山大·W. 阿斯汀、乔治·D. 库和汀托对学习参与或学习投入的定

① 陈爱华主编《逻辑学引论》，东南大学出版社 2013 年版，第 21 页。

义值得关注。亚历山大·W. 阿斯汀对学生参与有一个明确界定，他认为，参与是指在各种对象上投入身体和心理能量（the investment of physical and psychological energy）[①]，学生参与是指学生投入（devote to）学业经验中的身体和心理能量（physical and psychological energy）的数量[②]。他还强调了投入身体和心理能力的质量，即学生参与是指学生在大学经历中投入的生理和心理能量的数量与质量（Student involvement refers the quantity and quality of the physical and psychological energy that student invest in the college experience.）。[③] 他指出，参与一词与弗洛伊德中的全身关注（cathexis）非常相似；努力的意义虽然比参与要狭隘，但二者有许多共同之处。在亚历山大·W. 阿斯汀看来，参与类似于心理学里的动机，但动机是一种心理状态，而参与是这种心理状态的行为表现，可根据行为来识别其参与情况。[④]

乔治·D. 库认为，投入是通常用来表示诸如努力质量和参与有效学习活动的术语（quality of effort and involvement in productive learning activities），[⑤] 大学生学习投入既代表学生在以教育为目的的活动上投入的时间和精力（the time and energy），也代表教育机构促使学生投入有效教育实践上的努力。[⑥]

汀托在强调学业融合的同时，还注重大学生与教师和同学之间的社会融合。他提出，学生投入包括学生与教师和同龄人的互动，以及学生在多大程度上利用学术资源，并在机构中获得支持。[⑦]

从上文中可以看出，亚历山大·W. 阿斯汀、乔治·D. 库和汀托等关于学习参与、学习投入的定义主要包括以下几个层面。第一，投入内容不仅包

---

① Alexander W. Astin, "Student Involvement: A Developmental Theory for Higher Education," *Journal of College Student Development*, 40 (1999): 518.（注：刊物注明该文最初发表于1984年。）

② 同①，第519页。

③ 同①，第528页。

④ 同①，第518、第519、第522页。

⑤ George D. Kuh, "The National Survey of Student Engagement: Conceptual and Empirical Foundations," *New Directions for Institutional Research*, (2009): 6.

⑥ George D. Kuh, et al., "Unmasking the Effects of Student Engagement on First-Year College Grades and Persistence," *The Journal of Higher Education*, 79 (2008): 542.

⑦ Alexander C. McCormick, Jillian Kinzie, Robert M. Gonyea, "Student Engagement: Bridging Research and Practice to Improve the Quality of Undergraduate Education," *Higher Education: Handbook of Theory and Research*, 28 (2013): 53.

括时间、精力等在内的学生自身的身心投入（这种投入不仅有数量体现，还有质量体现），还包括教育机构的院校环境。他们在内容上将个体投入和机构因素统一合并为“学生参与”或“学生投入”。第二，投入对象既包括学业活动，也包括大学中的社会活动。亚历山大·W. 阿斯汀用“大学经历”、乔治·D. 库用“有效教育实践”、汀托用“社会融合和学业融合”来概括。第三，在投入方式上，强调以行为方式为主。当然，亚历山大·W. 阿斯汀也提到了参与类似动机的作用，但更强调参与的行为体现。第四，他们均强调教育机构的支持，以更好地促进大学生的学习投入。一般人会将“学习参与”和“学习投入”互换。亚历山大·W. 阿斯汀曾经表示，这些术语之间没有本质的区别①，参与或投入是非常通用的结构②。乔治·D. 库也认为这些概念是几乎相同的时间表征③。丽莎·沃尔夫-文德尔（Lisa Wolf-Wendel）等通过文献、访谈等方式，对学习参与和学习投入两个概念进行辨析。他们发现，学生投入和学生参与均强调学生个人时间、精力、心理等方面的投入对学业发展的影响，甚至是仅有的预测因素。但他们对 involvement、engagement、interactions 还是作出区分，认为：参与更加强调学生个人责任，当然也强调环境作用，分析单位是学生及其能量；投入强调机构对促进大学生投入的作用，分析单位是机构；融合涉及学生与学校之间的校园互惠关系，学生要融入学校文化之中。④ 乔治·D. 库还认为，参与没有与预期结果相联系，没有关注机构的努力，不足以推动机构去改进。而一些学者认为参与和投入存在力度上的不一致，如布拉克斯顿（Braxton）认为“投入比参与更有力（powerful）”，哈珀（Harper）则认为，参与和投入之间存在一个关键的质的区别，因为它完全有可能参与，但不投入。⑤

---

① Rick D. Axelson, Arend Flick, “Defining Student Engagement,” *Change the Magazine of Higher Learning*, 43 (2011): 40.

② Lisa Wolf-Wendel, Kelly Ward, Jillian Kinzie, “A Tangled Web of Terms: The Overlap and Unique Contribution of Involvement, Engagement, and Integration to Understanding College Student Success,” *Journal of College Student Development*, 50 (2009): 425.

③ Rick D. Axelson, Arend Flick, “Defining Student Engagement,” *Change the Magazine of Higher Learning*, 43 (2011): 40.

④ 同②。

⑤ 同②，第 418 页。

（二）中小学教育领域

在中小学教育领域，大多数文献直接将学习投入的维度作为其定义。如《学校投入：这一概念的潜力与当前的研究状况》一文的附录中收录41项使用投入（engagement）这一术语的研究；这些研究中对学习投入的所谓的定义绝大部分仅提到投入的维度，真正概括本质属性的定义并不多。《学校学生投入：关键的概念和结构的方法学问题》一文中收录了19个关于学习投入的定义，按照严格标准，绝大部分也不能称之为定义。本研究认为符合定义标准的有以下几个定义。

韦拉奇（Wehlage）于1989年提出，"教育投入（educational engagement）"是理解和掌握学校明确教授技能与知识需要的心理投入。[①]

斯金纳（Skinner）、韦尔伯恩（Wellborn）和康奈尔（Connell）于1990年提出，投入（engagement）指在学习活动中，对课堂课业的付出、努力和坚持及对周围环境的情感状态。[②] 这个概念强调了投入的行为成分及表现形式以及情感成分，主要针对的是学习活动。

纽曼（Newmann）、韦拉奇、兰伯恩（Lamborn）等于1992年在研究中提出，学生在学业活动的投入是学生对知识技能的学习、了解与掌握，或想要提升的技艺所投入的心理精力和努力。[③] 与前一个定义一样，这一定义依然强调投入对象为学业活动，投入内容主要是心理乃至精力的投入。

马卡斯（Marks）于2000年把学生在学业活动的投入界定为：涉及学生在学习工作中所花费的注意力、兴趣、投入和努力的心理过程。[④] 这一定义强调心理过程，针对的是学业活动。

K. 查普曼（K. Chapman）于2003年把学生学习投入界定为：学生参加

---

① Jennifer A. Fredricks, Phyllis C. Blumenfeld, Alison H. Paris, "School Engagement: Potential of the Concept, State of the Evidence," *Review of Educational Research*, 74 (2004): 109.

② James J. Appleton, et al., "Student Engagement with School: Critical Conceptual and Methodological Issues of the Construct", *Psychology in the Schools*, 45 (2008): 371.

③ 同②。

④ 同②。

学校日常活动的意愿，包含学生学习投入特定学习活动的认知、行为和情感。[①] 这个定义在投入对象上扩大学校学业之外的日常活动范围，包括认知、行为和情感等方面的投入。

克莱姆（Klem）、康奈尔等于 2004 年针对学生在学校的投入提出，学习投入是持续投入（行为、情绪、认知成分）和对挑战的反思（激情地投入）。[②]

罗宾·吉布斯（Robyn Gibbs）、珍妮·波斯基特（Jenny Poskitt）在对中学教育阶段（7～10 年）的学生投入的文献综述中也发现：很少有研究试图定义投入，大多数研究没有提供涵盖学习投入本质要素的定义。[③] 作为一个研究起点，他们自己给学习投入下了一个很长的定义：投入是一个多方面的结构，包括学生的归属感和与学校、教师、同龄人的联系，他们在课堂内的能动性、自我效能感和在更广泛的课外努力中实现的目标，他们的参与、努力、注意力和对学科及学习的兴趣水平，为了享受学习的程度或被视为必须忍受才能获得奖励或避免制裁的东西。此外，投入是一种可变的存在状态，受一系列内部和外部因素的影响，包括学习的感知价值或相关性，以及学生在学习中经历适当的挑战和成功的机会。这种投入受教师行动影响。[④] 这个定义包括投入维度（即行为、认知和情感等）、投入对象（主要集中在学业活动）以及影响因素（即内部和外部因素）等；但该定义显得过于冗长。

在桑德拉·L. 克里斯坦森（Sandra L. Christenson）、艾米·L. 雷斯利（Amy L. Reschly）、凯西·怀利（Cathy Wylie）等编辑的《学生投入研究手册》一书的卷尾，他们对学习投入同样下了一个很长的定义：学习投入是指学生积极参与学业和课程或与学校相关的活动，以及对教育目标和学习的付

---

① James J. Appleton, et al., "Student Engagement with School: Critical Conceptual and Methodological Issues of the Construct", *Psychology in the Schools*, 45 (2008): 371.

② 同①，第 372 页。

③ Robyn Gibbs, Jenny Poskitt, "Student Engagement in the Middle Years of Schooling (Years 7-10): A Literature Review," in *Ministry of Education, New Zealand 2010 Research Reports* (2010), p. 9.

④ 同③，第 10 页。

出。投入的学生发现学习有意义，并投入他们的学习和未来。它是一个由行为（包括学业）、认知和情感亚型组成的多维结构。所有的学习者都能实现学习投入。学习投入驱动着学习过程，要求学生付出精力和努力；同时，学习投入要受多种环境因素的影响。① 该定义在投入内容上强调精力和努力，在维度上包括行为、认知和情感等投入，在投入对象上包括学业和其他活动，并提到环境影响因素等。

通过上述关于学习投入定义的梳理，可以发现：第一，在投入对象上，由韦拉奇、斯金纳、纽曼、马卡斯等早期单纯强调对学业活动的投入，发展为后来的桑德拉·L. 克里斯坦森等既强调学业活动，也强调学校相关经历。其他如芬恩等将学习投入的对象扩展到参加学校体育和学校管理等。② 这跟高等教育领域强调投入对象包括学业和学校活动等是一致的。第二，投入内容包括心理精力、努力等。第三，在投入维度上，既有行为层面，也有心理层面等，提出行为、认知和情感投入等维度。

三、维度划分

（一）高等教育领域

在学习投入的相关维度上，NSSE 包括五大基准，每个基准之下又有若干指标。这五大基准包括学术挑战水平、积极和协作学习、师生互动、丰富教育经验、配套校园环境。③ 按照乔治·D. 库的说法，NSSE 有三个核心目标：首先是大学生学习投入数据促进大学改进本科教育体验，其次是发现记载更多的有效教育实践，最后是倡导公众接受和使用经验衍生的大学质量概念。④ 以 NSSE 为实际应用的学习投入理论，从学生主体角度出发，将学生行为、

① Sandra L. Christenson，Amy L. Reschly，Cathy Wylie，*Handbook of Research on Student Engagement*（New York：Springer，2012），pp. 816—817.

② Jennifer A. Fredricks，Phyllis C. Blumenfeld，Alison H. Paris，"School Engagement：Potential of the Concept，State of the Evidence，" *Review of Educational Research*，74（2004）：62.

③ George D. Kuh，"The National Survey of Student Engagement：Conceptual and Empirical Foundations，" *New Directions for Institutional Research*，141（2009）：6.

④ 同③，第 9—10 页。

机构作为和有效教育实践结合起来，强调以过程指标体现教育质量，有其积极意义并产生广泛影响。但其重点强调行为表现而忽略动机、意愿、兴趣、期望、情感等丰富的心理因素，被一些学者认为过于狭隘；它将机构实践与学生行为结合在一起，导致影响投入的因素、投入本身的测量和投入的后果之间缺乏明确的区别，也为一些学者所诟病。①

（二）中小学教育领域

大部分研究将学习投入维度集中在两到四个维度上。两个维度以行为投入和情感投入居多，也有认知投入和行为投入。② 目前，相对比较受认可的是行为投入、认知投入和情感投入三个维度。康奈尔和威尔伯恩 1991 年首次从这三个维度加以分析。而从行为、认知和情感投入三个维度，将学习投入加以整合为一个多维度的元结构的，则是詹妮弗·A. 弗雷德里克斯等。他们将行为投入界定为做事和遵守规则，认知投入包括动机、努力和策略使用等，情感投入包括兴趣、价值观和情感。他们认为，投入思想下的行为、认知和情感的融合是有价值的，这些维度在个体内部是动态关联的，而不是孤立的过程。在他们的元结构理念下，动机等均属于认知投入的一部分。③ 但是，也有学者认为，在本质上，行为和情感投入是认知投入的先决条件，即学生需要在课堂上出现（行为投入），并体验一定程度的情感舒适和归属（情感投入），然后才能促进认知投入。④

在四个维度中，有的划分为学业型、行为型、认知型和心理型。⑤ 艾米·L. 雷斯利、安吉·J. 波尔（Angie J. Pohl）和桑德拉·L. 克里斯坦森等编写的《学生投入——在学校进行有效的学术、行为、认知和情感干预》一文中，

---

① Ella R. Kahu, "Framing Student Engagement in Higher Education," *Studies in Higher Education*, 38 (2011): 758—773.

② Jennifer A. Fredricks, Phyllis C. Blumenfeld, Alison H. Paris, "School Engagement: Potential of the Concept, State of the Evidence," *Review of Educational Research*, 74 (2004): 97—109.

③ 同②，第 65 页。

④ Robyn Gibbs, Jenny Poskitt, "Student Engagement in the Middle Years of Schooling (Years 7-10): A Literature Review," in *Ministry of Education, New Zealand 2010 Research Reports* (2010), p. 11.

⑤ James Appleton, Sandra Christenson, Michael Furlong, "Student Engagement with School: Critical Conceptual and Methodological Issues of the Construct," *Psychology in the Schools*, 45 (2008): 370.

将学习投入划分为学业投入、行为投入、认知投入和情感投入，并定义了每个投入维度、测量方法和促进投入的策略。[①]

值得一提的是，约翰马歇尔·里夫（Johnmarshall Reeve）在行为投入、认知投入和情感投入基础上，增加了主观能动性投入（agentic engagement）。主观能动性投入表现为对学习活动的流程有积极主动的、有意的和建设性的贡献（例如，提供输入、提出建议）；丰富学习活动而不是被动地接受它作为一个给定的东西。[②] 他专门阐释了增加这一维度的理由，并将其定义为"学生主动尝试创造、增强和个性化他们学习的条件和环境的过程"[③]。同时，他综述了主观能动性的五个定义特征：它积极主动，因为它发生在学习活动之前或在学习活动中；它是有意义、有目的的；它试图通过使学习体验更个性化、更有趣、更具挑战性或更有价值来丰富学习活动；它为教师指导的规划或持续流程提供建设性的输入；它并不意味着教师无效或无能。[④]

由于中小学教育领域关于学习投入研究更加注重学生心理层面投入，区分了投入状态、影响因素。其局限性在于缺乏维度之间的定义和区分，[⑤] 有的定义之间甚至出现重叠，即便在同一维度，其定义也难以达成共识。

在上述维度划分之外，一些学者从另外角度提出学习投入的分类。如马丁·尼斯特兰德（Martin Nystrand）和亚当·加莫兰（Adam Gamoran）于1989年提出了学习投入的两种方式，即程序投入和实质投入。程序投入涉及课堂规则和守则的遵守，实质投入涉及对学业的内容和问题的持久投入。他的研究结果表明，实质性投入对成绩有强烈的、积极的影响。[⑥]

---

① Amy L. Reschly, Angie J. Pohl, Sandra L. Christenson, *Student Engagement Effective Academic, Behavioral, Cognitive, and Affective Interventions at School* (New York: Springer, 2020), pp. 311—322.

② Johnmarshall Reeve, "A Self-determination Theory Perspective on Student Engagement," in *Handbook of Research on Student Engagement* (New York: Springer, 2012), p. 151.

③ 同上书，第161页。

④ 同上书，第169页。

⑤ Ella R. Kahu, "Framing Student Engagement in Higher Education," *Studies in Higher Education*, 38 (2011): 758—773.

⑥ Martin Nystrand, Adam Gamoran, "Instructional Discourse and Student Engagement," *Academic Achievement*, 6 (1989): 3.

威廉·卡博纳罗将努力分为以下几种：规则性努力，即要求学生遵守学校所要求的最基本的规则和规范；程序性努力，即要求学生尝试满足老师在特定班级中提出的特定要求，包括完成所需的作业，按时交作业以及参加课堂讨论，这比规则性努力要求高；智能性努力，即学生在运用自己的认知能力来理解课程中提出的智力挑战时会付出的智力上的努力。[①] 从规则性、程序性到智能性努力，对学生的要求程度在不断提高。

四、重要作用

几十年来，美国大中小学学生辍学情况受到各方关注。在高等教育领域，亚历山大·W. 阿斯汀认为其学习参与理论根源于对大学辍学者的纵向研究，目的在于探寻影响学生坚持上学的因素。[②] 中小学教育领域对学习投入的研究同样关注对辍学者的干预，直到后来逐渐转移到学生完成学业，确保获得高等教育入学选择。[③] 詹妮弗·A. 弗雷德里克斯等人认为，许多干预措施，如改善学校环境或改变课程和标准，明确或隐含地侧重于学习投入，以此作为促进学生学习或减少辍学的途径。[④] 艾米·L. 雷斯利、桑德拉·L. 克里斯坦森认为，学生投入的思想基本上有三个学派：第一个来自辍学预防理论和干预领域，第二个来自更普遍的学校改革的角度，第三个来自动机文献等。[⑤] 因此，在学习投入方面，高等教育和中小学教育领域尽管存在不同的研究路数，但均强调学习投入在学生发展中所起作用。

第一，学生投入强调学生主体。20 世纪 80 年代，由美国个别新闻媒体操纵的大学机构排名，只注重考察各种软硬件资源投入和声誉状况，忽视教学

---

① William Carbonaro, "Tracking, Students' Effort, and Academic Achievement," *Sociology of Education*, 78 (2005): 28.

② Alexander W. Astin, "Student Involvement: A Developmental Theory for Higher Education," *Journal of College Student Development*, 40 (1999): 523. (注：刊物注明该文最初发表于1984 年。)

③ Amy L. Reschly, Sandra L. Christenson, "Jingle, Jangle, and Conceptual Haziness: Evolution and Future Directions of the Engagement Construct," in *Handbook of Research on Student Engagement* (New York: Springer, 2012), p. 4.

④ Jennifer A. Fredricks, Phyllis C. Blumenfeld, Alison H. Paris, "School Engagement: Potential of the Concept, State of the Evidence," *Review of Educational Research*, 74 (2004): 61.

⑤ 同③，第 11 页。

这一核心环节，忽略学生这一主体因素，误导一些管理者对资源的分配，也误导学生对报考学校的选择。这种对狭隘的、基于财富和选择性的大学质量的操控引起了学者和社会不满，这也正是 NSSE 产生的重要背景。实际上，早在 1984 年，亚历山大・W. 阿斯汀的学生参与理论就是在对传统注重实验室、图书馆、办学经费等各种软件硬件资源投入的资源理论的批判，是在对关注教师教学大纲和教学内容的主题理论批判的基础上加以发展的。他认为这些资源本身不会带来办学质量的提升，必须通过学生投入这一中介才能起作用。与那些硬件资源比较起来，学生时间和精力才是宝贵的资源，教育管理者从政策到具体措施要更加关注如何促进学生更好地参与。在中小学教育领域，让所有学生投入其教育的重要性在家庭、学生、教育工作者和研究人员中继续产生强烈共鸣。

第二，学习投入与学业发展之间呈正相关。在高等教育领域，佩斯认为，一个学生越有意义地从事一项学术任务，他或她就会学到更多的东西。[①] 亚历山大・W. 阿斯汀认为，学生对大学的参与度越高，学生学习和个人发展的数量就越大。他将"与任何教育项目相关的学生学习和个人发展的数量，与学生参与该项目的质量和数量成正比"，作为其参与理论的五条假设之一。[②] 乔治・D. 库认为，学生投入是学生成功的一个重要因素，比基于投入和声誉的排名更能合理地衡量教育质量。[③] 帕斯卡雷拉（Pascarella）和特伦齐尼（Terenzini）于 1991 年出版的《大学如何影响学生》一书中，最后得出结论：学生参与、投入学术工作或学术经历程度越高，他或她的知识获取和一般认知发展水平越高。[④] 在中小学教育中，学习投入对促进学生学习至关重要。詹妮弗・A. 弗雷德里克斯等认为，一些研究表明，小学生、中学生和高中生的

---

① Alexander C. McCormick，Jillian Kinzie，Robert M. Gonyea，"Student Engagement：Bridging Research and Practice to Improve the Quality of Undergraduate Education，" *Higher Education：Handbook of Theory and Research*，28（2013）：52.

② Alexander W. Astin："Student Involvement：A Developmental Theory for Higher Education，" *Journal of College Student Development*，40（1999）：523.（注：刊物注明该文最初发表于1984 年。）

③ 同①，第 50 页。

④ 同①，第 54 页。

行为投入与成绩相关的结果（例如标准化测试、成绩）之间存在正相关关系。[①] 一些实证研究反复证实投入与学习成绩之间的关系。尼斯特兰德等使用1987年至1988年从58个八年级英语班（N=1 041名学生）中收集的文献教学数据证实，实质性投入对成绩有强烈的、积极的影响。[②] 学习投入预示更高的成绩、测试分数、学术抱负和完成学业程度。[③] 正因为学习投入直接影响学习成效，学习投入本身才被视为降低辍学率、提升学业的“良方”，进而成为研究热点。

第三，学习投入促进教学机构不断改进。佩斯认为，教育既是过程，也是结果，因此，衡量过程的质量很重要。[④] 大学真正的质量在于该机构对学生教育和个人发展的承诺和兴趣。[⑤] 乔治·D. 库强调，在没有实际测量学生学习的情况下，学生投入数据是学习结果的“过程指标”或代理。[⑥] 在高等教育领域，学习投入不仅强调学生自身努力，同时强调教育机构的责任。要求大学创造各种条件，促进学生更好地投入有效教育实践中，这是NSSE的重要使命。学习投入是作为机构评估、问责和改进努力的组织结构出现的。帕斯卡雷拉、特伦齐尼等认为，个人的努力和参与是大学影响的关键决定因素，所以机构应该专注于如何塑造他们的学术、人际和课外课程，以鼓励学生投入。[⑦] 在这点上，乔治·D. 库的NSSE更是以教学机构为分析单位，强调投入环境。尽管沃尔夫文德尔等认为亚历山大·W. 阿斯汀的学习参与理论强调学生个体责任，但从文献来看，亚历山大·W. 阿

---

① Jennifer A. Fredricks, Phyllis C. Blumenfeld, Alison H. Paris, “School Engagement: Potential of the Concept, State of the Evidence,” *Review of Educational Research*, 74 (2004): 70.

② Martin Nystrand, Adam Gamoran, “Instructional Discourse and Student Engagement,” *Academic Achievement*, 6 (1989): 3.

③ Jennifer A. Fredricks, Amy L. Reschly, Sandra L. Christenson, “Interventions for Student Engagement: Overview and State of the Field,” in *Handbook of Student Engagement Interventions: Working with Disengaged Students* (New York: Academic Press, 2019), p. 2.

④ Alexander C. McCormick, Jillian Kinzie, Robert M. Gonyea, “Student Engagement: Bridging Research and Practice to Improve the Quality of Undergraduate Education,” *Higher Education: Handbook of Theory and Research*, 28 (2013): 51.

⑤ Tam Maureen, “University Impact on Student Growth: A Quality Measure?,” *Journal of Higher Education Policy & Management*, 24 (2002): 212.

⑥ George D. Kuh, “The National Survey of Student Engagement: Conceptual and Empirical Foundations,” *New Directions for Institutional Research*, 141 (2009): 9.

⑦ 同⑥，第5页。

斯汀同样强调环境对参与的影响作用，呼吁“所有的大学人员——辅导员、学生、教师和管理人员，都可以评估他们自己成功地鼓励学生更多地参与大学经历的活动”①。而在中小学教育领域，学习投入被视为教育改革的理论基础。

以上内容充分说明，无论是在高等教育领域还是在中小学教育领域，学生学习投入在促进自身发展和教育机构改进等方面都具有重要作用，因而应受到重视。有学者认为，也许学习投入在理论上还存在一定混乱，但对它的关注来自实践的关切：主张一种新的大学质量标准，其重点是教学和学习，同时为大学改进本科教育的过程和制度环境提供测量。②

五、影响因素与理论模型

通过上述对学习投入的定义辨析可知，无论是在高等教育领域还是在中小学教育领域，他们均认为，学生学习投入决定学生学习成果，最终影响学生发展；而学习投入又受多种背景因素影响，即“背景因素-学习投入-学习成果”这一基本模型。学习投入在背景因素和学习成果之间起着中介作用，它既是背景因素的结果，又是学习成果的前因。正因如此，学习投入才显得如此重要。而学习投入受背景因素影响，也正说明学习投入是可塑的，③ 努力探寻影响学习投入的因素并加以干预，促进学生加大学习投入，也就成为研究者和从业人员孜孜以求的方向。但在具体模型上，高等教育和中小学教育领域的研究又存在明显差别。

在高等教育领域，佩斯、帕斯卡雷拉、特伦齐尼、乔治·D. 库等在研究学习投入基础上，将这一理论发展成为大学影响力理论。但他们的学习投入

---

① Alexander W. Astin, “Student Involvement: A Developmental Theory for Higher Education,” *Journal of College Student Development*, 40 (1999): 529.（注：刊物注明该文最初发表于1984年。）

② Alexander C. McCormick, Jillian Kinzie, Robert M. Gonyea, “Student Engagement: Bridging Research and Practice to Improve the Quality of Undergraduate Education,” *Higher Education: Handbook of Theory and Research*, 28 (2013): 82.

③ Jennifer A. Fredricks, Phyllis C. Blumenfeld, Alison H. Paris, “School Engagement: Potential of the Concept, State of the Evidence,” *Review of Educational Research*, 74 (2004): 59.

是一个广义的概念，既包括学生个体努力情况，也包括院校机构支持情况，统称为“过程变量”。如亚历山大·W. 阿斯汀著名的“输入-环境-产出”模型中，过程变量就是环境因素，包括两个方面：一方面是院校组织结构特征以及为学生所提供的校园环境、课程教学以及人际互动等方面的支持力度；另一方面主要指学生在院校环境中的投入参与情况。① 帕斯卡雷拉的整体变化评定模型中，其过程变量包括三个方面：院校结构与组织特性、社会性人际互动、学生个人努力质量。② 以帕斯卡雷拉的整体变化评定模型为例，在过程变量中，三个方面的因素之间的影响情况如下：院校环境影响社会性人际互动和学生个人努力质量，社会性人际互动影响学生个人努力质量，学生个人努力质量还受“输入变量”中的“学生大学前个人背景和特征”因素影响。学生个人努力质量即学习投入，受院校环境、社会性人际互动、学生大学前个人背景和特征三个方面影响。学习成效除受学生个人努力质量直接影响外，还受社会性人际互动因素影响。如图 2－1 所示。

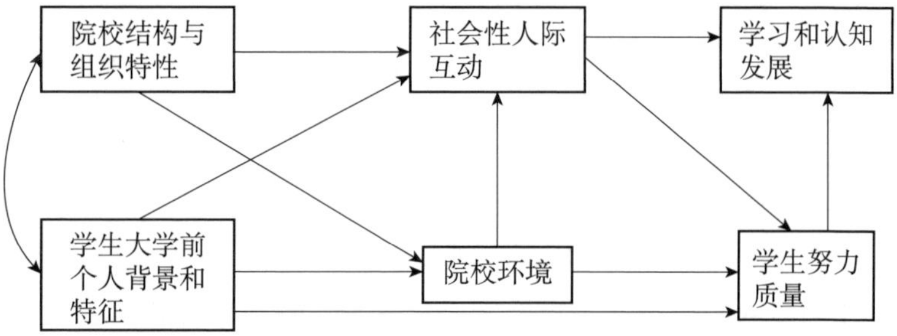

图 2－1　衡量不同环境因素对学生学习和知识技能发展影响的整体因果模型③

中小学教育领域关于学习投入模型基本上遵循“背景因素-学习投入-

---

① Alexander W. Asitin, “The Methodology of Research on College Impact, Part One,” *Sociology of Education*, 3 (1970): 223—254. 转引自汪雅霜《基于 I-E-O 模型的大学生学习投入度研究》，南京大学出版社 2018 年版，第 87 页。

② 王纾：《研究型大学学生学习性投入对学习收获的影响机制研究——基于 2009 年“中国大学生学情调查”的数据分析》，《清华大学教育研究》2011 年第 4 期。

③ Pascarella. E. T. , “College Environmental Influences on Learning and Cognitive development: A Critical Review and Synthesis,” In *Higher Education*: *Handbook of Theory and Research* (New York: Agathon, 1985). 转引自王纾《研究型大学学生学习性投入对学习收获的影响机制研究——基于 2009 年“中国大学生学情调查”的数据分析》，《清华大学教育研究》2011 年第 4 期。

学习成果”这一模型，但在具体模型上存在一定分歧。除学习投入存在不同维度之分外，即便在同一维度之下，不同研究者也存在不同表述。另外，还涉及学习投入与动机的关系等问题。对于学习投入与动机之间的关系，在学习投入研究中是无法回避的。动机是指激发、引导、维持并使行为指向特定目的的一种力量。[①] 动机一词比投入提出的要早很多，强调的是内部意图，投入强调的是外显行为。关于二者之间的关系，有几种说法值得探讨。

第一种，一些学者交替使用动机和投入等术语。[②] 他们模糊了二者之间的本质区别。实际上，动机和投入是两个独立的概念，一个人可以有动机，但是未必有投入。詹姆斯·J. 阿普尔顿等认为，动机是必要的，但不足以保证投入。[③]

第二种，投入和动机相互独立，但二者密切相关，学习投入受动机驱动。斯金纳和皮泽（Pitzer）将投入定义为如“动机的行为表现”。[④] 动机成为背景因素和学习投入之间的中介，即背景因素通过动机来促进学习投入。一些学者运用自我决定理论，将学习投入整合到动机框架系统之下。如约翰马歇尔·里夫把动机等同于学生的心理需求满足，即在学习活动中认为自己具有自主感、能力和归属感的学生，就是有了高质量的学习动机，而在教学中这三种需求被忽视的学生则会经历低质量的动机。[⑤] 因此，他们将自主需要、能力需要和归属感需要视为动机表现形式。

第三种，将动机整合在投入概念之内。一些学者认为，动机和投入是两个不同的概念，动机被认为是意图，投入是行动。即便按照行为、认知和情

---

① 刘儒德：《学习心理学》，高等教育出版社 2010 年版，第 220 页。

② Amy L. Reschly, Sandra L. Christenson, “Jingle, Jangle, and Conceptual Haziness: Evolution and Future Directions of the Engagement Construct,” in *Handbook of Research on Student Engagement* (New York: Springer, 2012), p. 14.

③ James Appleton, Sandra Christenson, Michael Furlong, “Student Engagement with School: Critical Conceptual and Methodological Issues of the Construct”, *Psychology in the Schools*, 45 (2008): 379.

④ Jacquelynne Eccles, Ming-Te Wang, “Part I Commentary, So What Is Student Engagement Anyway?,” in *Handbook of Research on Student Engagement* (New York: Springer, 2012), p. 138.

⑤ Johnmarshall Reeve, “A Self-determination Theory Perspective on Student Engagement,” in *Handbook of Research on Student Engagement* (New York: Springer, 2012), p. 151.

感三个维度划分，学习投入既包括外显的行为，同时也包括认知、情感两个内部成分。这使得认知投入和动机之间的区别就更加模糊。[①] 因此，詹妮弗·A. 弗雷德里克斯等学者干脆提出，学习投入是一个元结构，将动机包括在投入之内，学习投入内部维度之间也在相互作用。纽曼认为，投入的含义比动机广泛得多，动机是指向未来的，而投入是过去或者现在的一种经验。[②]

在影响因素方面，家庭、社区、文化和教育背景等成为学习投入的影响因素。如在艾米·L. 雷斯利等构建的情境、投入和学习成效之间的关联模型中，影响因素就包括家庭、同伴、学校和社区等。其中，家庭因素包括对学习的动机支持、目标和期望、监控/监督、家庭学习资源，同伴因素包括教育期望、共同的学校价值观、出勤率、学术信仰和努力、对学习的渴望，学校因素包括学校关系氛围（同伴、教师）、教学和课程（如教学质量、目标结构、清晰和适当的期望）、支持（如心理健康支持和服务、学术支持）、管理（如纪律氛围、学生参与的机会），社区因素包括学习服务等。[③] 詹妮弗·A. 弗雷德里克斯等重点从教育因素的角度研究学习投入的影响因素，分为学校层面、课堂情况、个体需求。其中，课堂情况包括教师支持、同伴关系、课堂结构、任务特征等；个体需求包括能力需求、自主需求和归属感需求等。[④]

结合动机和投入之间的关系以及影响投入的相关因素，詹姆斯·J. 阿普尔顿在借鉴康奈尔、韦尔伯恩和斯金纳等学者的成果上，构建了应用于教育场景的自我处理模型。如图 2－2 所示，这一模型将动机和投入分开，可以清楚地看到动机（即能力、自主感和归属感需求）对学习投入的促进作用；包括行为、认知、情感等在内的学习投入既影响学习成效（包括学业、社会和

---

① Amy L. Reschly，Sandra L. Christenson，“Jingle，Jangle，and Conceptual Haziness：Evolution and Future Directions of the Engagement Construct，” in *Handbook of Research on Student Engagement*（New York：Springer，2012），p. 14.

② 孔企平：《“学生投入”的概念内涵与结构》，《外国教育资料》2000 年第 2 期。

③ 同①，第 10 页。

④ Jennifer A. Fredricks，Phyllis C. Blumenfeld，Alison H. Paris，“School Engagement：Potential of the Concept，State of the Evidence，” *Review of Educational Research*，74（2004）：73—82.

情感等方面)，也对背景因素有促进作用。

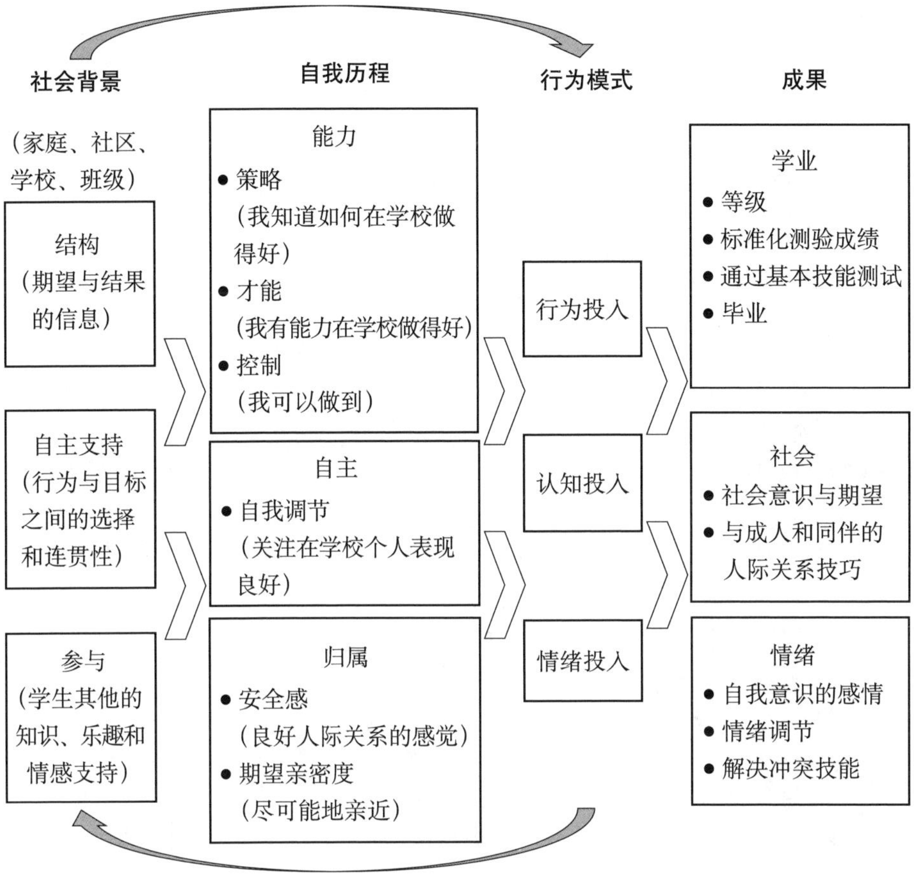

图 2-2　应用于教育场景的自我处理模型①

而艾米·L. 雷斯利等构建的情境、投入和学习成果之间的关联模型（如图 2-3 所示），没有将动机因素单独考虑进去，仅考虑情境、投入和学习成效等。在学习投入维度中，划分为行为、学业、认知、情感四个维度。在这四个维度之间，他们推测情感投入、认知投入要先于行为投入和学业投入发生；学习投入受家庭、同伴、学校、社区等因素影响，学习投入程度越高越会促进情境因素作用的发挥；学习投入直接影响学生在学业、社会和情感等

① James Appleton, Sandra Christenson, Michael Furlong, "Student Engagement with School: Critical Conceptual and Methodological Issues of the Construct," *Psychology in the School*, 45 (2008): 380.

方面短期乃至长期的发展情况。①

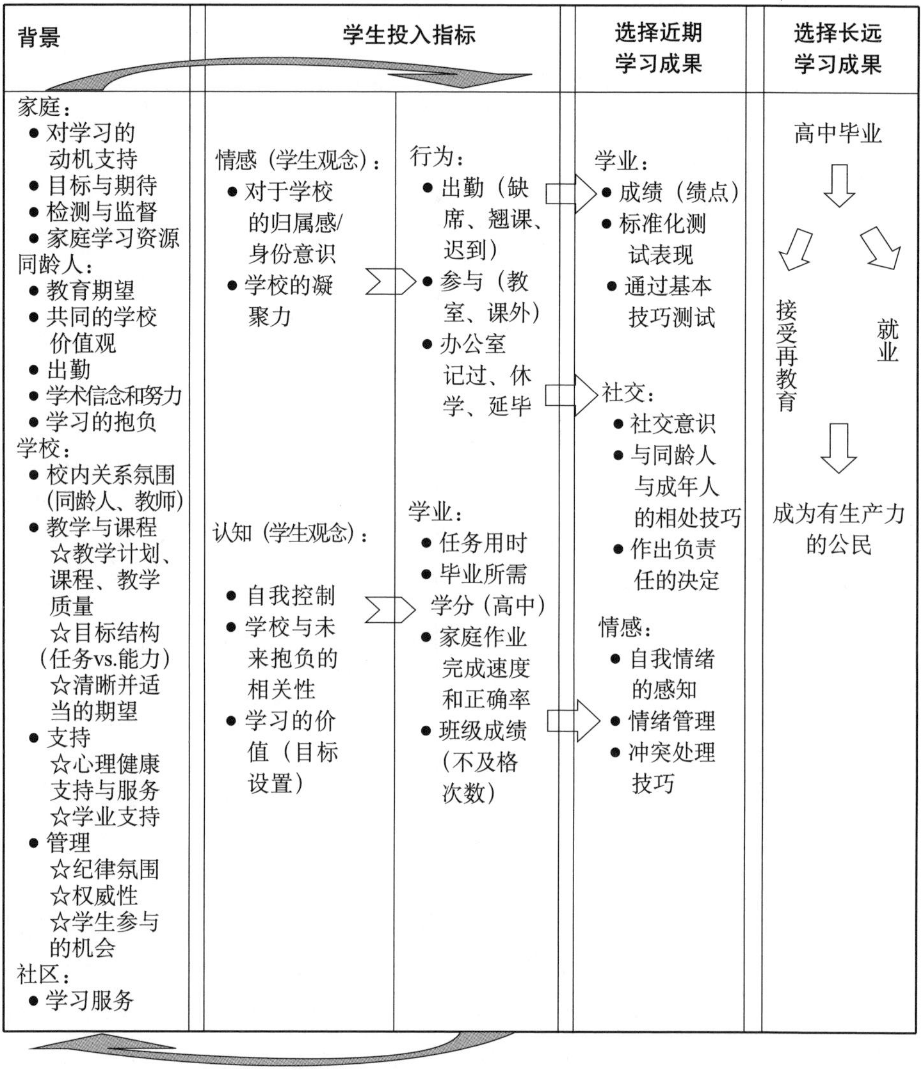

图 2-3　情境、投入和学习成果之间的关联模型②

---

① Amy L. Reschly, Sandra L. Christenson, "Jingle, Jangle, and Conceptual Haziness: Evolution and Future Directions of the Engagement Construct," in *Handbook of Research on Student Engagement* (New York: Springer, 2012), pp. 379—380.

② Amy L. Reschly, Sandra L. Christenson, "Jingle, Jangle, and Conceptual Haziness: Evolution and Future Directions of the Engagement Construct," in *Handbook of Research on Student Engagement* (New York: Springer, 2012), p. 10.

六、国内对学习投入理论和实践的研究

（一）中小学教育领域

国内学者对学习投入的理论研究基本以引进、消化国外研究成果为主，主要集中于概念的内涵、维度及定义、影响因素等方面，很少涉及与动机之间的关系、与学习成效之间的影响模型等。其中，最早引进学习投入理论的是孔企平。[①] 2000 年，他发表《“学生投入”的概念内涵与结构》一文，根据杰克逊、纽曼等的论述，分析了学习投入的内涵；在综合国外学者研究的基础上将学习投入维度划分为情感投入、认知投入和行为投入，并对每个维度进行定义。其研究在国内具有开创意义，引起人们对学习投入的关注。但他将情感投入仅仅定义为学生在教学活动中的情感体验，明确排除信念、兴趣等因素，也未涉及归属感；将认知投入定义为学生学习策略并引起思维活动，未涉及意愿等因素，对上述概念的理解明显狭窄化了。张娜于 2012 年发表《国内外学习投入及其学校影响因素研究综述》一文，在综述国内外学习投入相关研究的内涵、测量结构及测量方法的基础上，将学习投入定义为学生在学习过程中，积极参与各项学习活动，深入地进行思考，充满活力地应对挑战和挫折，并伴有积极的情感体验，是认知投入、行为投入和情感投入三者相互影响和作用的统一体。对于影响学习投入的学校影响因素，她认为有学校层面和班级层面两个方面。其中，学校层面包括学校规模、学校学习氛围、学校归属感和学校课业负担，班级层面包括教师、同伴、班级环境等方面。[②] 可以看出，张娜在关于学习投入概念的理解上，虽较孔企平有所加深，某种程度可以看成是对认知、情感、行为三个投入维度的综合，但并未实际表明投入实质是什么。

国内关于中小学学习投入实践的研究相对较少，洪伟、刘儒德等的《成就目标定向与小学生数学学习投入关系：学业拖延和数学焦虑的中介作用》

---

① 孔企平：《“学生投入”的概念内涵与结构》，《外国教育资料》2000 年第 2 期。

② 张娜：《国内外学习投入及其学校影响因素研究综述》，《心理研究》2012 年第 2 期。

一文采用问卷方式对小学高年级学生进行调查，运用结构方程模型分析，研究三种成就目标定向、学业拖延、数学焦虑与数学学习投入之间的关系。[①] 余蓉蓉的《教师课堂教学行为、学生学习投入与数学成绩的关系——基于 PISA 上海测试》一文考察教师课堂教学行为和学生学习投入对 15 岁学生数学成绩的影响。[②] 他们的研究均采用量表获得研究数据，运用计量研究方法得出结论。

（二）高等教育领域

鉴于国外一些学者对 NSSE 测量不同学科的学生投入在信度、效度不断提出质疑，2013 年开发者推出 NSSE 新版本。约翰·齐尔文斯基斯（John Zilvinskis）等通过对比研究，验证该版本跟原版本都具有收敛效度，即学生的投入测量与学习过程中的感知收益显著且呈正相关；而 NSSE 新版本还提供了区分度的有力证据，即学习投入测量和自我报告的学习结果之间的差异关系，以此验证新版本在收敛和区分度方面的效度。[③] 在国内，一些学者对学习投入理论上的研究侧重于理论、指标和测评方式的引进，并加以反思。2008 年，罗燕、岑逾豪等引进 NSSE 的理念、指标和方法，并将指标体系予以修订，后成为汉化版的 NSSE-China 工具，为国内众多研究者所使用。[④] 汪雅霜、汪霞介绍了 NSSE 的总体情况、问卷的具体维度以及调查结果的应用，为我国高等教育质量评价提供新视角。[⑤] 王朋、杨雪对国外大学生学习投入概念研究进行述评。[⑥] 姚志坚对开展大学生投入研究的地区进行研究综述，[⑦] 并

---

① 洪伟、刘儒德、甄瑞、蒋舒阳、金芳凯：《成就目标定向与小学生数学学习投入的关系：学业拖延和数学焦虑的中介作用》，《心理发展与教育》2018 年第 2 期。

② 余蓉蓉：《教师课堂教学行为、学生学习投入与数学成绩的关系——基于 PISA 上海测试》，《课程与教学》2019 年第 8 期。PISA，国际学生评估项目。

③ John Zilvinskis，Anthony A. Masseria，Gary R. Pike，"Student Engagement and Student Learning：Examining the Convergent and Discriminant Validity of the Revised National Survey of Student Engagement，" *Research in Higher Education*，58（2017）：880—903.

④ 海迪·罗斯、罗燕、岑逾豪：《清华大学和美国大学在学习过程指标上的比较：一种高等教育质量观》，《清华大学教育研究》2008 年第 2 期。

⑤ 汪雅霜、汪霞：《学习投入度调查：美国高等教育质量评价的新视角》，《全球教育展望》2015 年第 5 期。

⑥ 王朋、杨雪：《国外大学生学习投入概念研究述评》，《现代教育科学》2017 年第 11 期。

⑦ 姚志坚：《大学生学习投入地区研究综述》，《濮阳职业技术学院学报》2019 年第 3 期。

对学习投入理论进行综述,[①] 遗憾的是，他对大学教育领域和中小学教育领域的学习投入理论并未加区分。个别学者，如尹弘飚，只对高等教育领域的学生行为投入进行了反思，认为还要从心理、文化等视角审视大学生投入。汪雅霜等在大学生学习投入调查基础上，吸收基础教育领域学习投入的研究成果，从行为、认知和情感投入角度编制我国大学生学习投入量表。[②]

李西营等从积极心理角度修订《大学生学习投入量表》（UWES-S）。罗燕、史静寰、涂冬波等将清华大学与美国顶尖研究型大学在学术投入情况方面作比较，鲍威、张晓玥也将大学生在课外学习时间投入层面在中、美、日的大学生中作比较。沈忱、王熠琦、李杨、何佳、刘玉等分别在其硕士学位论文中对研究生的学习投入进行了专门研究。对于大学生学习投入，周菲、迟翔蓝分别在其博士学位论文中展现了研究过程，张晓玥、杨金玲、刘秀娟等分别在其硕士学位论文中对此作了研究。吴慧婷、冯小燕、李爽等对在线教育的学习投入作了研究。王纾、朱红、鲍威、汪雅霜等运用结构方程模型，对学习投入与学习成效的影响机制作了深入研究。

汪雅霜、赵畅基于 CiteSpace（可视化文献分析软件）和 VOSviewer（文献可视化软件）的文献计量分析，对近几年国际上开展大学生学习投入研究情况作出分析，认为在研究内容上应重点关注大学生学习投入度的影响因素、学习投入度对学习结果的研究、多元文化背景等。在研究对象上，他们从本土学生扩展到国际学生、从传统课堂教学扩展到在线教学，在研究方法上注重分层线性模型分析。[③]

（三）干部教育培训领域

从一些研究文献以及个别培训机构实际做法来看，学员有关出勤、课堂纪律、学习情况等表现已被纳入评估或量化考核范畴，说明相关方开始注重学习过程表现。如在北京市朝阳区委党校对主体班次的考核等级量化标准中，

---

① 姚志坚:《学习投入理论研究综述》,《顺德职业技术学院学报》2018 年第 4 期。

② 汪雅霜:《〈我国大学生学习投入度调查问卷〉设计与检验——基于“国家大学生学习情况调查”数据分析》,《河北科技大学学报》(社会科学版) 2015 年第 3 期。

③ 汪雅霜、赵畅:《国际大学生学习投入度研究的进展与趋势——基于 CiteSpace 和 VOSviewer 的文献计量分析》,《重庆高教研究》2021 年第 2 期。

出勤占 15 分、课堂纪律和考场纪律共占 10 分、读书笔记占 5 分、小组研讨占 10 分、学员演讲和论坛各占 5 分。[①] 中央民族干部学院在对学员进行量化考核管理时，设置学习态度、学习表现、学习收获 3 个一级指标。在学习态度之下有出勤、纪律、听课 3 个二级指标，各 10 分；学习表现下有完成学习任务、参与教学活动、参与班级管理 3 个二级指标。完成学习任务包括培训小结占 30 分、材料撰写占 30 分。[②] 2017 年，中央组织部代中共中央起草《2018—2022 年全国干部教育培训规划》时，委托中国人民银行、陕西省委组织部、浙江大学 3 家单位专门就干部教育培训学员考核评价方法及指标问题分别开展专门研究，它们均将学员学习态度、学习表现等学习投入因素考虑了进去。如中国人民银行学员考核的一级指标为学习表现、知识获得、能力素养和组织影响等，学习表现主要体现参训干部学习过程，包括日常学习管理情况、参与教学活动情况、学习任务完成情况 3 个二级指标；[③] 陕西省委组织部课题组列出的《陕西省委党校市厅级干部进修班考评内容与量化考评细则》中，有学习态度和表现、理论知识掌握程度、党性修养和作风养成情况、解决实际问题的能力、廉洁自律情况、加分情况 6 个一级指标，在学习态度和表现之下包括政治态度、道德品质、学习态度和出勤情况 4 个二级指标，每个二级指标之下还有量化细则；[④] 浙江大学课题组采用柯氏评估模型，指标体系涵盖学习层、行为层和结果层，在学习层之下包括党性修养、学习态度、学习表现、学习成绩 4 个二级指标，其中学习态度之下包括出勤情况、学习纪律 2 个三级指标，学习表现包括课堂表现、课后自习、班组活动 3 个二级指标。[⑤] 上述做法，由于缺乏

---

① 易定红、董伟、戴昌军、董淑玲：《干部教育培训质量评估研究》，科学出版社 2014 年版，第 133 页。

② 此资料由 3 名被访谈对象提供，他们于 2020 年 9 月参加了中央民族干部学院为期 1 个月的培训。

③ 中国人民银行课题组：《干部教育培训学员考核评价方法及指标问题研究》，载中共中央干部教育局编《〈2018—2022 年全国干部教育培训规划〉课题研究报告汇编》（下卷），党建读物出版社 2018 年版，第 16—17 页。

④ 陕西省委组织部课题组：《干部教育培训学员考核评价方法及指标问题研究》，载中共中央干部教育局编《〈2018—2022 年全国干部教育培训规划〉课题研究报告汇编》（下卷），党建读物出版社 2018 年版，第 27—29 页。

⑤ 浙江大学课题组：《干部教育培训学员考核评价方法及指标问题研究》，载中共中央干部教育局编《〈2018—2022 年全国干部教育培训规划〉课题研究报告汇编》（下卷），党建读物出版社 2018 年版，第 85—86 页。

学理支撑，仅仅关注考勤、纪律、完成要求等外显行为表现，并未真正涉及学员心理层面。

在干部教育培训研究领域的已有文献中，仅发现曾娜将学习投入概念和理论引入公务员的廉政教育培训，并形成其硕士论文《组织支持感、学习价值观对公务员廉政教育学习投入影响的实证研究》。该文运用多元回归分析和结构方程模型，验证组织支持感、学习价值观对公务员廉政教育学习投入的影响，以及学习价值观在组织支持感与公务员廉政教育学习投入之间的中介作用。① 但该文研究对象局限于高校 MPA（公共管理硕士）学员，研究领域局限于廉政教育，且样本规模偏小（仅 111 名）。

公办教师作为专业技术人员，属于干部队伍序列。朱璋龙在其博士学位论文《职教教师职业心态对工作场所学习投入和成效的影响研究》中，用敬业、乐业、混业概括职业心态，将学习投入分为深层投入、浅层投入和情感投入等维度，用所习得的知识、能力或技能以及心理倾向变化来表示学习成效，采用质性访谈和量化实证相结合的方法，研究职业教育教师职业心态对工作场所学习投入和学习成效的影响，得出如下结论：职业教育教师职业心态显著影响工作场所学习投入，职业心态与工作场所学习成效显著相关，学习投入显著影响学习成效，职业心态调节学习投入对学习成效的影响等。② 该文从研究方法上将量的研究和质的研究方法相结合，考虑到了各自的优点；在研究问题上，将职业心态、学习投入、学习成效联系起来，考虑它们之间的相互影响机制；在研究对象上，聚焦职业教师的工作场所学习，是典型的成人教育。该文将工作场所学习主要界定为自我导向的非正式学习，而不是组织安排的培训、进修等正式学习，这与本研究中界定的干部参加脱产学习存在本质区别。

七、可资借鉴之处

国内外高等教育领域和中小学教育领域对学习投入研究存在明显差异，

① 曾娜：《组织支持感、学习价值观对公务员廉政教育学习投入影响的实证研究》，中国科学技术大学 2014 年硕士学位论文，第 1—70 页。

② 朱璋龙：《职教教师职业心态对工作场所学习投入和成效的影响研究》，华东师范大学 2018 年博士学位论文，第 1—202 页。

如任峥等将“student engagement”这一术语在中文表达上区分为“学习性投入”和“学习投入”，并从研究目的、理论来源、研究方法、应用范围方面分析二者差异；[①] 卡胡（Kahu）对学习投入从行为视角、心理视角、社会文化视角进行了综述，最后提出学习投入的整体视角。无疑，大学领域的学习投入突出学生行为和制度实践，属于行为视角；中小学领域的学习投入更加注重学生个体心理，属于心理视角。[②] 在中小学内部，在学习投入维度、动机与投入的关系、投入定义等方面也存在较大差异。这在一定程度上反映出研究者的理论偏好、研究目的和研究对象的多元。即便如此，学习投入理论给本研究提供了良好的理论基础和研究视角，是本研究的核心理论基础。

（一）更加明确开展干部学习投入研究的重要性

学习投入注重学生主体、注重学习进程，直接决定着学习成效，直接体现教育质量。关注学习投入，不只将对教育质量的关切停留在结果输出，还要将关口前移至教学这一核心环节，教育质量不过是教学过程的自然结果而已，其重要性前面已经充分阐述。在干部教育培训领域，干部学习投入在理论研究上基本处于空白状况，在实践中往往因难以具体操作而被忽略，是一个理论研究和实践操作上亟待重视的方面。

（二）为评估干部学习投入提供理论依据

学习投入理论概括了学习投入的内容、维度、对象以及测量方法，也描述了学习成效。学习投入内容包括学生个体投入的时间、努力、身心精力、心理投入等。在国内外，形容一个人对某项工作或事业投入程度很高，还经常使用“心血”一词。但从操作层面来说，表述投入内容的词汇相对抽象，难以精准地呈现出学习投入的形式，因此国外学者又提出了学习的维度。在中小学教育研究中，学者将其分为情感（认知）、行为投入两个维度，或者行为、认知、情感投入三个维度，或者行为、学业、情感、认知投入四个

---

① 任峥、张胜楠、杨宏：《“学习投入”与“学习性投入”的关系辨析》，《北京联合大学学报》（人文社会科学版）2018年第1期。

② Ella R. Kahu，“Framing Student Engagement in Higher Education，” *Studies in Higher Education*，38（2011）：758—773.

维度，还有分为行为、认知、情感、主观能动性投入四个维度的。但以认知、行为、情感投入三个维度居多。学习投入维度也就是学习投入可以实际测量的具体形式。在投入对象上，强调学生发展，包括学业、社会性活动等方面。在测量方法上，NSSE 的主要测量工具是《大学生报告》，采用学生回答问卷的方式收集信息，[①] 中小学教育领域采取由观测法、自我报告法等。詹妮弗·A. 弗雷德里克斯针对行为、情感和认知投入等不同的测量方法作了分析。他认为，在行为投入上主要是教师评级、自我报告、观察技术等；在情感投入方面，大多数使用自我报告法；认知投入方面的测量相对比较困难，因为不容易观察，常用的还是自我报告，但年龄小的孩子缺乏自我报告措施。[②] 学习投入理论还涉及学习成效，如知识、技能、态度等方面的测量。

在学习投入维度上，一些学者对高等教育领域着重强调学生行为投入而忽视学生心理体验的做法进行了批评。尹弘飚认为，仅仅研究大学生行为投入还远远不够，亟待转换视角，除行为观外，未来研究更需要从心理观和社会文化观审视大学生学习投入。[③] 对中小学教育领域提出的四个维度，在划分标准上本研究认为值得商榷。如行为投入、学业投入、认知投入和情感投入，根据上述投入内容和投入对象分析可知，行为、认知和情感等投入指学习者投入了什么或在哪些方面投入，是投入内容的具体呈现方式；而学业投入指投入学业活动中，是投入的特定对象，表明投入到了哪里。约翰马歇尔·里夫在认知、情感和行为投入的基础上，增加了主观能动性投入。他专门解释了增加的理由，认为学生参加学习不是被动接受的，还应体现出学生积极性、主动性和建设性。他认为认知投入体现在如下三个方面：使用复杂的、深入的和个性化的学习策略（如详细阐述）；寻求概念性的理解，而不是表面上的知识；使用自我调节策略（如计划）。他认为情感投入包括对存在任务促进的情绪（如兴趣、好奇心和热情）。他的行为投入包含“高度努

---

① 任峥、张胜楠、杨宏：《“学习投入”与“学习性投入”的关系辨析》，《北京联合大学学报》（人文社会科学版）2018 年第 1 期。

② Jennifer A. Fredricks，Phyllis C. Blumenfeld，Alison H. Paris，“School Engagement：Potential of the Concept，State of the Evidence，” *Review of Educational Research*，74（2004）：63—68.

③ 尹弘飚：《大学生学习投入的研究路径及其转型》，《高等教育研究》2016 年第 11 期。

力”等。[①] 通过对比可知，认知、情感和行为投入中实际已经包含主观能动性投入中的积极、主动和建设性因素，主观能动性投入已经贯穿在学习投入的认知、情感和行为维度之中。因此，单独提出主观能动性投入显得重复多余。

本研究认为，将投入维度划分为认知、情感和行为投入三个维度相对更为科学合理。当然，每个维度之下所包含的具体内容并未达成共识，如芬恩将学校的感知相关性或效用归为情感投入，而有的学者将其描述为认知投入，也有学者将其表述为动机。[②]

（三）为建构干部学习投入、学习成效及其影响机制提供了理论借鉴

学习投入是可塑的，因为它受背景因素影响；学习投入很重要，因为学习投入直接影响学习成效，进而影响教学质量；学习投入是背景因素和学习成效之间的中介。这是构建学习投入理论的一般模型思路，也为本研究提供了学理借鉴。在动机和投入的关系上，前面已经提到：二者可以交替使用；将动机与投入分开且动机影响投入；投入是元结构，包括动机。本研究认为，动机尽管非常重要，但因为动机仅反映个体内在的心理状态，投入则是既包括内在心理状态又包括外在行为表现等在内的综合体，可以将动机要素概括在情感投入之中，如学习的意愿，意愿强烈自然说明动机强烈。在普通心理学中，有学者将个体心理过程分为认知过程、动机和情感、能力和个体特征三大部分，[③] 将动机和情感放在第二部分，也说明二者之间具有一定相关性。因此，本研究为突出学习投入研究，借鉴詹妮弗·A. 弗雷德里克斯关于学习投入为元结构的理念，将动机统一纳入学习投入中来分析。学员个体的兴趣、爱好也同样整合到学习投入这一概念中。

综上，学习投入理论不仅强调学习投入研究的重要性，还为评估干部学

---

① Johnmarshall Reeve，“A Self-determination Theory Perspective on Student Engagement，” in *Handbook of Research on Student Engagement*（New York：Springer，2012），p. 151.

② Amy L. Reschly，Sandra L. Christenson，“Jingle，Jangle，and Conceptual Haziness：Evolution and Future Directions of the Engagement Construct，” in *Handbook of Research on Student Engagement*（New York：Springer，2012），p. 11.

③ 彭聃龄主编《普通心理学》（第五版），北京师范大学出版社 2019 年版，第 2 页。

习投入、学习成效提供学理依据，也为构建干部学习投入、学习成效及其影响机制提供理论借鉴，是本研究的核心理论基础。

第二节　培训效果评估模型

现代人力资本理论认为，在所有生产要素中，人力资本是一切资本中最为核心的资源，在经济增长中所起的作用要大于物质资本作用。教育不再是消费，而是投资，通过开展教育培训不断提升人口素质，这是提升人力资本的有效手段。因此，自20世纪60年代末以来，终身教育理念、学习型社会理念日益深入人心。在企业界，加强员工培训已经成为现代人力资源管理的重要内容。教育培训的最终目的就体现在最终的效用上，即教育培训效果。在大中小学，可以通过考试的方式得出学生各科成绩，以此作为衡量教育培训效果的标准。在成人教育培训中，受教育目的、内容、时间和方式等因素的制约，考试成绩并非衡量效果的最佳方式。大多数教育培训需要通过一定的标准、方法、程序等评估才能衡量效果。评估已经成为教育培训本身的一部分；很多企业在加强员工培训的同时，也加强了培训评估。党的十八大在解决大规模教育培训干部问题以后，更加注重干部教育培训的高质量。所以，干部教育培训质量如何、效果如何成为主办方、承办方、参与方乃至整个社会关注的焦点。考察干部学习成效必须借鉴现代教育培训评估理念和评估模型。

一、培训效果的内涵

从企业经营出发，培训既然作为一项投资，就必然从经济角度出发考虑其所投入的成本和产生的效益。英国管理服务委员会认为，培训评估就是要对培训的成本效益进行分析，包括投入评估和产出评估。[①] 因此，经济效益是衡量培训效果的主要指标。雷蒙德·A. 诺伊（Raymond A. Noe）认为，培训

① 莱斯利·瑞：《培训效果评估》（第三版），牛雅娜、吴孟胜、张金普译，中国劳动社会保障出版社2003年版，第3页。

效果是指公司和受训者从培训当中获得的收益。他进一步明确指出，对受训者来说，好处是可以学习各种新的技能和行为方式，公司则获得销售额上升及顾客满意度增加的益处。[①] 在概念中，他强调了受益的双方是受训者和公司，受训者是直接的受益方，受益内容为技能和行为方式提升；公司通过受训者受益而受益，受益的主要内容为经济上的受益。

国内学者对培训效果的定义基本上沿用或借鉴雷蒙德·A. 诺伊的定义内涵。如汪群、王全蓉将企业培训效果定义为企业和员工个人从培训中获得的实际收益。有效的培训对员工个人的影响是直接的，他们可以学到各种新的知识或技能，从而提高自身价值；而企业则因此可以获得各种经济上的收益。[②]

在干部教育培训领域，一些学者或研究人员在借鉴雷蒙德·A. 诺伊的定义的基础上略微拓展。如马德明将公务员培训效果定义为受训公务员、政府和社会从培训当中获得的收益，即受训公务员将所获得的知识、技能、态度及其特性应用于工作的程度，以及培训成功给政府、社会带来的经济效益和社会效益。[③] 范柏乃、阮连法等用“干部教育培训绩效”一词替代干部教育培训效果，认为干部教育培训绩效是指公务员接受培训获得的意识、知识、技能和态度等方面的程度，及其把这些意识、知识、技能、态度应用于工作后给政府和社会带来的经济效益和社会效益的大小。[④] 一些学位论文对公务员培训效果评估的定义也大同小异。如李芳认为，培训效果是指公务员在接受培训后自身知识、技能、态度的变化，在工作中的应用情况和绩效变化，以及对政府机关经济效益和社会效益的影响。[⑤] 张凯丽认为，培训效果指受训者在接受培训后自身知识、技能、态度的变化，培训所得在工作中的应用情况以及带来的绩效改变，包括个体效益、组织效益与社会效益。[⑥]

---

① 雷蒙德·A. 诺伊：《雇员培训与开发》，徐芳译，中国人民大学出版社 2001 年版，第 106 页。

② 汪群、王全蓉主编《培训管理》，上海交通大学出版社 2006 年版，第 199 页。

③ 马德明：《公务员培训效果评估的理论基础和研究现状分析》，《攀登》2007 年第 4 期。

④ 范柏乃、阮连法等：《干部教育培训绩效的评估指标、影响因素及优化路径研究》，浙江大学出版社 2012 年版，第 41、第 94 页。

⑤ 李芳：《北京市基层公务员培训效果评估指标体系研究》，首都经济贸易大学 2016 年硕士学位论文，第 3 页。

⑥ 张凯丽：《结果导向的公务员培训效果评估指标体系的构建研究》，苏州大学 2018 年硕士学位论文，第 18 页。

上述关于干部教育培训效果的定义，与雷蒙德·A. 诺伊关于企业培训效果的定义相比，均强调对学习者个体在知识、技能和态度等方面的收益以及给组织者带来的收益。略微的不同之处体现在以下两个方面。一是在雷蒙德·A. 诺伊提出的企业和受训者两个受益方的基础上，增加了社会一方，即受训者、党政机关或组织、社会。这是因为参训公务员通过培训提升工作效率后，导致其所在组织绩效提升，从而提升所在组织的公信力和社会对组织的信任度。二是受益内容不仅包括经济效益，还包括社会效益。这与企业培训效果着重强调经济效益存在明显差别。党政机关不同于企业，其运行行为并不直接产生经济利润和经济效益，也难以用经济指标加以衡量。

二、培训评估模型分析

明确了培训效果内涵也就明确了评估的基本内容。评估什么，用什么方式评估，怎样开展评估，这就涉及了评估模型。关于培训效果评估，在西方形成了结果性评估、过程性评估和培训收益计量模型三种模式。其代表分别是柯克帕特里克的四级评估模型、斯塔弗尔比姆的 CIPP 评估模型和舍贝克科恩的培训效用公式。后来也有一些研究者在他们的模型基础上，根据实际情况作出适度调整，但并未形成新的模型。

（一）结果性评估

柯克帕特里克于 1959 年提出的“反应、学习、行为、结果”四级评估模型，是在培训结束以后针对培训结果进行的评估，所以被称为结果性评估。培训反应评估是第一级评估，即评估参训者对授课内容、授课方式、授课效果以及培训环境、条件、组织措施等方面的主观反应和印象，主要以问卷调查方式进行，类似于顾客满意度测评。培训学习评估是第二级评估，主要考察参训者对知识、技能、态度等方面的掌握情况。评估者对参训者在参训之前和参训之后在知识、技能和态度等方面表现出来的差异进行评估，也有的通过笔试、撰写论文等方式加以评判。学习评估是参训者参加培训获得收益的最直观体现。第三级评估是培训行为评估，即衡量参训者在培训之后在工作岗位上态度和行为的改变。这一评估不再单纯以参训者自评为主，而是通过上级、下级或平级同事，甚至客户，多方评判而得。这一评估在培训项目结束之后的一段时间内进行，评估复杂程度大大增加。第四级评估是培训结果评估。这一评估并非衡量参训者本人，而是衡量其给所在组织或企业带来的经营业绩或利润。企业投入一定经济成本开展员工培训，希望最终为企业带来良好经济效益，这是企业开展培训的根本目的之所在。因而开展这一层级评估非常重要。要做好这一层级评估并非易事，因为企业业绩提升有可能是多种资本或多种因素所致。柯克帕特里克的四级评估模型是从第一级到第四级层层推进，下一级是上一级实现的前提基础。

柯克帕特里克的四级评估模型尤其是前两级评估相对简单，容易操作，广受欢迎，但也因为相对简单，缺乏对培训投入和收益的具体描述，而不断为后来者所修正。如汉姆布林将四级评估模型的第四级调整为“执行评估”，以此量化培训的成本和收益；增加第五级“组织目标评估”，将培训项目与组织战略发展联系在一起评估。菲利普斯则在四级评估模型上增加了“财务评估”，以此比较培训成本和培训所带来的经济收益。考夫曼增加对实施培训项目的资源条件的评估，在评估培训项目对企业产生的经济效益的同时，他主张将培训对企业产生的社会效益作为第五级纳入评估体系之中。南非约翰内斯堡大学的卡桑德拉·马拉和库克·戈文德认为企业员工在培训中所学到的内容能够被有效运用到实际的并不多，他们在菲利普斯五级评估模型的基础上，增加了第六级“风险评估”，即评估是否有任何特定的障碍阻碍受训人员/员工在培训后提高他们的表现，从而阻碍了业务战略的实现和增长。与柯克帕特里克的培训评估模型不同的是，其第一级评估为“个人发展计划和激励步骤”，包括对员工是否有发展、增强技能内在动机的测评。①

2014 年，桑德丽娜·里茨曼（Sandrina Ritzmann）、维拉·哈格曼（Vera Hagemann）、安妮特·克鲁格（Annette Kluge）等在借鉴四级评估模型基础上，设计了一种评估模型和评估量表。与一般评估模型不同的是，该模型不仅评估培训效果，还评估培训设计方案；不仅可以用于总结性评估目

① Jasson C. C., Cookie Govender, “Measuring Return on Investment and Risk in Training—A Business Training Evaluation Model for Managers and Leaders,” *Acta Commercii*, 17 (2017): 1—25.

的，还可以用于形成性评估目的。在他们设计的评估量表中，对培训设计方案的评估包括基于问题学习、激活、演示、应用和整合等培训设计维度，将主观享受、感知有用性和感知困难作为“反应层”的组成部分，将主观知识获得和对培训的态度作为“学习层”的组成部分，这五种结构被称为培训结果维度。他们还通过实证分析来验证该评估量表的信度和效度。[①]

（二）过程性评估

与上述强调结果评估相比，1965 年，斯塔弗尔比姆提出的 CIPP 评估模型强调培训前、培训中和培训后的全流程评估，是过程性评估的代表。这种评估模型要求在培训每一个环节中进行评估，一旦发现偏离预定目标即可进行反馈、干预和改进，既是终结式评估，还是诊断式、形成式评估。CIPP 是背景（context）、输入（input）、过程（process）、结果（product）4 个英文词汇首字母的缩写。背景评估包括对培训目标、培训需求、相关环境进行综合评价，供组织决定是否要实施该培训。投入评估对实施培训所需条件、资源和培训方案进行评估，以决定是否能够实施该培训。过程评估对培训方案实施过程中的进度、流程、状况以及潜在不利因素进行评估，并将评估情况反馈给相关各方，确保培训项目不偏离事先预定的目标、方式、流程。结果评估对培训项目所达到的目标进行评估，衡量实际培训结果与事先设定的培训目标之间的差距，对评估结果加以解释。CIPP 评估模型不仅注重培训结果，更注重培训进程的监控和改进，将诊断式、形成式和终结式评估结合起来，理论上超越了终结式评估模式，但也存在缺乏价值判断、评估者独立性不强、使用范围受到限制等不足。[②] 沃尔（Warr）等后来在此模型基础上，提出了 CIRO 模型，即背景评估（context）、输入评估（input）、反应评估（reaction）和输出评估（output）。从总体看，过程性评估的评估程序复杂、所需资料较多，非专业评估人士往往难以驾驭，在干部教育培训领域实践

---

① Sandrina Ritzmann, Vera Hagemann, Annette Kluge, “The Training Evaluation Inventory (TEI)-Evaluation of Training Design and Measurement of Training Outcomes for Predicting Training Success,” *Vocations and Learning*, 7 (2014): 41—73.

② 范柏乃、阮连法等：《干部教育培训绩效的评估指标、影响因素及优化路径研究》，浙江大学出版社 2012 年版，第 41 页。

中也较少应用。

舍贝克科恩的效用公式通过一定公式计算培训的经济收益，是除上述终结性、过程性评估之外的第三种模式。由于干部教育培训很难直接产生经济收益，本研究对这种模式不作详述。

三、培训评估模型的实际应用

（一）国内应用情况

在学习成效的评估上，一些研究者自觉或不自觉地以国外现有评估模型为基础，结合干部教育培训实际情况设计评价指标。如前文提到，中国人民银行、陕西省委组织部、浙江大学3家单位专门在“干部教育培训学员考核评价方法及指标问题”的研究中，浙江大学课题组去掉柯氏评估模型中的“反应层”，保留“学习层”、“行为层”和“结果层”；中国人民银行课题组的评价体系中，“知识获得”“能力素养提升”2个一级指标可以视作柯氏评估模型中的“学习层”，“组织影响”可以视作“结果层”；陕西省委组织部的评估指标中，“理论知识掌握”“党性修养和作风养成”“解决实际问题的能力”可以视作“学习层”，但其评估仅仅涉及干部培训期间，并未考虑干部培训结束以后个体行为改变以及给组织带来的影响等。从总体看，干部教育培训的学习成效评估指标主要体现在政治素质、专业素质和推动工作等方面。

（二）国外应用情况

在国外，研究者往往通过评估来验证培训项目的有效性和效率，以及验证培训的价值意义，或为进一步改进培训项目提供科学依据。通过文献梳理发现，国外的评估项目主要集中在对公职人员、企业人员、专业技术人员等的培训评估上。有些评估项目因为主题突出而被本研究列为专项培训评估。

1. 公职人员培训评估

乔伊斯·M. 施梅克尔（Joyce M. Schmeeckle）对美国内布拉斯加州执法

培训中心的监狱管理培训项目进行了评估，主要是评估其在线教育方式的有效性和效率。该项目是为期 2 周的强制性培训，面向内布拉斯加州的县、市监狱工作的执法人员开展，包括现场课堂和实践培训项目。施梅克尔借鉴菲利普斯五级评估模型，评估了其中的三个层次，即第一级的满意度，第二级的学习结果和第五级的成本/效率。其中，满意度用学习动机和态度来表示，学习结果为对比培训前和培训之后的测评结果，这两层被归类于教学有效性；成本/效率用来测量效率。他于 1999 年将受训人员随机分配在三个独立的培训课程中接受在线培训和课堂培训。通过对比发现，在线培训是一种与课堂培训一样有效的教学方法，而且比课堂培训更有效率；两组之间没有出现有意义的学习差异，但在线培训在近一半的课堂教学时间内就完成了，而且成本更低；课堂小组比在线小组有更高的动机和积极的感受。① 在施梅克尔的上述评估中，他将学习者的态度和动机视为“反应层”纳入评估体系，体现了一定的认知和情感投入。

安德里亚·马尔托内（Andrea Martone）等对瑞士提契诺州行政部门的工作人员参加培训后进行评估。2011 年，提契诺州公共行政部门决定启动一项重大培训计划，目的是为州管理人员做准备，以应对未来几年内将面临的新挑战。他们针对 271 名受训的公共管理人员，测量了柯克帕特里克模型（1994 年）中确定的四个层次中的前三个层次（反应、学习、行为）。其中，“行为”层面是评估重点，主要包括人力资源管理技能、沟通技巧、组织效率倾向和公共创业倾向四种管理技能的运用情况，它通过公共经理、他的直接经理和其合作者的看法来评估。“反应”层面主要通过问卷调查来评估，“学习”主要通过考试成绩来评估。结果显示，培训在上述三个层面是有成效的，这也说明该培训方案的有效性。②

谢里·欧米茄·阿特曼（Sherrie Omega Artman）在其博士论文《基于

① Joyce M. Schmeeckle，“ Online Training：An Evaluation of the Effectiveness and Effificiency of Training Law Enforcement Personnel over the Internet，” *Journal of Science Education and Technology*，12（2003）：205—260.

② Andrea Martone，Filippo Sciaroni，Alan Righetti，“ Measuring the Impact of Training on Public Manager Performance：The Case of Canton Ticino（An Ex-Post Analysis），” in *Outcome-Based Performance Management in the Public Sector*（New York：Springer，2018），pp. 225—249.

政府提供的管理者培训服务的有效性评估》中，对美国田纳西州智力障碍和发育障碍部（The Department of Intellectual and Developmental Disabilities）为其所属管理者提供培训项目进行成效评估。评估采取量的研究和质的研究相结合的方式，主要围绕“管理者培训如何有效，它如何影响了田纳西州智力障碍和发展障碍部管理者的信心和能力”这一主题展开，共有171名州服务机构的主管填写问卷，18人接受深度访谈。开展本次评估的目的在于评估当前管理培训的有效性，评估结果用于编制领导技能发展基线，以此作为后续开展管理者培训的基础，确保田纳西州政府在雇员大规模退休情况下，现任或新聘员工的能力不断提升。作为专门对管理者培训开展的评估，作者认为，虽然有关评估管理者培训的文章很多，但大多缺乏有效评估工具，最终认为商业头脑、技术技能、资源获取和管理人员四种关键能力与智力障碍和发展障碍部领导相关。该研究也具体围绕这四种能力开展测评。①

希腊的格鲁吉奥斯·帕纳戈托普洛斯（Georgios Panagiotopoulos）等针对67名希腊拉里萨市的地方自治官员开展培训评估研究，主要探讨他们对培训对其工作表现的影响的看法，以评估该自治官员培训的有效性和效率。结果显示，在知识和技能水平上，这些官员认为培训效果非常显著，且没有一个认为培训项目的贡献是微不足道的；他们认为培训对提升服务效率作用也很大。②

2. 企业人员培训评估

安妮塔·佩恩·怀特福德（Anita Pane Whiteford）在其论文《评估培训项目的影响和价值：对宾夕法尼亚州劳动力和经济发展网络（WEDnetPA）选定项目的定性研究》中，采用质的研究方法，对接受过宾夕法尼亚州WEDnetPA资助的免费培训项目的39家公司管理人员进行深度访谈，研究问题主要集中在以下三个方面：一是WEDnetPA资助的培训是如何影响宾夕法尼亚州选定公司的劳动力的知识、技能水平的；二是在宾夕法尼亚州获得

① Sherrie Omega Artman, “Measuring Effectiveness of Manager Training in a Government Service Delivery Agency Based on Training Appraisals,” Central Michigan University, 2015: 1—94.

② Georgios Panagiotopoulos, Zoe Karanikola, “Training and Efficiency: A Quantitative Survey of Administrative Officials in Local Self-Government Authorities,” *Global Journal of Human Resource Management*, 5 (2017): 49—60.

WEDnetPA 资助培训的选定公司如何衡量 WEDnetPA 资助的培训的价值；三是在选定公司中 WEDnetPA 资助的培训的学习转移是如何进行的。研究结果表明，由 WEDnetPA 资助的项目对劳动力的知识和技能产生了重大影响，一些公司通过 WEDnetPA 基金提供的培训，在改变其组织和劳动力方面取得了巨大的进步。WEDnetPA 资助的培训具有很高的价值，这通过领导者、大多数中层经理和人力资源/培训专业人员参加培训得到体现。在学习迁移方面，有一些成功做法，如员工把知识和技能应用到工作领域，或培训没有参加过培训的同事等，当然也有公司没有看到学习迁移的价值或没有完全理解其意义。WEDnetPA 资助的培训项目为许多公司提升了经济利益，并为员工提供各种培训的机会，许多公司在改进流程和程序以及加强其在全球战斗中的竞争地位方面取得了重大进步。该文强调学习迁移是决定员工培训效果的主要指标。①

巴拉特・库马尔・拉克拉（Bharat Kumar Lakra）、哈里・纳拉扬・萨胡（Hari Narayan Sahu）对印度的一家公司开展员工培训的效果进行评估。他们依据四级评估模型，编制了 20 道题目，从该公司多个部门的 200 名员工中收集了数据，通过结构化问卷和李克特 5 分量表，衡量员工对培训和发展项目的感受、经历和期望。评估结果是，该公司的培训和开发实践是相关、充分、高效和有效的，但它还有进一步改进的空间。在文章中，作者还进一步分析指出，培训的成功不仅取决于培训的质量（或特定方法的有效性），还与组织的支持、个人对培训的准备程度，以及上级、主管和同事的支持程度相关。②

来自印度尼西亚的安娜・苏扎纳（Anna Suzana）等采取多元回归分析方法，对西雷邦区的科普卡尔・帕尔卡萨的 159 名员工的工作绩效影响程度进行研究，结果显示，员工工作能力、培训两个因素对员工工作绩效产生影响，

① Anita Pane Whiteford，"Measuring the Impact and Valued of Training Programs：A Qualitative Study of Selected Programs in the Workforce and Economic Development Netword in Pennsylvania (WEDnetPA)，" The Pennsylvania State University，2009：1—211.

② Bharat Kumar Lakra，Hari Narayan Sahu，"Training and Development Effectiveness：A Study of TRL-Krosaki Refractories Ltd，Belpahar，Odisha，" *IRA-International Journal of Management & Social Sciences*，1 (2016)：131—151.

培训对工作能力、工作表现有显著的积极影响。也就是说，培训既可以对绩效产生直接影响，还可以通过提升工作能力对绩效产生间接影响。①

3. 专业技术人员培训评估

专业技术人员培训评估着重介绍教师培训和医院管理人员培训评估。如印度某组织自 2014 年以来每年举办一次培训师培训研讨会，并在过去 6 年里培训了 380 名讲师，拉贾斯里·拉奥·西塔姆拉朱（Rajasri Rao Seethamraju）等采取质的研究方法，运用四级评估模型与混合评估方法对该项目培训成效进行评估。② 萨里·塔普拉（Sari Tappura）等针对安全培训效果开展评估，他们自行设计评估模型，内容包括安全知识，安全态度、信念和动机，安全行为，安全绩效等，在安全培训结束后对 25 名参训人员开展评估，以识别与该培训有效性相关的因素。③ 比利时的马里斯·萨斯（Marlies Sas）等对比利时大学的 116 名雇员进行安全培训，结束后一段时间内从安全知识、态度和行为等层面对培训效果进行评估，确保培训的有效性。④ 苏珊娜·塔夫维林（Susanne Tafvelin）等将学习迁移整合到领导力培训评估中，对丹麦领导力培训项目进行效果评估，以探讨与培训迁移相关的因素如何影响领导力培训效果。⑤

伊朗学者哈米德·拉瓦吉（Hamid Ravaghi）等、英国学者罗素·曼尼翁（Russell Mannion）、埃及学者维多利亚·D. 贝洛吉特（Victoria D. Belorgeot）

---

① Suzana A.，Wibowo S. N.，Rudiantono Y.，et al.，"Measuring the Effect of Competence and Training Program on Employees Performance," *Advances in Economics，Business and Management Research*，1st International Conference on Accounting，Management and Entrepreneurship（ICAMER 2019），2020：25—28.

② Rajasri Rao Seethamraju，Kimberly Stone，Michael Shepherd，"Evaluation of a Simulation Faculty Training Workshop in a Low-resource Setting：A Qualitative Study," *BMJ Simulation and Technology Enhanced Learning*，7（2021）.

③ Sari Tappura，Aki Jääskeläinen："Measuring the Outcomes of Safety Training," in *Human Systems Engineering and Design Ⅲ*（Switzerland：Springer Nature Switzerland AG，2021），pp. 265—270.

④ Marlies Sas，Genserik L. L. Reniers，Wim Hardyns，Koen Ponnet，"The Impact of Training Sessions on Security Awareness：Measuring the Security Knowledge，Attitude and Behaviour of Employees," *Chemical Engineering Transactions*，77（2019）：895—900.

⑤ Susanne Tafvelin，Henna Hasson，Karina Nielsen，"Integrating a Transfer Perspective into Evaluations of Leadership Training," *Leadership & Organization Development Journal*，6（2021）：856—868.

认为，在医院管理人员的教育培训中，使用一定的评估标准来评估教育培训的影响是提升其有用性和有效性的基础。他们运用文献研究法，对 1990 年至 2019 年近 30 年间的文献进行了梳理，选择其中 9 篇文献进行研究。结果表明，对医院管理人员进行的培训对提高医院管理人员的管理技能、知识和能力均有较积极的影响。[①]

印度尼西亚的乌玛姆（Umam）、萨里帕（Saripah）等运用 CIPP 评估模型，以问卷调查方式，对 16 名接受辣椒种植培训计划的学习者进行培训评估。其中，结果评估主要考察学员参训后的知识、技能和态度等方面的收获。[②]

4. 专项培训评估

维拉·哈格曼（Vera Hagemann）等针对消防部门团队资源管理培训效果开展评估。其研究背景是航空业以外的机组人员资源管理培训，如麻醉（危机资源管理）或消防服务领域（团队资源管理）的培训。研究者运用四级评估模型，在德国消防部门的 59 名消防队员参加为期半天的培训后，对其开展效果评估。评估主要测量知识获取、态度和主观感知的培训结果等，分别在培训前、培训结束时和培训 7 个月后开展三次测量。结果显示，这种培训被认为是愉快和有用的，参与者显示了有效的知识获取。在知识获取方面，培训前到培训后的知识获取能力显著提高，虽然 7 个月后，知识水平显著下降，但仍然明显多于培训前。在态度测量中，从培训前到培训后有 3 种态度发生显著的积极变化，态度变化在 7 个月内保持稳定。其中，主观感知的培训结果共 18 个项目，涵盖了基于柯克帕特里克的四级评估水平的“反应层”和“学习层”。[③]

蒂莫·西科林（Timothy Colling）等运用人种学访谈法，针对美国密歇根州地方机构的技术人员和当选或任命的官员等两个群体参加的安全培训的

---

① Hamid Ravaghi, et al., “Effectiveness of Training and Educational Programs for Hospital Managers: A Systematic Review,” *Health Services Management Research*, 11 (2020): 1—14.

② Umam, K. A., Saripah, I: “Using the Context, Input, Process and Product (CIPP) Model in the Evaluation of Training Programs,” *IJPTE International Journal of Pedagogy and Teacher Education*, 2 (2018): 183—194.

③ Hagemann V., Kluge A., Greve J., “Measuring the Effects of Team Resource Management Training for the Fire Service,” *Proceedings of the Human Factors and Ergonomics Society Annual Meeting*, 2016: 2442—2446.

成效进行评估。他们测评了四级评估模型中的第三级即行为层面。在培训结束12个月后按照随机抽样分别对14名技术人员和25名官员进行访谈，通过检测由于训练而导致的态度、行为或思维的预期变化以及意外的变化，来评估安全培训的成效。研究显示，技术人员及当选或任命的官员的态度和行为都有显著的积极变化，这归因于他们在培训中学到的东西。研究表明，如果当地机构的工作人员和选举任命的官员接受适当培训，对当地道路的交通安全有显著好处。①

德国学者弗朗齐斯卡·朱格曼（Franziska Jungmann）等针对大多数欧洲国家老年雇员比例增多和工作组中年龄多样化、可能导致人们对年长员工出现负面态度情况，提出了不同年龄团队的生产力模型，并以此为基础开展培训。培训目的在于改善人们对年长员工的态度，增强人们对团队多样性的欣赏，以及改善人们在年龄多元化的团队中的表现。研究者在德国的一个公共管理机构中对培训进行了评估，培训增加了对年龄多样性的欣赏，减少了领导者的年龄刻板印象。这种评估主要考察参训人员在培训前后态度发生的改变。②

澳大利亚的杰奎琳·M. 德鲁（Jacqueline M. Drew）等对澳大利亚昆士兰警察局开展的警察金融犯罪调查在线培训项目进行评估。该项目时长共2小时，是强制性培训。他们用1403名警官训练前和训练后的数据，来评估警察调查这类犯罪的知识和信心。研究结果表明，短期的在线培训项目可以显著提高警察对金融犯罪调查的知识和信心。③

通过对上述美国、瑞士、德国、印度等国家关于公职人员或企业人员的培训评估研究分析，可以发现以下几点可供借鉴。

第一，在评估研究理论上，大多以四级评估模型为基础。即便施梅克尔宣称对美国内布拉斯加州执法培训中心的监狱管理培训项目评估借鉴的是菲

---

① Timothy，Colling，Terance，et al.，"Assessment of Traffic Safety Training for Local Agency Technical Staff and Elected and Appointed Officials，" *Transportation Research Record*，2213（2018）：63—71.

② Franziska Jungmann，et al.，"Improving Team Functioning and Performance in Age-Diverse Teams：Evaluation of a Leadership Training，" *Work，Aging and Retirement*，6（2020）：175—194.

③ Jacqueline M. Drew，Emily Moir，Michael Newman，"Financial Crime Investigation：An Evaluation of an Online Training Program for Police，" *Policing：An International Journal of Police Strategies and management*，44（2021）：525—539.

利普斯的五级评估模型，而该模型实质也是对四级培训评估模型的修正，但在实际研究中并非将四层或五层全部实施，而是根据自身需要来选择评估相应层次。如施梅克尔评估了反应、学习和第五层回报；马尔托内等对瑞士提契诺州公职人员培训仅进行了反应、学习和行为三个层次的评估；里茨曼等制作量表时，仅考虑了反应层和学习层。在实际培训项目评估中，根据德米特里·库切罗夫（Dmitry Kucherov）、达里亚·马诺基纳（Daria Manokhina）对 24 家俄罗斯制造业公司开展的关于培训评估特点的问卷调查发现，俄罗斯制造业开展员工培训评估使用最多的模型是四级培训评估模型，重点关注的是第一层的反应层面。培训时间短的项目更多集中在反应层面，培训时间长的项目在学习、行为和结果层面上的评估频率大约是培训时长短的项目的 2 倍，而 ROI 水平专门用于长期培训项目。①

第二，在效果评估中，非常注重培训之后的实际应用情况。如马尔托内等人特别强调对瑞士提契诺州公职人员培训后的行为评估；怀特福德对宾夕法尼亚州劳动力和经济发展网络选定项目的定性研究中特别强调学习迁移，即所学知识的运用；拉克拉等人更是宣称培训的有效性不在于参与者的表现，而在于将所学知识和技能在工作上的应用。

第三，在评估内容上，由于是“培训评估”而非“教育评估”，他们更多强调对知识、技能和态度的改变。但也有将学习者的动机、态度、感受等纳入评估体系之中，如里茨曼将“感知有用性”纳入评估量表；哈格曼等在对消防团队的评估中将态度纳入其中；施梅克尔考量了学员的态度和动机。卡桑德拉·马拉（Cashandra Mara）和库克·戈文德（Cookie Govender）在借鉴菲利普斯的五级培训评估模型的基础上构建了新的评估模型，其中，第一层评估即为“个人发展计划和激励步骤”，将员工是否有发展增强技能的内在动机纳入测评中。上述情况与学习投入中的认知投入、情感投入虽然不能等同，但有一定共同之处。

第四，他们的评估研究大多数是针对某一个具体培训项目开展的。如安全培训、金融犯罪调查培训等，培训时长最短的仅 2 小时。在评估研究方法

① Dmitry Kucherov，Daria Manokhina，“Evaluation of training programs in Russian manufacturing companies，” *European Journal of Training and Development*，41（2017）：119—143.

上以量的研究居多，个别的（如怀特福德）以质的研究为主，也有的将质的研究和量的研究相结合。大部分研究以某一个具体培训项目评估为主，样本量普遍较小。

四、可资借鉴之处

干部学习成效是本研究中与学习投入处于同等重要地位的核心问题。研究干部学习成效，必须借助已有的培训效果评估理论知识。通过上述对培训效果内涵和培训模型的梳理，总结出以下两个值得借鉴的方面。

（一）评估内容

评估内容包括参训者的直接收益和组织的最终收益。结果性评估中的反应层，过程性评估中的背景、输入和过程等均不属于培训效果。培训效果体现在结果性模型中的第二级学习层、第三级行为层、第四级结果层中，体现在过程性模型的结果层中。其中，对于个人收益，上述模型界定为参训者知识、技能和态度的掌握情况，以及工作行为和态度的改进。国内研究者在界定干部教育培训效果或者公务员培训效果时，大多也将其概括为对知识、技能的掌握以及应用情况。这也是本研究在考察干部学习成效状况时值得借鉴的指标内容。在组织收益上，企业培训主要强调经济效益（考夫曼后来也将社会效益纳入其中），国内干部教育培训研究者则明确强调了组织经济效益和社会效益。

但是，干部教育培训作为一项政治性很强的工作，通过培训增强干部政治能力、政治素养、党性修养始终是第一位，其次才是专业知识、专业技能、专业素养，最终的落脚点是理论联系实际，推动实际工作。这从干部教育培训的目标、内容即可知道。《干部教育培训工作条例》和《2018—2022年全国干部教育培训规划》关于对参训干部的考核评估中，均提到干部的学习态度和表现，理论、知识掌握程度，党性修养和作风养成情况，以及解决实际问题的能力等。因此，上述关于干部对知识、技术、态度，甚至意识等内容的掌握，仅仅是干部教育培训的目标、内容要求的一部分。尽管诺伊将“态度”定义为一个人偏好某种行为方式的信念和情感的综合。态度包括认知（信念）、情感成分（感情）和目的成分（个人根据自己的学习态度而采取的行为方式)，[①] 但态度一词与干部教育培训所强调的政治要求有着本质区别。另外，上述培训评估模型在企业员工培训评估中，把给企业带来经济效益作为最终目的，这与干部教育培训中的国有企业经营管理人员培训有点类似，但与党政机关干部培训和事业单位人员培训有本质不同。后两者更多的是强调在实际工作中的应用，推动工作发展。

（二）评估方式和评估流程

上述评估模型均强调问卷调查、自我评估和他人评估等方式，这些也是本研究中需要运用到的对学习成效评估的方式。但针对行为层、结果层的评估，要求通过对上级、下级和平级同事进行调查，这在实际操作中因成本较大难以做到。在干部教育培训实际评估中，大部分仅停留在对第一级反应层的评估上，而很少评估甚至不评估参训干部学习成效。

总之，上述培训效果评估模型从评估内容、评估方式等方面对本研究深入了解干部学习成效起到一定借鉴作用。但上述评估模型基本上起源于企业开展培训评估，在企业层面关注回报率、利润率等经济收益，在个人层面强调知识、技能、态度等方面的收益。就个人而言，仅仅强调知识、技能和态度在干部教育培训研究中还远远不够。从组织层面来说，党政机关或事业单位不是企业，并不直接产出利润，但对工作推动能够产生效果。因此，在借鉴上述评估模型的基础上，必须深入结合干部教育培训政治属性这一内在本质要求，结合干部教育培训目标、培训内容来综合考虑培训效果和学习成效。

第三节 其他理论

一、成人教育学理论

成人教育学理论由马尔科姆·S. 诺尔斯（Malcolm S. Knowles）于 1968

① 雷蒙德·A. 诺伊：《雇员培训与开发》，徐芳译，中国人民大学出版社 2001 年版，第 66 页。

年首次提出，他在1989年出版的《一位成人教育工作者的养成》一书中提出了6点假设，成为其成人教育学理论的主要内容。吴泽强将其概括如下。（1）自我概念。成人是一个成熟且独立的个体，有自己的看法和主张，明白自己的需求，为自己的学习负责，和儿童的依赖个性不同。（2）经验是学习的重要资源。成人丰富的生活经验是儿童所欠缺的，在学习上会造成一定的影响，且成人多样性的经验可使教学生动与多元。（3）学习准备度。成人依据社会角色的发展任务之需求而学习，因此在具有相同任务的同质团体中有着较佳的学习效果。（4）成人学习是要立即应用的。成人学习是“问题中心”取向，而儿童则为“延后应用”。（5）学习动机。成人的学习动机是内在的因素，如自尊、自信、自我实现与改善生活品质等内在动机，而儿童的学习动机主要是来自家庭和社会期望、成绩压力等外在动机。（6）学习意识。成人在学习之前会先明确要学习什么，如果不学的话有什么损失，而儿童则是为了通过考试和升级，只要依教师的指示学习指定的学习内容即可完成。①

诺尔斯力求将其理论与儿童教学理论相区别，并冠之以成人教育学理论。这也引起诸多学者争议，他们往往通过反证方式对其上述假设进行反驳。如针对第二条，雪伦·B. 梅里安（Sharan B. Merriam）等认为，某种生活经验可能会成为学习的障碍；针对第五条中提出的成人学习来自内部动机，这并不绝对，因为工作场所和继续职业教育中的很多学习是被要求参与的，如驾校学习、工作准备教育和监狱教育等更是被硬性要求的，这些都是外在因素所致。②

诺尔斯的成人教育学理论更多的是对成人身心特点、个体经验、学习目的、学习动机和学习意识等方面的归纳总结。上述大部分假设在干部学习中也能得到体现。如第一条假设，在自我概念方面，干部是对社会、家庭、工作承担着一定责任的成年人，担任领导职务的干部还要承担一定的领导责任，绝大部分干部知道学习的必要性、重要性，知道该学什么、该怎么学，能够为学习负责，相应地，这种自我导向对教育机构和授课教师也提出更高要求。第二条假设，经验毫无疑问是学习的重要资源。来自中央和国家机关的干部，

---

① 吴泽强：《诺尔斯成人教育学理论述评》，《科教文汇》2011年第1期。

② 雪伦·B. 梅里安、罗斯玛丽·S. 凯弗瑞拉：《成人学习的综合研究与实践指导》，黄健、张永、魏光丽译，中国人民大学出版社2011年版，第251页。

大多数从事相关政策的研究和制定，基层干部更多的是按照要求执行和落实任务，企业经营管理人员在经营管理方面经验丰富，专业技术人员则精通本专业领域的相关知识。干部教育培训强调教师与学员之间教学相长，学员与学员之间学学相长，就是要最大限度发挥学员经验作为教学资源的作用。

当然，正如梅里安所批判的那样，有些经验可能恰恰就是影响学习的障碍，有的甚至成为发展的绊脚石。在干部教育培训实践中，主办单位往往要求学员保持"空杯心态"、要求做到"三个转变"，[①] 某种程度正是要求学员暂时摒弃以往经验，虚心学习。诺尔斯第三条假设完全与干部教育培训相适应。干部参加学习并非为了学习而学习，一定程度是工作的延伸。他们的学习要以实际问题为导向，强调理论联系实际、学以致用，以符合党和国家事业发展需要、符合岗位职责要求等。对于第五条假设，诺尔斯所说的成人学习应该是社会成人根据自己需要、自己承担学费参加的成人学习，他以此断定其学习动机为内在动机。但干部教育培训由主办单位组织，由国家财政经费承担培训费用[②]，干部是被安排参加培训的，则未必全都是内部动机，也未必全部是外部动机，需具体情况具体分析。

干部教育培训属于成人教育的一种，但又不完全等同于成人教育。诺尔斯的成人教育学理论可以部分用于对干部学习投入、学习成效的解释。

二、自我决定理论

学习投入理论中已经较为详细地分析了动机和投入二者之间的关系。詹妮费·A. 弗雷德里克斯等将学习投入视为元结构，将动机统一纳入学习投入概念之下。一些学者则将学习投入纳入自我决定论框架内。因此，有必要对自我决定理论加以了解。

（一）理论要点

自我决定理论属于认知动机理论中的一种，由美国心理学家理查德·

---

① 三个转变，即针对参训干部要求做到从干部身份向学员身份转变、从工作状态向学习状态转变、从家庭生活向学习生活转变。

② 国有企业自行组织的培训，其经费由本企业自行承担，不属于国家财政经费。

M. 瑞安等于 20 世纪 80 年代提出，并为学习投入理论所运用。其基本假设是：人是积极自主的有机体，具有与生俱来的心理成长倾向，会努力应对环境中的持续挑战，并将外部经验整合到自我概念中。但是，这种内在的心理成长倾向需要有社会环境中的营养支持才能有效发挥出来。① 自我决定理论包括认知评价理论、归因定向理论、有机整合理论和基本心理需要理论四个子理论。自我决定理论在促进学生学习由外部动机向内部动机转化，提升学习动机水平和学习投入水平方面具有一定的理论解释力。从本研究需要出发，主要介绍有机整合理论和基本心理需要理论。

1. 有机整合理论

该理论将人的动机区分为无动机、外部动机、内部动机。无动机就是无行为意愿。外部动机指个体不是为了活动本身，而是为了某种后果而参加活动。其中，根据个体自主程度，外部动机又分为外部调节（纯粹为满足外在要求）、内摄调节（吸收部分外部规则）、认同调节（认同规则价值并自愿做出行为）、整合调节（完全内化外部规则）。内部动机指个体从事活动本身体会到发自内心的乐趣，这是人所固有的积极心理倾向。该理论将人的动机看作一个“无动机—外部动机（外部调节—内摄调节—认同调节—整合调节）—内部动机”的自我决定程度不断增加的连续体。

2. 基本心理需要理论

基本心理需要理论认为，自我决定行为源自自我高度整合的动机，包括内在动机以及高度内化的外部动机。② 高度整合必须满足三种基本需要，即自主需要、能力需要、归属需要。所谓自主需要，就是个体对活动的自主选择；能力需要，即个体能够胜任某项活动；归属需要，即属于某个群体。其基本假设就是：学生感知到课堂环境满足这些需求的程度决定了他们在学校学习投入或不投入程度。③ 这三种基本需要满足了，就可促进个体产生内部动机。在学习投入模型中，研究者往往将对这三种需要的满足程度等同于动机。图 2-2 就是自我决定论框架下的学习投入模型。在这个模型中，自主需要、能力需要

---

① 陈琦、刘儒德：《当代教育心理学》，北京师范大学出版社 2019 年版，第 168 页。

② 同上书，第 169 页。

③ Jennifer A. Fredricks，Phyllis C. Blumenfeld，Alison H. Paris，“School Engagement：Potential of the Concept，State of the Evidence，” *Review of Educational Research*，74（2004）：79.

和归属需要的满足代表动机的产生，它们影响着学习投入，学习投入又影响着学习成效。

（二）可资借鉴之处

本研究虽然接受学习投入为元结构这一思想，不将动机予以单独考虑。但自我决定论中的基本心理需要理论在一定程度上可以解释干部学习投入。首先，从自主需要来看，干部属于成人，能够为学习负责，具有一定自我导向。虽然干部教育培训工作属于组织行为，具有较强的组织性，但在 2007 年至 2015 年，我们党曾推行“干部自主选学”“干部选学”模式作为组织调训的补充，在一定程度将学习什么、在哪里学习、什么时间学习的权利交给了干部，满足了干部学习的自主需要。尽管“干部选学”在 2015 年 10 月颁布的《干部教育培训工作条例》中被取消，但在实践中这种模式的影响依然存在。其次，从能力需要来看，要求参训干部具备一定学习能力，在课堂上能够理解、消化教师授课内容，满足能力需要，这样才能促进学习投入。最后，从归属需要来看，干部教育培训按照干部管理权限，由主管单位统一安排，费用由单位承担，体现出组织对干部的关心。不少干部以能够被组织安排参加教育培训为荣。在班级群体中，同学团结友爱互助、良好的班级氛围有利于增强学员们的归属感，满足参训干部归属需要。因此，自我决定理论在一定程度上可以解释干部学习投入。

三、组织支持理论

组织是现代社会常见的现象，也是理论界研究的重要对象。关于组织，不同的研究者给出不同的定义，但基本上包括团队人员、特定目标、资源条件、规章制度和运行机制等组成要素。组织就是存在于特定环境中，由人群构成的，为达到共同目标，通过责权分配和层次结构所构成的一个完整有机体。[①] T. 帕森斯（T. Parsons）根据社会功能的不同，将组织分为以经济生产

① 孙成志、孙天隽编著《组织行为学》，中国金融出版社 2004 年版，第 3 页。

为导向的组织、以政治为导向的组织、整合组织和模式维持组织等。① 在企业组织中，研究员工与企业之间的关系，由此形成的组织支持理论对加强员工队伍建设、保持员工对企业的忠诚度、更好地为企业发展服务具有重要意义。这是针对西方企业在20世纪末应对企业裁员、兼并等条件下存在与员工雇佣关系不稳的应对之举。

组织支持理论（organizational support theory，OST）由艾森伯格（Eisenberger）于1986年首次提出。其理论基础是社会交换理论、酬报原则和组织拟人性化思想。社会交换理论和酬报原则都认为个体将会积极回报自己的恩人，个体为了获得最大的个人利益而和别人建立联系。② 组织拟人性化思想，即员工将上级个体的行为理解为组织意图或组织行为，而非个人行为。为阐述组织支持理论，艾森伯格提出了组织支持感（perceived organizational support，POS）这一概念。概括起来，组织支持理论要点如下。其一，组织支持，即组织对其内部员工的整体支持，组织重视他们的贡献和关心他们的福利等。③ 其二，组织支持感是员工对组织重视其贡献和关心其福利等支持方面所体现出来的主观感受。其三，由于组织对员工有支持，在一定程度上能够满足员工的情感需要。同时，基于互惠原则，组织支持感会促使员工更加忠诚于企业，努力工作，感到有义务帮助组织实现目标。④

组织支持理论在支持维度上不断发展。邵芳在对文献梳理的基础上，将组织支持的结构和维度划分为如下三类。第一类是早期的组织支持，主要体现情感支持的单一维度，体现为来自上级的关心、尊重、亲密等。第二类为后来的双维度组织支持，即社会或情感支持和与职业相关的工作支持。第三类则是多维度组织支持。⑤

与企业组织相对应，公共组织是以维护和促进公共利益为目标，以向社

---

① 苏忠林主编《公共组织理论》，武汉大学出版社2013年版，第4页。

② Suzanne S. Masterson，Kyle Barry，M. Goldman，M. Susan Taylor，"Integrating Justice and Social Exchange：The Differing Effects of Fair Procedures and Treatment on Work Relationships，" *Academy of Mangement Journal*，4（2000）：738—748. 转引自徐晓锋、车宏生、林绚晖、张继明：《组织支持理论及其研究》，《心理科学》2005年第1期。

③ 邵芳：《组织支持理论研究评述与未来展望》，《经济管理》2014年第2期。

④ 王文、向梦雅：《组织支持理论与心理契约理论之整合研究》，《求索》2011年第2期。

⑤ 同③。

会提供公共物品和公共服务为手段，按照一定法律程序建立起来的组织实体。[①] 除国有企业干部归属于企业组织之外，党政机关干部、事业单位干部均归于公共组织之中。二者虽然特定目标不同、内部构造各异，但也有一定的相通之处。组织支持理论在一定程度上可以解释干部学习投入程度及其前置影响因素。

四、生活余力理论

生活余力理论模型由麦卡克拉斯基（McClusky）提出，其基本观点是：成人期是一个成长和变化的时期，也是一个融合的时期，其间，成人个体不断地在所需要的精力和可提供的精力之间寻求平衡。这种平衡被他从理论上定义为生活中的余力也就是生活力量除以生活负载。[②] 一个人的精力是有限的，人有了精力，才能参加学习或投入更多余力到学习中去，而被生活耗费太多精力后，也就没有太多余力投入学习。

尽管梅里安认为，麦卡克拉斯基的模型并没有直接阐述学习本身，而是更多论述了学习最有可能在何时发生，[③] 但对干部教育培训中普遍存在的工学矛盾，以及干部作为成年人承担着家庭责任乃至干部自身身体素质状况等学习投入的影响因素具有一定解释意义。

本章详细梳理了学习投入理论、培训效果评估模型、成人教育学理论、自我决定理论、组织支持理论和生活余力理论 6 项基础理论。其中，学习投入理论强调了学习投入在教学环节中所起的重要作用，提供了测量学习投入维度以及具体参考指标，为本研究进一步构建干部学习投入、学习成效及其影响机制提供学理依据，是本研究最为核心的理论基础。培训效果评估模型为本研究的干部学习成效内容测量以及科学测量方法等提供了依据，也是本研究的重要理论基础。成人教育学理论可以解释干部学习特点和学习要求。自我决定理论、组织支持理论、生活余力理论可以从不同角度解释干部学习

---

① 苏忠林：《公共组织理论》，武汉大学出版社 2013 年版，第 4 页。

② 雪伦·B. 梅里安、罗斯玛丽·S. 凯弗瑞拉：《成人学习的综合研究与实践指导》，黄健、张永、魏光丽译，中国人民大学出版社 2011 年版，第 257 页。

③ 同上书，第 259 页。

投入的各种影响因素。这 6 项理论从不同方面、不同维度共同构成了本研究的理论基础，与本研究之间具有较强的适切性。

第四节　研究方法

一、核心概念界定

（一）干部

在中国，干部不仅是一种职业，也是一种身份。虽然有中国共产党员身份的干部被党章规定为“党的干部是党的事业的骨干，是人民的公仆”，但在老百姓眼中，干部某种程度上等同于“官员”。

需要说明的是，干部与公务员有相通之处，但又有区别。现行《公务员法》第二条规定，公务员是指“依法履行公职、纳入国家行政编制、由国家财政负担工资福利的工作人员”。《干部教育培训工作条例》规定的适用范围为：党的机关、人大机关、行政机关、政协机关、审判机关、检察机关，以及列入《公务员法》实施范围的其他机关和参照《公务员法》管理的机关（单位）干部教育培训工作；国有企业、不参照《公务员法》管理的事业单位结合各自特点执行本条例；中国人民解放军和中国人民武装警察部队的干部教育培训办法，由中央军事委员会根据本条例的基本精神制定。[①] 根据该条例（2018 年国家设立监察机关），干部既来自党、人大、行政、政协、审判、检察、监察等机关，也来自军队、国有企业和事业单位等。有的属于公务员范畴，有的参照公务员管理，还有的不参照公务员管理。从范围来看，干部的范围比公务员要宽泛得多；从类型来看，干部可以分为党政军干部（含参照公务员管理的人员）、国有企业经营管理人员、不参照公务员管理的事业单位人员（含专业技术人员）等。

① 《干部教育培训工作条例》，党建读物出版社 2015 年版，第 6—26 页。

本研究中的干部包括党政军、国有企业、事业和社会团体机关单位中行使管理职权的领导干部、办事人员和专业技术人员等，俗称“体制内”人员。因军队干部培训有其特殊保密要求，一般人员难以接触，本研究者大量接触到的是党政干部、国有企业干部。其中，在事业单位中有的人员参照公务员管理（简称“参公管理”），有的不参照公务员管理，有的属于专业技术人员。因此，本研究中的干部，从类别来说，主要为党政干部、国企干部和专业技术人员三类。

（二）干部教育培训

教育有广义和狭义之分。广义的教育是指“凡是有目的地增进人的知识技能，影响人的思想品德，增强人的体质活动，不论是有组织的或是无组织的，系统的或是零散的，有教育者教导的或是自我教育的都是教育”[①]。狭义的教育主要是指“学校教育，包括全日制教育、半全日制和业余的学校教育、函授教育、广播电视教育和网络教育等”[②]。一般来说，取狭义比较多。教育包含着育人功能；培训多指短期的某个方面的技能训练。

在干部教育培训历史上，早期文件多用“干部教育”表示。如 1942 年 2 月中共中央发布的《关于在职干部教育的决定》；1953 年 12 月，中共中央发布的《关于加强干部文化教育工作的指示》；1982 年 10 月，中共中央、国务院发布的《关于中央党政机关干部教育工作的决定》。1983 年以后，中央组织部下发文件以“干部培训”替代了“干部教育”，如中央组织部 1983 年印发的《全国干部培训规划要点》、中央组织部 1991 年印发的《1991—1995 年全国干部培训规划要点》。大约从 1996 年之后，中共中央发布的文件开始用“干部教育培训”，如《1996—2000 年全国干部教育培训规划》《2018—2022 年全国干部教育培训规划》等。

《教育大辞典》对“干部教育”的定义是“对各级各类领导与骨干人员进行的教育活动。在中国，干部教育指对中国共产党和国家机关工作人员，民主党派、人民团体、企业、事业单位的公职领导人和专业技术人员进行培养、

---

① 王道俊、郭文安主编《教育学》，人民教育出版社 2016 年版，第 16 页。
② 同上。

训练的教育活动”①。

按照《干部教育培训工作条例》的规定，干部教育培训方式分为：脱产培训、党委（党组）中心组学习、网络培训、在职自学等。其中，脱产培训是指在工作时间内脱离直接工作场所进行全职教育培训。根据 2017 年 1 月 30 日中共中央办公厅印发的《中国共产党党委（党组）理论学习中心组学习规则》，党委（党组）中心组学习是各级党委（党组）领导班子和领导干部在职理论学习的重要组织形式，包括集体学习研讨、个人自学、专题研讨等方式。党委（党组）中心组学习主要针对领导班子和领导干部，不包括一般干部。网络培训是干部在线学习的一种方式，与线下面授培训相对应。在职自学是干部在不脱离工作岗位的前提下，利用业余时间自主学习的方式。

本文主要研究干部参加脱产培训时的学习投入和学习成效。这种脱产培训由相关单位或部门组织，是干部脱离直接工作岗位接受的以线下课堂面授为主的教育培训。它与党委（党组）中心组学习、网络培训、在职自学相区别，也与学员根据自身需要、自行承担培训费用、自行选择的社会培训等相区别。

之所以选择干部脱产培训，主要原因在于：首先，这种方式以脱离工作岗位为特征，干部利用工作时间参加学习，最有利于干部集中时间和精力全身心投入，也最有利于取得学习成效；其次，这种培训由主办单位组织，确定相应培训目标、培训主题、培训内容和授课师资，组织或遴选干部参训，选择相应教育机构组织实施，属于正式学习；最后，脱产培训的学费和异地教学的交通费、食宿费等由主办单位或学员所在单位承担，无须学员个体承担，培训期间学员工资照常发放，经济成本较高，客观上也要求干部加强学习投入，以取得良好学习成效。

当然，不同的干部脱产培训项目在培训目标、培训主题、培训学时以及培训机构等方面均存在较大差异。如在培训目标上，有的强调以提升政治理论和政治素质为主，也有的以提升专业素质为主，相应地，在培训内容上也就各有侧重；在培训学时上，有的是一年、四个月或两个月，也有的是一个

① 顾明远主编《教育大辞典》，上海教育出版社 1998 年版，第 947—948 页。

星期、两个星期或半个月；在培训机构上，有党校（行政学院）、干部学院、高校等不同系统，其中的差异与大学里不同学校、不同专业、不同年级等之间的差异一样。但本研究并非针对某类或某个具体干部培训项目开展，也并非专门的质量评估研究，而是将普通教育领域的学习投入理论引入干部教育培训，与教育培训评估理论结合开展，力图探寻脱产培训中影响干部学习投入、学习成效的因素及其影响机制，因此有意识地考虑到不同类型、不同培训机构的干部脱产培训，注重干部脱产培训研究的覆盖面。根据研究目的，本文对上述差异不作进一步区分。

因此，本研究中的干部教育培训就是根据党和国家事业发展需要，结合岗位职责和干部个人成长需要，针对各级各类干部开展有目的、有组织的脱产教育培训活动，旨在提升干部政治素质、党性修养、专业能力、知识水平，增强推动干部工作本领。

（三）干部学习投入

本文中的学习投入并非学习过程中的经济投入。本章第一节就学习投入定义进行了详细辨析，从中可知，就学习投入定义而言，投入什么内容、投向什么对象、表现形式和维度是什么等构成了该定义的内涵。本研究第二章就学习投入定义还将进行详细辨析。无论在高等教育领域还是在中小学教育领域，投入内容主要是指学生的时间、精力、能量、深度思维等，投入对象为学习活动和学校其他社会性活动，投入维度或投入形式以行为、认知和情感投入三个维度为主流方式。投入的英文词 engagement 按照词义原意理解，有“积极承诺”“让自己参与或被占据”之意。[①] 在国内，形容一个人对某项事情或工作投入程度很高，还可以用精力、心力、心血来形容。在投入对象上，既包括大学生或中小学生的学业，也包括他们参加的学业之外的其他社会性活动。干部教育培训中，学制较长的教育培训可达到一年以上，也有 4 个月、3 个月、2 个月的，其间会安排学习之外的诸如文体活动等。但大部分

---

① Rick D. Axelson, Arend Flick, “Defining Student Engagement,” *Change*, 43 (2011): 40. Jennifer A. Fredricks, Phyllis C. Blumenfeld, Alison H. Paris, “School Engagement: Potential of the Concept, State of the Evidence,” *Review of Educational Research*, 74 (2004): 60.

教育培训项目属于短期项目，很多专题培训集中在一个星期左右，干部参加教育培训的主要任务是学业。因此，在投入对象上，本研究只关注干部对学业的投入情况，对其他非学业情况投入不予考虑。

本书中的干部学习投入是指干部参加脱产教育培训中，个体投入学业中的时间、精力乃至心力程度，包括行为、认知和情感投入等维度。行为投入包括遵守规则、纪律等，也包括积极参与学习过程，如努力学习、集中注意力听课、参与课堂讨论等。认知投入是认知心理过程，包括对学习价值的认识程度、策略运用、深度思考，涉及思维这一高级心理过程，与平时话语中的“多动脑筋”“入脑入心”等类似。情感投入就是投入积极情感体验，包括学习态度、意愿、兴趣等。

（四）干部学习成效

学习是指“个体在特定情境下由于练习或反复经验而产生的行为或行为潜能的比较持久的变化（Bower & Hilgafd，1981）”①。这一概念本身蕴含着学习结果或学习成果。但这种成果仅定义在学习者个体产生的变化。在成人教育领域，培训效果既包括学习者个体产生的变化，还包括给组织带来的收益。相关研究基本上将培训效果中的个体收益，界定为“技能、知识和态度”。干部培训效果强调给组织和社会带来经济效益与社会效益，但党政机关、事业单位本身不直接产生经济效益，其干部参加培训产生经济效益也就无从测量。按照已有的评估模型，对组织产生效益的评估需要在培训结束以后较长时间内进行，需要通过从参训者上级、下级和同事等多方面深入了解，操作起来相对烦琐。

实际上，干部教育培训的差异性和复杂性，不可能使每个培训项目都像全日制学生那样通过学科考试测出成绩，对学员学习层开展评估的也不多见。党对干部教育培训历来强调理论联系实际、学以致用的马克思主义学风，强调学以致用、推动工作，这与对学员行为层、结果层评估相通。但在实际操作中，行为、结果涉及知识的迁移转化，影响因素较为复杂，且评估起来需要一个时间周期，这给评估也带来一定难度。

---

① 陈琦、刘儒德：《当代教育心理学》，北京师范大学出版社 2019 年版，第 66 页。

综合符合性质量观、适用性质量观来看，衡量教育培训质量主要看是否达到事先设定的教育培训目标，或者是否满足组织方和学员方需要，这也就是学习成效。从《2018—2022年全国干部教育培训规划》规定的培训内容体系看，有党的基本理论教育、党性教育、专业化能力培训和知识培训4个方面；从干部教育培训目标来看，有"以习近平新时代中国特色社会主义思想为中心内容的理论教育更加深入""党性教育更加扎实""专业化能力培训更加精准""知识培训更加有效"4个方面的要求。政治理论和党性是对干部政治上的要求，可以概括为政治素质；专业化能力和知识水平体现对干部专业化的要求，可以概括为专业素质。干部教育培训要注重联系实际、学以致用，最终达到推动工作的目的。

本研究中的干部学习成效主要是指干部参加脱产培训后，个人在政治素质、专业素质等方面的提升情况，以及对推动工作产生的作用等。

（五）生活负载

生活负载是麦卡克拉斯基在其余力理论模型中提出的概念。"负载"包括来自家庭、工作和社会责任等基本各项的任务，会分散个体的精力。不同于全日制教育中的青少年学生，干部作为成人主要承担工作和家庭责任，学习不再是其主要责任，某种程度是工作的延伸，这些方面必然分散学习精力。工学矛盾就成为干部脱产学习中的常态，甚至是某种规律。一些干部即便离开岗位脱产学习，也需要处理各种工作事务，承担工作责任。干部还要承担赡养父母和抚养子女的责任。一些干部生二胎或生三胎，甚至个别女干部怀着身孕前来参加培训。还有一些干部随着年龄增长，生理机能开始下降，呈现血压、血糖、血脂升高，免疫机能下降的情况。上述这些，均属于生活负载。

本研究中的生活负载是指干部参加脱产培训中受到工作、家庭和个人身体等负面因素影响程度，工学矛盾是主要生活负载。

干部、干部教育培训、学习投入、学习成效、生活负载构成了本研究的核心概念。其中，学习投入包括行为、认知和情感投入三个维度；学习成效包括学员政治素质、专业素质和推动工作情况三个方面。

二、研究思路

本研究从学习投入理论和培训评估模型出发，力图了解干部参加脱产培训时的学习投入、学习成效状况，探寻影响学习投入、学习成效的各种因素及其作用机制。在方法选取上，采用质的研究方法为主，量的研究方法为辅，二者相互结合的研究思路。

（一）质的研究与量的研究相结合

研究方法的选取，涉及研究的方法论。教育研究方法论是教育研究的哲学理论，是教育研究本体论、认识论、价值论和方法理论的统一。① 不同的方法论意味着不同的研究范式。在教育科学发展历程中，逐渐形成量的研究和质的研究两种不同的研究范式，其背后理论基础也不同。量的研究强调客观、科学，从特定假设出发对相关概念加以量化，采取演绎方式，研究相关变量之间的关系，最终得出科学结论；其理论基础源于实证主义，认为现实是真实而且可以被了解的。质的研究要求研究者本人为研究工具，在真实自然情境下开展研究，以深入社会现象，与研究对象开展主体间性互动，采取归纳方式对研究对象加以解释性说明；通常采用归纳方式形成理论，其理论基础来自后实证主义、批评理论和建构主义。其中后实证主义认同现实是“真实的”，但只能被不完全地了解，批判理论认为真实的现实是由社会、政治、文化、经济、种族和性别等价值观念所造而成的，建构主义则认为现实是具体地被建构出来的。②

两种方法论均有优点和不足。量的研究宣称采用规范科学方法，通过一定规模的样本数据验证假设，形成理论模型，显得科学、直观、形象、简练，且能推广，却把社会现象中有血有肉、鲜活生动、具有个性的意义忽略掉了，无法在深度上进一步挖掘，显得干瘪、无趣甚至枯燥。质的研究恰恰能够深度挖掘并与研究对象一起建构意义，使研究显得饱满、生动、有趣。但因为

① 孙振东：《教育研究方法论探索》，重庆大学出版社 2008 年版，第 23 页。
② 陈向明：《质的研究方法与社会科学研究》，教育科学出版社 2000 年版，第 14—15 页。

掺杂了研究者的个人理解，让人对其客观性和科学性产生怀疑，且研究样本规模有限，所形成的理论在代表性上受到一定局限。量的研究的优点在于有谨慎的测量、可靠的样本、实验控制以及统计工具；质的研究的优点在于它是从实地资料中分析出来的，对复杂真实世界的脉络有现场观察的、深入的、可靠的理解。鉴于两种方法各有优点和不足，将两种方法结合起来使用成为当前研究的一种趋势。二者结合会产生很有力的研究。[①] 陈向明就两种方法论能否结合、为什么结合、如何结合、结合方式等进行了深入探讨。她认为，结合是可能的，也是有益的，但必须考虑到结合的必要性以及随之而来的理论假设方面的问题。在顺序设计上，她提出，通常先做质的研究，通过归纳发展成理论假设，再使用量的方法，通过演绎手段对这些假设进行检验。[②]

对方法的选取取决于研究目的、研究问题，以及研究者的自身能力和偏好。从学习投入研究来看，绝大部分研究者采取量的研究方法，较少采用质的研究方法。但也有个别研究者开始将两者结合使用，如博士学位论文中，周菲的《家庭背景对大学生投入的影响研究》，朱璋龙的《职教教师心态对工作场所学习投入和成效的影响研究》等，就是采用质的研究加量的研究，但均以量的研究为主、质的研究为辅。

陈向明认为，将质的研究和量的研究这两种社会科学研究中最主要的研究方法相结合，在 20 世纪 90 年代以来成为跨学科、跨范式的热门话题。[③] 质的研究注重从研究对象的角度找到问题所在，通过对研究对象进行深入细致的分析，在自然情境下自下而上归纳建构理论。量的研究适合对研究对象进行大规模调查，尤其本研究中存在影响因素、学习投入、学习成效等多种变量情况，可以利用计量研究方法中的结构方程模型，探讨多变量之间的因果关系。两种方法相结合，可以多角度、全方位分析事物全貌，有利于把握事物整体情况。

综上考虑，本研究采用质的研究为主、量的研究为辅，二者同时推进的研究方式。即同时对质的研究和量的研究方法进行设计，同时开展问卷调查和访谈，对资料分析也同步进行，以访谈材料和问卷调查结果同时呈现干部

① Matthew B. Miles，A. Michael Huberman：《质性资料的分析：方法与实践》，张芬芬译，重庆大学出版社 2008 年版，第 39—59 页。

② 陈向明：《质的研究方法与社会科学研究》，教育科学出版社 2000 年版，第 465—482 页。

③ 同上书，第 465 页。

学习投入、学习成效的描述性情况，把通过质的研究总结归纳出的理论模型作为理论假设，最后运用量的研究方法对该理论假设加以验证。

（二）研究框架

本研究将根据学习投入理论“背景因素-学习投入-学习成果”这一基本模型逐步展开。需要说明的是，在英文文献中，学习成果常用 outcome 来表示，本文中使用“学习成效”一词，对应英文术语为 effectiveness，意为结果的有效性，也即学习成效。

1. 对干部学习投入、学习成效状况作描述性分析

描述性分析是了解事物的最直观体现。按照学习投入的行为、认知和情感三个维度，以及学习成效提升政治素质、专业素质和推动工作的三个方面，本研究尽可能在访谈资料中寻找被访者经常使用的“本土概念”，尽量原汁原味地呈现他们真实而丰富的内心世界，同时，呈现问卷调查统计结果。这样，将语言文字和调查数据结合起来，相对全面立体描述干部脱产学习的行为、认知和情感等投入，以及在政治素质、专业素质和推动工作等方面的学习成效。在此基础上，进一步分析干部学习投入和学习成效的主要特点。这样既有对个别被访者的深入了解，也能对一定规模样本的研究对象有着较为全面的把握，一定程度避免只见树木不见森林，或者只见森林不见树木的弊端。

2. 探寻影响学习投入、学习成效的主要因素

根据相关文献，沿着教学因素、组织因素、生活负载等角度，从访谈资料中广泛深入探寻影响干部学习投入、学习成效的直接因素，直至达到“饱和”状态，并对这些直接因素如何影响学习投入和学习成效作初步分析。在众多具体因素基础上，通过一级编码、二级编码和三级编码进行类属分析，直至从中归纳出统合力强的核心概念。根据已有理论基础、相关文献和实际情况，本研究初步认为教学水平、严格的纪律要求，以及生活负载、后勤保障等将是影响干部学习投入、学习成效的主要因素。在问卷设计阶段、访谈中对上述因素要格外留意。

3. 构建影响机制

运用扎根理论方法，在影响因素的核心概念之间，以及核心概念和学习投入、学习成效之间建立起概念联系，构建干部学习投入、学习成效的影响

机制理论模型。根据学习投入理论，学习投入直接影响学习成效；教学也将直接影响学习投入，甚至直接影响学习成效。包括工学矛盾在内的生活负载、后勤保障，还有来自组织方的严格纪律要求等，对学习投入均将发挥直接作用。本研究在质的研究构建理论模型基础上，通过使用 Amos 统计软件构建结构方程模型加以验证，以检验质的研究效度。同时，还可以得出各影响因素对学习投入和学习成效的标准化路径系数，通过数字方式直观比较各影响因素发挥作用的大小程度。

4. 提出对策建议

根据质的研究和量的研究的发现，找到干预措施，提出相关建议，以更好地促进干部学习投入，提升学习成效。

本研究框架如图 2－4 所示。

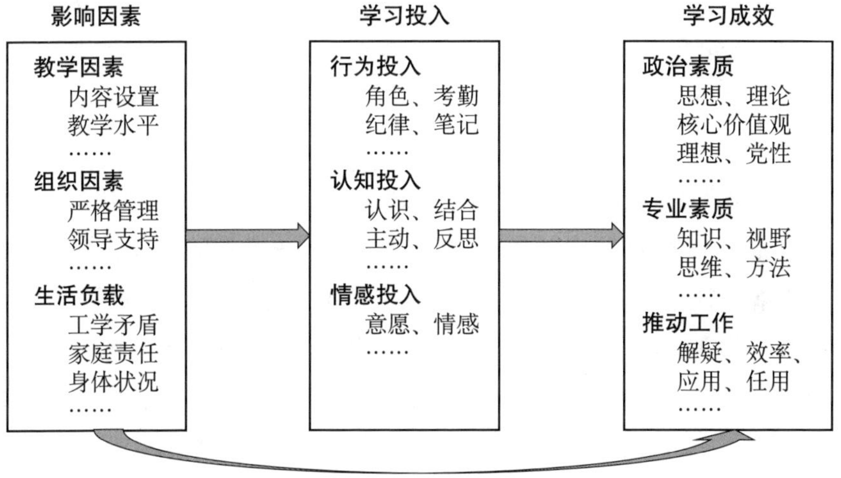

图 2－4 研究框架

三、研究方法

（一）质的研究方法

1. 制定访谈提纲

访谈是一种研究性交谈，是研究者通过口头谈话方式从被研究者收集或建构第一手资料的方法，[①]也是研究过程中的一种基本方法。访谈者依据研究目的，制定访谈提纲，通过与被访谈者进行深度口头交流，来获取被访谈者陈述的事实、感受和意义，并对访谈资料进行分析、整理和归纳。它建立在诠释学、建构主义基础之上，把访谈作为一种言语事件，对言语事件进行分析、归纳和研究，诠释和建构言语事件的意义，揭示出深层次的意义。[②]

本研究访谈提纲包括四大部分。第一部分为个体基本信息，包括性别、年龄、政治面貌和职务职级、单位，以及工作、生活和身体状态，近几年参加干部教育脱产培训情况。第二部分为学习投入状况，其中认知投入包括对学习重要性的认识、参训意愿和目的、积极思考以及如何克服学习期间生活中遇到的困难。行为投入包括遵守培训纪律和听课、做笔记、互动的行为等。情感投入包括培训时的情绪状态等。第三部分为学习成效，包括政治素质、专业素质、推动工作方面，以及对个人和单位所产生的积极影响。第四部分为影响因素，包括教学管理水平、制度要求、后勤保障和个体特征等。在访谈中，还包括对个人和身边同学的学习投入状况等作出评价。访谈提纲详见附件一。

2. 研究场所

本研究者所在工作机构为从事干部教育培训的高校。2020 年之前，本单位每年接受全国各部门、各地区、各行业、各系统委托的干部脱产培训达 3 万人次规模。原计划利用学员脱产学习期间当面访谈，并观察其学习表现，但新冠疫情严重影响干部教育培训工作的正常进行。2020 年上半年脱产面授培训为零，下半年才有零星脱产培训班次举办，得以访谈个别参训干部，并到现场观察学员表现。但大部分访谈系采用微信语音、腾讯视频会议或电话等方式，2 场焦点团体访谈中，有 1 场是采取视频方式进行。值得一提的是，采用线上访谈方式，虽是应对新冠疫情不得已而采取的方法，但这种方式可以有效突破时空因素制约，甚至可以对已经结业很长一段时间的学员进行访谈，扩大了受访人员范围，并最大限度地减少对访谈者和被访者的影响，是一种比较高效集约的访谈方式，不足之处在于无法近距离捕捉被访者细微的心理变化。因此，本研究场所主要是在线上进行，极少数在培训机构之中。

① 陈向明：《质的研究方法与社会科学研究》，教育科学出版社 2000 年版，第 165 页。

② 党登峰、王嘉毅：《浅析教育研究中的访谈法》，《教育评论》2002 年第 2 期。

3. 样本选取及访谈过程

本研究样本选取主要遵循目的性抽样原则，围绕本研究目的选取参加脱产学习的干部和负责干部教育培训的同志作为访谈对象。本研究中的干部主要是党政干部、国有企业干部和专业技术人员，在抽样上这三种类型干部尽量都兼顾到，同时，还考虑抽样的便利性，即方便抽样。本研究中的访谈对象，绝大部分参加过本研究者所在机构举办的干部教育培训。一部分被访者因此前多次接触，关系相对密切而乐于接受访谈，一部分是在培训过程中当面邀约接受访谈，还有一部分是本研究者根据研究目的从学员通讯录中选取的，除1名干部因工作繁忙婉拒之外，其他均接受访谈。因此，本研究样本选取主要以目的性抽样为主，少部分兼顾方便抽样。

本研究者所服务的高校面向全国每年开展干部教育培训，样本中党政干部参加脱产培训规模大致占一半，国有企业干部和专业技术人员规模合计大致占一半。按此比例，本研究分别选取20名党政干部、10名国有企业干部、10名专业技术人员，共计40名干部作为访谈对象（见表2－2）。除1名干部未参加脱产学习外，其他干部均参加过1次及以上脱产培训。除个别访谈在培训期间进行外，大部分是在脱产学习结束后的一段时间内进行。正在参加培训的学员固然对当时的学习投入、学习成效印象更深，但从推动工作来说只能是设想。已经结业的参训干部，难免对当时的学习投入和学习成效有所遗忘，但推动工作方面的体会则更为深刻。还有的干部同时参加中央党校（国家行政学院）、干部学院、高校等机构举办的脱产培训。访谈从2020年9月开始到2021年2月结束。包括2场焦点团体访谈以及30场一对一访谈，个别被访者还通过微信聊天方式追加访谈，还有1名访谈者则是根据访谈提纲提供书面材料作为书面访谈。

表2－2　受访人员基本情况

编号	姓名	性别	年龄	类型	级别	职务/职称	脱产学习情况	访谈方式
101	张茜	女	51	党政	副司	部委机关纪委副书记	2017年1个月；2019年1个星期；2021年中央党校（国家行政学院）全脱产2个月	电话、微信追加询问

续表

编号	姓名	性别	年龄	类型	级别	职务/职称	脱产学习情况	访谈方式
102	李丹	女	不明	党政	副处	部委副处长	仅负责，从未参加	电话访谈
103	李叶	女	47	党政	副处	某区国企副总经理	2014年某高校3个月	面谈
104	程芬	女	51	党政	副司	部委副主任	2017年、2020年某高校各1个星期	面谈
105	樊举	男	57	党政	副司	部委副主任	2020年某高校1个星期	面谈
106	黄霞	女	42	党政	副处	市编办副主任	2015年市中青班1个月；2020年某干部学院1个月	此3名访谈者同时参加2020年培训，在研究者所在单位进行焦点团体访谈
107	李政	男	44	党政	正处	市政府副秘书长	2018年某干部学院半个月；2020年某干部学院1个月	
108	王红	女	42	党政	副处	市网信办副主任	2020年某干部学院1个月	
109	章谦	女	40	党政	副处	区妇联副主席	2019年某高校3个月；2020年某高校5天	语音
110	陆巍	女	44	党政	正处	镇党委书记	2012年某高校3个月；2018年某高校1个星期	语音
111	李源	男	52	党政	副处	街道办副主任	2019年某高校3个月	语音
112	章琛	女	37	党政	副处	街道办副主任	2018年某高校3个月	语音
113	袁文	男	51	党政	正处	街道办主任	2019年某高校3个月	语音
114	吴梅	女	50	党政	正处	镇人大常委会主任	2019年某高校3个月	语音
115	王蓓	女	42	党政	副处	区纪委室主任	2019年某高校3个月	语音
116	周胜	女	33	党政	副处	区团委副书记	2018年某高校3个月	语音
117	张兰	女	37	党政	正处	区团委书记	2018年某高校3个月	语音
118	祝康	男	40	党政	副处	区办副主任	2018年某高校3个月	书面材料

续表

编号	姓名	性别	年龄	类型	级别	职务/职称	脱产学习情况	访谈方式
119	苏泓	女	54	党政	正司	部委司长	2017年中央党校（国家行政学院）中青班1个星期；2019年、2020年某高校各1个星期	电话访谈
120	黄然	女	48	党政	副司	群团副主任	2020年中央党校（国家行政学院）40天	语音
201	章涛	男	49	国企	正司	央企部门总裁	2020年某高校5天	语音
202	武倩	女	44	国企	副司	省国企常委、组织部部长	2020年省委党校（行政学院）中青班4个半月	语音
203	董芳	女	39	国企	正处	央企某市分公司总经理	2017年某高校3个月	语音
204	姚颖	女	46	国企	副司	央企二级公司副总经理	2020年某高校5天	语音
205	方莹	女	52	国企	副司	央企部门副总裁	2019年某高校5天；党性教育45天；某干部学院5天	语音
206	张诚	男	53	国企	副司	央企二级公司副总裁	2019年、2020年某高校各5天	语音
207	史斌	男	47	国企	正司	央企二级公司总经理	2017年、2019年某高校各5天	语音
208	黄云	男	37	国企	正处	央企某市分公司总经理	2018年某高校3个月	语音
209	李健	男	37	国企	正处	央企副省级公司部门负责人	2019年某高校3个月	语音
210	柴明	男	57	国企	正司	央企二级公司总裁	2020年某高校5天	语音
301	刘勇	男	53	国企	副处	传媒集团副总经理	2020年某高校5天	面谈
302	石晓	男	41	事业	正科	主任	2020年某高校5天	面谈

续表

编号	姓名	性别	年龄	类型	级别	职务/职称	脱产学习情况	访谈方式
303	沙荣	男	34	军校	不明	军校参谋/讲师	2021年某高校10天	6位学员参加同一个班次，采取焦点团体访谈，视频方式
304	潘达	男	31	军校	不明	军校参谋/讲师	2021年某高校10天	
305	薛潞	女	40	军校	副处	军校教研室副主任/副教授	2021年某高校10天	
306	陆娜	女	45	军校	正处	军校教研室主任/副教授	2021年某高校10天	
307	张朗	男	40	军校	正处	军校主任/讲师	2021年某高校10天	
308	邓宏	男	48	军校	不明	教授	2021年某高校10天	
309	叶梅	女	41	小学	正科	书记	精英教师培训2年	语音
310	唐灿	女	40	小学	正科	副校长	精英教师培训2年	语音

注：第一，为保护受访人隐私，全部姓名为化名；第二，编号中，3位数字中的第1个数字表示干部类型，其中“1”表示党政干部，“2”表示国有企业经营管理人员，“3”表示专业技术人员，如“101张茜”“201章涛”“301刘勇”分别表示党政干部、国有企业经营管理人员和专业技术人员；第三，103李叶目前在国企任职，但考虑到她参加培训时为党政干部，一度还曾负责本区域干部教育培训工作，故将其列入党政干部系列，301刘勇担任传媒集团副总经理，但该单位为专业性很强的事业单位，故将其列为专业技术人员。

40名受访人员中，男性17人，女性23人；年龄以35～55岁居多；类型上，党政干部为20人，国有企业经管人员10人，专业技术人员10人；级别上，乡科级3人，县处级22人，司局级12人，因3名专业技术人员不涉及级别，将其列入普通科员及以下。表2－3为访谈人员样本特征。

表2－3　受访人员样本特征

变量	样本特征	频数	有效百分比（%）	变量	样本特征	频数	有效百分比（%）
性别	男	17	42.5	类型	党政机关	20	50
	女	23	57.5		国企经管	10	25
年龄	不明	1	2.5		专业技术	10	25
	$X<35$	3	7.5	级别	乡（科）级	3	7.5
	$35\leqslant X<45$	18	45		县（处）级	22	55
	$45\leqslant X<55$	16	40		司（局）级	12	30
	$X\geqslant 55$	2	5		普通科员及以下	3	7.5

4. 资料收集、整理和分析

在资料收集方面，除 1 名干部明确要求访谈不能录音，2 名干部访谈时不便录音外，其他访谈均作了录音，并通过科大讯飞软件转化为文字。3 名未能录音的，也认真作了笔录。访谈结束文字转录出来后，第一时间在文字稿上对重点话语以加粗、批注等方式写备忘录，对不同访谈对象观点进行比较，寻找他们的异同点。之后对访谈记录进行编码，按照类属关系、情境关系列出矩阵图，寻找本土语言、关键概念以及概念之间的相互关系等。个别参训干部在脱产学习期间提交的学习总结也在资料分析时对照访谈记录加以使用。

在对资料收集、整理和分析的基础上，通过扎根理论方法，归纳出本研究的理论模型。扎根理论（ground theory）是一种理论形成的方法，由格拉斯和斯特劳斯于 1965 年提出。这种方法无须事先提出理论假设，而是从大量原始资料中通过归纳相关概念和命题，自下而上在核心概念之间构建理论。潘趣（Punch）认为，扎根理论应该被界定为一种研究测量方法，其目的是从数据中总结理论。[①] 扎根理论方法是质的研究中构建理论的常见方法，对资料的收集、整理和分析是扎根理论的重要前提。

5. 效度问题

效度是关于研究结果是否真实有效的问题。在这方面，本研究从以下几个方面确保研究效度。

第一，考虑访谈对象在性别、年龄、干部类型和职务职级上的覆盖面，同时考虑受访人员要达到一定规模。本研究选取 40 名被访对象，规模适中且上述特征均有所体现。

第二，考虑受访人员表达观点为真实本意还是另有掩饰，这需要从多方加以印证。绝大部分受访者认为自己学习投入程度很高。如武倩（访谈编号：202）参加某省委党校（行政学院）中青班学习，自认为属于全身心投入学习，被同学称为学习委员。研究者此前与其多次接触，得知她曾经多次利用国庆节、春节假期从西南某省来京，自费参加中国科学院心理学专业硕士课程学习，确实是一位热爱学习的人。当然，也有一些学员谈到，学习过程中

---

① 朱迪·贝尔：《社会科学研究的基本规则》，马经标主译，北京大学出版社 2008 年版，第 15 页。

有“走神”“分神”甚至看手机现象，原因是学员确实不喜欢这个课，或者因为老师讲课有些“水”。他们也会谈到个别学员逃课、不遵守纪律的情况。

保证被访者隐私不被泄露，既是研究中的伦理问题，也是确保研究效度的手段。每次访谈前，研究者均向被访者强调，本研究仅是研究课题的重要部分，并非上级调研任务，保证不会泄露个人隐私，确保他们能够说出真话、实话。

第三，本研究中把通过质的研究得出的结论作为量的研究假设，通过量的研究方法予以检验。

通过上述做法，确保本研究的效度。

6. 伦理问题

任何研究工作，包括人员访谈，以不伤害受访人员为重要前提，这是研究中的伦理问题。本研究中的受访对象均为干部这一特殊群体。若按正常采访流程，他们需逐级向上级请示，经批准之后才能接受访谈。在这方面，某中央部委司长苏泓（访谈编号：119）特意强调，一定不要将访谈内容散布出去，因为他们有纪律要求。因此，访谈之前，本研究者首先向受访人员介绍研究目的、意图，同时保护受访者个人隐私等。征得受访者同意后方正式访谈，全文对受访者均使用化名，确保研究伦理。

（二）量的研究方法

1. 问卷制作

问卷调查法就是根据研究目的设计研究问卷，按照一定原则进行抽样发放，并对回收问卷填写情况进行分析、整理的一种方法。之前大多采用制作纸版问卷，通过邮寄、个别分送或集体发送等方式发放，操作成本高，填写率和回收率相对低。现在兴起小程序方式，如问卷星，通过制作线上问卷并在线上填写，大大克服了上述困难。很多人直接在手机移动终端填写、提交，系统自动统计和简单描述性分析。

本研究根据学习投入和评估理论等，针对干部学习投入、学习成效等研究问题来设计，主要特点如下。

第一，明确学习投入分为行为、认知和情感投入三个维度。行为投入共7个问题，涉及角色转换、考勤、课堂纪律、记笔记、看手机、保持专注、按要求完成作业。特别一提的是，在智能手机普及、多数民众存在手机依赖情况下，特意将“培训课堂上，您会时不时看微信、QQ、邮件等，或浏览网页新闻”作为反向问题提出。认知投入有8个问题，包括对学习重要性的认识、克服困难、排除干扰、学懂弄通、结合实际、克服适应等，涵盖认识水平、努力程度、深度思考等。情感投入有7道题，包括参训意愿、情感体验、师生关系、同学关系等。

第二，学习成效分为政治素质、专业素质和推动工作三个方面。其中，政治素质有5道题，分别包括习近平新时代中国特色社会主义思想、政治理论、国家战略部署、社会主义核心价值观、党性修养方面。专业素质有5道题，分别包括知识、视野、思维、方法、人文方面。推动工作有4道题，包括答疑解惑、实际工作、提升效率，也包括个人职务提升方面。

第三，对教学水平开展评估。将教学水平凝练为7道题，包括教师授课态度、授课内容、授课方法、调动学员参与等方面。

问卷共62道题，其中61道选择题，1道开放性问答题。问卷采用李克特5点量表打分法，对问卷中陈述的问题，“1”表示“完全不符”，“2”表示“比较不符”，“3”表示“一般”，“4”表示“比较符合”，“5”表示“完全符合”。

问卷中的主要问题见表2-4。详细问卷见附件二。

表2-4　问卷中主要问题部分

类别	维度	题目
生活负载	工作	培训期间总有工作放不下
	家庭	培训期间家里总有事牵挂
	身体	培训期间身体和精神好
后勤保障	食宿	培训期间食宿比较适应
	路程	住宿到教室路程较适应
	环境	对气候、空气、交通较适应
	管理	教学管理服务较周全
制度保障	纪律	有严明纪律和学习要求
	入学	被组织部门选拔而受鼓舞
	要求	对学习要求不高

续表

类别	维度	题目
教学水平	态度	老师态度端正备课针对性
	内容	与培训目标和预期一致
		信息量大且有思想观点
	方法	深入浅出、生动风趣
		调动学员参与度好
	水平	绝大部分老师授课水平高
	课程	课程与实际需求匹配度高
学习投入	行为投入	角色转换非常快
		考勤做得很好
		培训纪律很好
		时不时看微信或网页等
		喜欢做课堂笔记
		听课过程总是很专注
		积极完成学习要求
	认知投入	培训对自己非常有必要
		积极克服生活中的困难
		尽量排除工作生活干扰
		尽量弄懂不明白的内容
		主动结合工作实际进行思考
		仅关注自己感兴趣部分
		尽量克服适应与自己预期不相符的内容
		培训对个人可有可无
	情感投入	对培训很期待、很渴望
		重回校园感觉很好
		担心听不懂老师讲课
		很享受学习过程
		喜欢办学单位良好学风
		对老师印象深刻
		同学间没什么交流

续表

类别	维度	题目
学习成效	政治素质	对习近平新时代中国特色社会主义思想有更深刻的了解
		对政治理论、治国理政、重大部署深入了解
		对核心价值观更认同，更坚定“四个自信”，增强了“四个意识”，做到两个维护
		坚定理想信念，党性修养有提升
		老师讲政治理论比较虚
	专业素质	知识和信息量收获大
		开阔视野提升境界
		掌握方法提升能力
		提升了人文素养等
		拓展思维转变观念
	推动工作	解答了多年疑难困惑
		授课内容可直接应用到实际工作中去
		预计会提升工作效率、推动工作
		预计对下一步任职或任用有影响

2. 抽样原则、问卷发放与数据清理

在问卷调查样本选取上，本研究同样遵循目标式抽样原则为主、兼顾便利性的方法。目标式抽样是一种非概率抽样，选择样本以个人的判断（对象是否最有效或者最有代表性）为基础。① 干部教育培训系统主要有党校（行政学院）、干部学院、高校和军队等教育培训机构。在高校方面，2009 年以来，中央组织部、教育部确定北京大学、清华大学、中国人民大学、北京师范大学、哈尔滨工业大学、南开大学、浙江大学、复旦大学、南京大学、四川大学、西安交通大学、西北农林科技大学、中山大学、武汉大学 14 所高校为全国干部教育培训高校基地。本研究者所在工作单位为高校，对高校开展干部教育培训工作相对熟悉，且干部教育培训因其较强的政治性而有保密要求。因此，本研究问卷发放以高校机构的参训干部为主，要求他们填写最近一次参加干部教育培训的学习投入、学习成效状况。在干部类型上，同样也兼顾党政干部、

① 艾尔·巴比：《社会研究方法》，邱泽奇译，华夏出版社 2015 年版，第 185 页。

国有企业经营管理人员和专业技术人员。少数参加过党校（行政学院）、干部学院等教育培训机构的干部也填写了问卷。因此，研究对象具有一定的代表性。

问卷自 2021 年 1 月 6 日投放，到 2021 年 3 月 2 日截止，共收到 4 304 条问卷填写记录。经过对问卷数据认真整理，发现全空记录、缺失度超过 50%、个人关键信息缺失的数据一共有 43 条，删除这 43 条后，有效数据为 4 261 条。有效问卷回收率为 99.0%，说明回收率比较高。在 4 261 份有效问卷中，有 553 处没有填写，系统以“−2”数值替代。为确保本研究的效度，这 553 处均以数值“3”即“一般”含义来替代。

3. 样本情况。

4 261 份有效问卷的样本特征如下：

从性别来看，共有男性干部 2 802 名，占比为 65.8%；女性干部 1 457 名，占比为 34.2%；未注明性别者 2 人。男性干部占比接近三分之二。

从年龄来看，小于 35 岁以下者 818 人，占比为 19.2%；大于或等于 35 岁小于 45 岁者 1 552 人，占比为 36.4%；大于或等于 45 岁小于 55 岁者 1 514 人，占比为 35.5%；大于或等于 55 岁者 377 人，占比为 8.8%。说明填写问卷调查的参训干部主要集中在 35 岁至 55 岁之间。

从政治面貌来看，中共党员 3 546 人，占比为 83.2%；民主党派 105 人，占比为 2.5%；群众 610，占比为 14.3%。说明参训干部中中共党员占绝大多数。

从学历来看，专科及以下 259 人，占比为 6.1%；本科 2 807 人，占比为 65.9%；硕士研究生 1 022，占比为 24.0%；博士研究生 171，占比为 4.0%；有 2 人学历不明。通过上述数据可以发现，目前我国干部队伍整体学历很高，本科及以上学历占比达 93.9%。

从干部类型来看，党政机关干部 2 086，占比为 49.0%；国有企业经营管理人员 910 人，占比为 21.4%；专业技术人员 862 人，占比为 20.2%；其他类型干部 400 人，占比为 9.4%。有 3 人情况不明。党政干部人数接近一半，国有企业经营管理人员和专业技术人员接近。这一比例跟访谈样本中三类干部比例接近。

从干部职级来看，乡（科）级 1 387 人，占比为 32.6%；县（处）级 1 256 人，占比为 29.5%；司（局）级 410 人，占比为 9.6%；普通科员及以下 1 168 人，占比为 27.4%；未注明级别的 40 人，占比为 0.9%。说明参训干部主要以县（处）级及以下干部为主体。

问卷调查样本特征见表 2 - 5。

表 2-5　问卷调查样本结构特征

变量	样本特征	频数	有效百分比	变量	样本特征	频数	有效百分比
性别	不明	2	0	职级	不明	40	0.9
	男	2 802	65.8		乡（科）级	1 387	32.6
年龄	女	1 457	34.2		县（处）级	1 256	29.5
	$X<35$	818	19.2		司（局）级	410	9.6
	$35\leqslant X<45$	1 552	36.4		普通科员及以下	1 168	27.4
	$45\leqslant X<55$	1 514	35.5	来源层级	不明	11	0.3
	$X\geqslant 55$	377	8.8		乡（镇）级及以下	476	11.2
政治面貌	中共党员	3 546	83.2		县（区、市、旗）	1 210	28.4
	民主党派	105	2.5		市（地、州、盟）	1 161	27.2
	群众	610	14.3		省（市、自治区）	575	13.5
					中央或国家机关级（包括央企、部委直属事业单位或高校）	828	19.4
学历	不明	2	0	来源区域	不明	5	0.1
	专科及以下	259	6.1		中央或国家机关（包括央企、部委直属事业单位或高校）	516	12.1
	本科	2 807	65.9		东北部（辽、吉、黑）	279	6.5
	硕士研究生	1 022	24.0		东部（京、津、冀、沪、苏、浙、闽、鲁、粤、琼）	1 238	29.1
	博士研究生	171	4.0		中部（晋、徽、赣、豫、鄂、湘）	725	17.0
干部类型	不明	3			西部（蒙、桂、渝、川、贵、滇、藏、陕、甘、青、宁、新）	1 498	35.2
	党政机关干部	2 086	49.0				
	国企经管干部	910	21.4				
	专业技术人员	862	20.2				
	其他类型干部	400	9.4				

4. 变量说明

本研究中的核心概念为学习投入、学习成效，这两个变量的具体测量指标在上述问卷调查中已经详细介绍，其他还包括教学水平、生活负载、组织支持、后勤保障等。主要变量如下：

学习投入：分为行为、认知和情感投入三个维度，分别有 7、8、7 个测量指标。

学习成效：分为政治素质、专业素质和推动工作三个方面，分别有 5、5、4 个测量指标。

教学水平：包括学习内容和老师教学，共 7 个测量指标。分别是教师的教学态度、内容与教学目标的一致性、教学内容信息量与思想观点、教学风格、调动学员参与度、绝大部分老师的授课水平、课程与实际需求匹配度。

生活负载：包括工作干扰、家庭干扰和身体素质 3 个测量指标。

组织支持：包括严明纪律和学习要求、被组织部门遴选参训、对纪律要求等评价 3 个测量指标。

后勤保障：包括食宿、环境、场地、管理等方面的评价，共 4 个测量指标。

5. 计量分析

本研究中将分别构建干部学习投入、学习成效的二阶因素研究模型，以检验问卷的效度和信度，还将运用均值比较，就干部学习投入、学习成效在人口学特征上进行均值比较，看有无统计学意义上的差异。同时还对学习投入、学习成效、教学水平、组织支持、生活负载、后勤保障等变量做二元变量分析，以考察他们之间的相关性。在此基础上，进行结构方程分析。

传统的回归模型可以包括多个自变量，但只能包含一个因变量。但许多因果效应分析，因变量往往不止一个，而是多个，且回归分析只能分析直接效应，无法分析间接效应。间接效应中，中介变量既是自变量，又是因变量。[①] 新一代统计分析方法结构方程模型可以很好地解决多自变量、多因变量

---

① 侯杰泰、温忠麟、成子娟：《结构方程模型及其应用》，教育科学出版社 2004 年版，第 222 页。

之间的直接和间接效应分析。基本思路是：根据理论假设构建因果模型，即结构方程模型；通过 Amos 等统计软件输入变量之后，得出标准化的回归路径系数，以此衡量变量之间的影响程度或变量的效应大小。本研究中，学习投入有三个维度即三个变量，学习成效也有三个变量，还有多重因素影响它们，适合运用结构方程模型中的路径分析法。

第三章

干部学习投入状况分析

本章导语

- 学习投入是衡量学习表现的一个重要概念，被视为教育质量的过程性评价指标。学习投入的三个维度，即行为、认知和情感投入。行为投入包括积极行为，如遵守规则、纪律等，也包括积极参与学习，如努力、坚持、集中注意力、参与课堂讨论等。认知投入是认知心理过程，包括对学习价值的认识程度、策略运用、深度思考，涉及思维这一高级心理过程，与“多动脑筋”“入脑入心”类似。情感投入，即投入积极感情和情感体验，包括学习态度、意愿、兴趣、精神风貌等。国外也有学者将其分为程序性投入和实质性投入。
- 本章运用学习投入相关理论，通过深入访谈，了解参训干部对学习的态度、看法和自我表现；借助社会科学研究方法将“干部学习投入”概念加以量化测量。通过两种方式呈现干部学习投入状况。总体来看，干部对脱产学习投入程度自我评价较高。
- 问卷调查中，行为投入中的考勤和纪律遵守在所有测量指标均值中排在前2位；情感投入中的对办学机构、师资的偏爱和享受学习过程居于第4位至第6位；认知投入中的深度思维排第9位，居中等偏上；课堂中学员浏览手机情况比较多且与课堂专注度呈负相关。说明参训干部的规则性程序性学习投入排名靠前，而对学习成效产生实质性影响的深度思维等认知投入不太高，课堂专注程度更是靠后。

第一节　行为投入状况

一、行为投入状况

行为投入是研究学习投入中必不可少的一个维度。古人云“听其言而观其行”，行胜于言，无论一个人言辞多么漂亮，最终都要落实到行动，这说明“行”的重要性。当然，有些行为属于规则性、程序性行为，如纪律遵守等；有些行为属于积极主动的行为，如认真听讲等。下面，将从角色转换、纪律遵守、课堂表现、学业要求四个方面分析干部学习投入状况。

（一）角色转换：找到适应学习的节奏

按照干部教育培训要求，角色转换主要包括从干部身份向学员身份转变、从家庭生活向学校生活转变、从工作状态向学习状态转变等。角色转换体现出一名干部对学习环境和学习过程的适应程度。转换越快，说明适应能力越强，越有利于安心学习。作为扮演多种角色的干部，既要承担工作任务，还要负担家庭生活，思维和行为上存在一定惯性。很多时候，很多人想认真学习，却因为受到外界各种事务干扰，难以尽快静下心来。因此，在干部教育培训中，主办方和培训单位经常要求学员做到尽快转换角色，做到上述“三个转变”。

角色转换快慢既与个人因素相关，也与学习环境、住宿条件等因素相关。相对来说，封闭环境更有利于角色的迅速转换。2020 年新冠疫情暴发，上半年的脱产培训受到影响，下半年开始恢复后很多培训单位采取了全程封闭的模式。来自某人民团体所属事业单位的副主任（副司局级）黄然（访谈编号：120），2020 年在中央党校（国家行政学院）全程集中封闭 40 天，参加某专题脱产学习。在此期间，无重要事情均不能出校园，她认为，这时学员角色转变得非常快。

黄然（访谈编号：120）：“党校培训比较突出的特点就是，学员角色转变得非常快，就是从工作到学习、从家庭生活到集体生活、从领导干部到学员那种转变是非常快的。它利用党校的优势，如浓郁的人文环境、良好的教学条件和比较严格的教学生活管理，帮助学员快尽实现角色转变。”

从家庭生活到学校生活的转变中最为考验的就是住宿条件。一般来说，党校（行政学院）、干部学院所安排的各类培训班，学员都能享受单间待遇。但近 10 余年随着普通高校被组织部门确定为干部教育培训基地以来，依托高校周边社会宾馆作为住宿场地来承担大规模干部教育培训任务，很多时候需要 2 人同住一个标准间。对于生活习性不同的成年人来说，这确实是一个很大的考验。武倩（访谈编号：202）2020 年参加某省委党校（行政学院）主办的中青年干部培训班，其间被安排到井冈山接受党性教育，被安排 2 人同住标准间。即便武倩热爱学习，在省委党校（行政学院）中青班学习期间，她自认为仍“需要花 1～2 星期来适应，找到学习节奏”。

本研究者所在工作机构每年承办各级各类干部教育培训项目，除司局级干部单人单间外，其他参训干部基本上 2 人同住一个标准间。这样安排，既有经费制约的政策因素，也有房间规模不足的现实因素。2 个成年人同住，生活习惯难免存在差异，适应起来需要有一个心理调整的过程。如前几年笔者高中同学参加由其总公司组织的为期 3 个月的青年干部培训班，刚刚入学的前 2 个星期，因房间同伴晚上睡觉打呼噜而非常苦恼，表示愿意自己付费找单间住。但因为住宿资源紧缺，最终还是 2 人同住。过了大概 2 个星期后，再次询问情况时，他就表示适应了。

因此，对参训干部来说，角色转换需要一个适应过程。转换快慢既与个人因素相关，还与环境因素尤其与住宿条件相关。有人适应快，有人需要适应一段时间。但就住宿、后勤等方面的情况看，绝大多数被访者对此表示理解和满意。

（二）纪律遵守：讲政治与合理利用规则

纪律遵守着重分析考勤纪律和培训期间纪律遵守情况。

1. 考勤纪律：课前签到和抢占座位

出勤情况是考核学习投入最为直接也是最为基础的一个指标。中央组织部2019年修订的《干部教育培训学员管理规定》中要求干部教育培训机构完善并严格执行考勤等规章制度，从严监督学员。若遇特殊情况需要请假的，履行请假手续，且请假学时不得超过总学时的1/7。党的十八大以后，要求全面从严治党，中央组织部2013年即出台《关于在干部教育培训中进一步加强学员管理的规定》，将培训纪律上升到政治纪律的高度。以本研究者所在办学机构为例，培训班每次开课之前，门口都放置有考勤登记表，请学员签到。这样做的好处是：一方面加强对学员考勤情况监督，另一方面有利于随时掌握学员动态，万一某个学员因突发疾病不能及时到达课堂，便于管理人员及时发现。在中央严格要求、组织单位重视、培训机构监督等各方合力下，学员考勤情况良好。

除严格监督之外，干部所在单位是否有带队领导跟班学习，或者组织单位是否安排专人跟班督促，对学员考勤情况也有影响。本研究者观察到，在中央组织部、中央和国家机关工委组织的中央和国家机关司局级干部专题研修项目中，学员考勤情况、纪律情况都非常好，这固然与司局级干部自身素质相关，但与中央和国家机关工委每次都安排2名人员跟班联络，在某种意义上起着督学作用也有一定关系。某传媒集团副总裁刘勇（访谈编号：301）亲自带队参加的培训项目中，在培训期间，除1名主播请假代表该省参加中央电视总台的主持人比赛之外，其他人均无请假情况。

与考勤相关的另外一种现象便是抢占前排有利座位。这也是学习积极投入的一种体现，因为坐在前排便于听课更加清楚。李源（访谈编号：111）2019年在某高校参加了为期3个月的以现代公共管理为主题的研修项目。他在访谈中几次谈到，他基本每次上课都坐第一排，认真听课。章琛（访谈编号：112）与李源参加项目一致，只不过她比李源早一年参加。她也关注到一些参训干部上课抢前排座位现象，“有的同志始终都坐在头排，当然不是我们区的，有的就坐在第一排，就跟上学时抢第一排座那种感觉一样，照着人家这种积极程度，咱这还是差得很远”。

抢座位的背后反映的是他们对培训机会来之不易的格外珍惜。像李源认为：“也可能在我的职业生涯里，这是最后一次参加这么一个特别正式、特别重要的培训，所以对我个人来说，我觉得挺珍惜的。”

2. 培训纪律：讲政治

纪律是要求成员遵守的规章制度，也是行为规则。纪律遵守是行为投入的体现，也是良好学习效果的保证。以北京大学继续教育学院为例，其培训纪律包括“请销假制度”“课前签到制度”“课堂纪律如不得随意走动和接打手机”“课间休息不得大声喧哗”“爱护教学设施、保持卫生、不在公共场合抽烟”“未经允许不得在课堂录音和录像”等。在新冠疫情防控常态化阶段，制定《新冠疫情常态防控方案》要求学员遵守等。

在纪律遵守方面，绝大部分干部将其提升到讲政治高度，但个别也会合理利用规则。章谦（访谈编号：109）在访谈中提到她参加一个由区委组织部主办的周末培训班的情况。培训由于是在周末举行，占用了正常的休息时间，不少干部私下意见很大。区委组织部对考勤有严格要求，那就是如果确实需要请假的，请假时长不得超过半天。这本来是一条刚性纪律约束，但在实际操作上，章谦认为，不管是否真的有事，很多干部都会想办法请假半天，把这个条件用足。用她的话来说，“他在组织部报名了，肯定要讲政治。但是就像我说的，在规则允许范围内，他可以用足要求、用足条件”。结果就是“最后一天的课程的后半天，基本上30%的人都没来”。因为有的学员说“我这个假还没用，就不来了”。从规则上看，这些请假干部并未违反规则，而是把该利用的规则充分利用上了。

（三）课堂表现：聚精会神与分心走神

学员课堂上认真专注和聚精会神既是积极主动的行为投入表现，也是认知投入和情感投入的体现。

1. 课堂笔记：到底该不该做笔记

做课堂笔记，及时记录老师好的思想观点，这是行为投入的直接体现。受访学员中，很多人认为自己很认真记笔记，有些来不及记录的，直接用手机对老师课堂的课件拍照。某区团委书记张兰在参加为期3个月的脱产培训中，笔记做了三四本，还有的干部习惯用笔记本电脑做笔记。章谦在完成为期3个月的学习后的两年内还会经常翻看笔记。

章谦：“我都学完两年了，我还翻它（笔记），因为有的时候我突然想起这个概念老师讲过。所有的笔记我都留着，我的所有笔记本从小到大的全在。有的时候写年终总结报告的时候，我都会想起来去翻一下。”

当然，做笔记仅仅是行为投入的一个体现而已，并非所有课程、所有老师均要求学员做课堂笔记。某些老师明确要求，大家参加培训不是来做笔记的，而是来“听课”的，思路得随着老师走。某小学党支部书记叶梅（访谈编号：309）、某小学副校长唐灿（访谈编号：310）同时听过某个老师讲课，这位老师明确反对大家在课堂上记笔记。在这方面，老师已经将学员由做笔记这一行为投入引导到“思”的认知投入中。

叶梅：“有老师说，政府把你们送到这里来，不是让你们到我的课堂上来抄笔记的，也不是让你们到我的课堂上来玩手机的。”

唐灿：“钱教授就说，如果你是来抄我课件的话，你可以出去了，你不用到这里来。他就是让你跟着他走，他突然一下就提问你，突然一下就坐到你旁边，像这种课堂其实还是很有吸引力的。”

在是否做笔记问题上，某街道办副主任章琛（访谈编号：112）认为，考勤也好，遵守纪律也罢，包括是否做笔记，这些都是表象，关键看是不是真正入脑入心。她说道：“比如说这个人笔记（虽然）记得不好，但是他更多入脑了，自己有自己思考出来的一套体系；有的可能光急于做笔记了，抓了小的，放了大的。”

因此，对于到底要不要做课堂笔记，需要根据实际情况而定。有的老师不要求记笔记，就是担心这种机械行为影响到深层次的认知投入。

2. 听课专注程度：走神、分神与全神贯注

专注是注意力集中程度。注意力是人的心理活动指向和集中于某种事物的能力。学习要讲求好的效果，就必须做到安心、静心、潜心，也就是要注意力集中、专注。相反，如果一个人心气浮躁、心烦意乱、注意力分散，则很难让学习入脑入心。北宋哲学家张载曾说：“人若志趣不远，心不在焉，虽学无成。”“心不在焉”即指注意力、精力等不集中。

专注的反面是不专注或专注度不够，也就是走神、分神。而学员在课堂上是否走神、分神，是否专注，与教师教学水平直接密切相关。访谈中，大部分干部表示，如果老师讲得不好、“不解渴”、老师讲课“不抓人”等，就容

易分神。相反，如果老师讲课精彩，就很容易随着老师思路走。某镇人大常委会主任（正处级）吴梅（访谈编号：114）告诉本研究者，即便自己爱开小差，但如果老师授课精彩也会容易保持专注，并且引发认知投入。

吴梅："从我本人来说，有时候我是特别容易开小差的，但是在咱们北京大学学习期间我觉得我还是全神贯注的。因为老师讲授得精彩，不容你思维开小差，因为讲授的内容紧紧地抓住你的思想，让你总是听完这句就想着后续应该是怎么样，下一步应该怎么处理，他老是引发你深入的思考。"

3. 与教师互动：取决于精彩程度

学员们对参与互动方面需求非常强烈。本次问卷调查最后一道开放式问题中，有35条建议是多一些师生交流互动。如"增加老师与学员之间的互动""希望多一些参观交流的机会，也希望专家在面对一线老师时能听听我们的心声""希望更多地组织学员之间的讨论、沟通与交流"。某省地级市传媒集团副总裁刘勇（访谈编号：301）、摄影部主任石晓（访谈编号：302）积极利用课上或课后的机会主动跟教师交流，希望得到老师的指导。石晓说："就是老师课间休息的时候，我们也没放过老师，跟老师聊我们平时工作中遇到的一些情况或问题，老师还是非常热情的"。

当然，参与互动程度如何，首先应该取决于授课教师课程安排和授课水平。有的教师在讲授时留出专门时间鼓励学员提问，也有教师根本没有安排参与互动的机会。本研究者在课堂上观察到，对于一些授课精彩的老师，即便是课间也会有不少学员围在他身边与其交流沟通；而个别授课显得枯燥的老师，课间与其主动沟通的学员就较少。其次，参与互动的程度也取决于学员自身的考虑。章谦谈到，即便自己有一肚子问题想去跟教师交流，却也不敢去，"因为在座的很多正处级领导都没有上去交流"，而章谦本人是副处级。这也说明干部在脱产学习时，尽管强调角色转换，但有意无意还是将角色身份带到课堂，在强调等级秩序的"官场"，级别低的抢在级别高的干部前面发言，怕让人觉得是在"出风头"。

4. 手机管理：影响课堂专注度的直接诱因

随着移动互联网与信息技术的飞速发展，手机早已成为人们生活中必不可少的组成部分，在给我们带来便利的同时，某种程度也会影响到学习投入。本研究特意就课堂期间用手机看微信、QQ、邮件等或浏览网页新闻等现象对被访者作了了解；也设计了一道问卷调查题目。当然，有人上课使用手机，不见得一定是在玩，有可能是看资料或处理工作上的事情。

> 章谦说："我觉得特别不感兴趣的，特别是找我们委办局的领导来拿一沓子稿子在这念，我就挺烦的。这时我就会看手机。"某央企部门总裁章涛（访谈编号：201）表示："课上玩手机不多，玩手机可能基本上不存在。"某央企二级分公司的总经理史斌（访谈编号：207）说："出于对老师的尊重，也不能上课玩手机，但如果有特别紧急事项，可以接个电话，可能有这种情形。"

在手机管理上，党校（行政学院）系统的做法比较严格。据参加过某省委党校（行政学院）中青班学习的武倩介绍，班级对学员手机统一管理，每次开班之前10分钟，让学员把手机放置在教室门口的柜子里。柜子是专门为统一保管手机配置的。"哪个学员的手机没存，只要发现一次，马上通报批评处分，所以大家还是不敢大意。中青班的学员还是有觉悟和自律的，所以上课之前都会去存手机，下课的时候再去拿条码取手机，所以上课就不存在玩手机的情况。"但是，武倩也提到个别学员在手机管理上"上有政策，下有对策"。参加过中央党校（国家行政学院）专题班学习的黄然（访谈编号：120）也谈道："上课前大家都会把手机放外面，就是很少有人上课走神、看手机"。

（四）学业要求：考试不能考太差与总结雷同

完成上级单位或老师布置的作业，如撰写结业论文，这是对学员最起码的要求。党校（行政学院）中青班因为学制较长，可达到4个月以上，学习内容比较成体系，相应的考试也很严格。武倩告诉本研究者，每门课程都有严格的考试，每个单元都有一次闭卷考试，再加上结业考核，前后要进行9次闭卷考试。"（尽管）有的同学平常不太认真，马马虎虎，有的上课来睡觉，但是到了考试的时候还是要打起精神来，毕竟大家觉得不能考太差，（否则）面子上也过不去"。国家某部委司长苏泓（访谈编号：119）曾经在中央党校（国家行政学院）参加过中青班学习。他那期没有毕业考试，但有毕业论文，下一期中青班就开始有闭卷考试了。当然，很多脱产培训学习时间短，一星期或5天居多，不太适合闭卷考试方式。除结业论文外，有的主办单位还要求学员撰写心得体会。在这方面，如果没有严格监督措施，学员就有一定的作弊空间，如请人代写或者网上抄袭。

某市网信办副主任王红（访谈编号：108）曾经担任该市委组织部干部教育科科长。她谈到这样一个情况：当年市委书记下决心将干部分批送到北京高校学习，要求每个参训干部学完之后撰写心得体会。市委组织部部长逐一审核这些心得体会时，居然发现有4篇雷同。组织部部长为此向市委书记汇报此事，并在全市干部大会上对这4名干部进行了点名批评。据本研究者所知，有参训干部在党校（行政学院）封闭学习期间要求下属代为撰写发言材料或心得体会的情况。《干部教育培训学员管理规定》中第7条明确规定，“学员必须端正学习态度，自己动手撰写发言材料、学习体会、调研报告和论文等，不准请人代写，不准抄袭他人学习研究成果，不准秘书等工作人员‘陪读’”。

因此，对于参训干部来说，按照规定要求完成上级或老师布置的学习要求，程序性完成学习任务应该不成问题，问题是需要真正由自己完成。

在完成心得体会方面，笔者考察了某部委办公厅副主任程芬（编号：104）的两份心得体会。程芬于2017年、2020年分别参加由某高校承办的不同主题的中央和国家机关司局级干部专题研修项目。其中，2017年专题名称为“科技前沿与实践应用”，2020年为“全球治理与构建人类命运共同体”，学习时长均为5天。按照中央组织部、中央和国家机关工委等主办方要求，学员结业后需提交一篇1 000字左右的心得体会，要求写出真情实感，由学校汇总后统一报送工委。本研究者在反复分析她的访谈资料的同时，调出她的这两份心得体会进行分析。其中，2017年的文字篇幅为1 727字，2020年的文字篇幅为3 249字。在两篇心得体会中，她分别写出了选择这两个看似与其工作不太相关但又很有关联专题的理由，写出了两次参加不同主题学习的收获，结合实际工作谈到对学习的认识。这两篇心得体会从内容到文字均没有雷同，完全是因为自己有收获而写出的真实想法，说明其真正投入到了学习任务之中。

二、行为投入问卷情况

本研究共设计 7 道题目测量行为投入，包括学员脱产学习期间角色转换、纪律遵守、课堂笔记、专注程度、完成任务等。具体为本问卷中的第 27—33 题，包括：(27) 参加脱产教育培训期间，您从干部角色向学员角色转换非常快；(28) 参加脱产教育培训期间，您在考勤方面做得很好；(29) 您在遵守培训纪律方面（含课堂纪律）做得很好；(30) 在培训课堂上，您会时不时看微信、QQ、邮件等，或浏览网页新闻（反向题）；(31) 培训课堂上您喜欢做笔记，将老师主要的思想观点或自己的思考记录下来；(32) 您在听课过程中，总是保持很专注；(33) 您总是积极主动完成老师或者上级单位布置的学习要求，如参与讨论、撰写结业论文等。

要求学员以最近一次参加的脱产教育培训为例填写。其中，"1"表示"完全不符合"，"2"表示"比较不符合"，"3"表示"一般"，"4"表示"比较符合"，"5"表示"完全符合"。对反向题"阅览手机"一题作了转换处理后，上述 7 个测量指标得分越高，说明参训干部投入程度越高。这 7 个指标克隆巴赫系数 α 为 0.823，说明内部具有比较高的信度。

将"完全符合""比较符合"两项比例相加，7 个指标从高到低依次是：考勤、纪律遵守、角色转换、听课专注、课堂笔记、完成学习要求和参与互动，最后为阅览手机。

但是，从"完全符合"一项来看，考勤和纪律遵守以 80.9%的绝对高的比例并列第一，但二者均值相比，考勤更高，排第一。角色转换和课堂笔记分别以 65.1%、61.6%的比例排第三位和第四位。完成学习要求和参与互动，听课专注、阅览手机[①]分别以 59.3%、55.3%、33.8%的比例排在后三位。比较上述 7 个指标的均值，排序跟"完全符合"比例是一致的（见表 3-1）。

问卷调查结果说明，参训干部在考勤、纪律遵守等规则性行为投入方面程度最高，但涉及积极主动地完成学习要求、保持课堂专注力方面的投入排位靠后。而课堂专注与否，往往又与更深的认知投入相关。

---

① 对该反向问题作了正向数据处理。

表 3-1　行为投入测量指标认可度百分比和均值

序号	行为投入	完全符合（%）	基本符合（%）	加总（%）	均值
1	培训期间考勤做得好	80.9	14.3	95.2	4.73
2	培训期间遵守培训纪律做得好	80.9	14.3	95.2	4.72
3	参加培训角色转换快	65.1	24.9	90.0	4.51
4	课堂喜欢做笔记	61.6	26.8	88.4	4.45
5	积极主动完成学习要求	59.3	28.2	87.5	4.42
6	听课总是很专注	55.3	33.7	89.0	4.40
7	课堂不爱看手机	33.8	23.8	67.6	3.59

三、影响行为投入因素初步分析

通过梳理访谈内容、分析问卷调查初步发现，规章制度、后勤保障、生活负载、教学水平等是影响干部行为投入的主要因素。

（一）规章制度

规章制度是干部教育培训中的红线、底线，对干部来说，脱产培训中的考勤制度、培训纪律的约束是刚性的。尤其是中国特色社会主义进入新时代以来，在中共推行全面依法治党的背景下，对干部刚性的纪律约束非常严格。2013 年，中央组织部颁布《关于在干部教育培训中进一步加强学员管理的规定》，内容有 9 条，简称“九条规定”。2015 年中纪委网站将这 9 条规定内容，汇编为 8 个方面 25 条红线，称为“25 不”禁令。2019 年，中央组织部将其修订为《干部教育培训学员管理规定》后，内容增加到 10 条。

干部教育培训极强的政治属性决定了干部教育培训纪律本质上是一项严肃的政治纪律。曾经担任中央组织部干部教育局局长的李小三撰文提出，把参加干部教育作为一项严肃的政治纪律来要求。① 违反了培训纪律，某种程度

① 李小三：《干部教育必须服从和服务于党的政治路线》，《中国党政干部论坛》2018 年第11 期。

就是触犯政治纪律，将影响到个人发展问题。培训项目的主管部门、培训机构在严格执行规章制度方面下了功夫。本次问卷调查中，关于“您认为，组织方或办学单位对参训干部有严明的纪律要求与学习要求”一题，认为“完全符合”的人数比例高达 67.5%，认为“比较符合”的为 24.5%，两者相加比例为 92%；认为“完全不符”的仅为 1.8%，认为“比较不符”的为 1.1%，5.1%的人认为“一般”。严格的规章制度确保培训各项纪律得到遵守。

但在反向问题“组织方或办学方对学习要求并不高，只要大家不违反纪律、完成任务即可”一题中，认为“完全符合”的人数比例达到 14.7%，认为“比较符合”的占 12.9%，两者之和达到 27.6%。这说明在个别培训班次中，也有对培训纪律要求不明确或者不严格的情况。

笔者在实际工作和研究过程中发现，参加干部教育培训的各级各类学员，考勤和纪律基本都较好，尤其是中央和国家机关的司局级干部在这方面起到了模范作用。但某国家部委针对其机关和直属单位举办干部专题研修班，在办学单位同等重视、提供同等优秀课程和优秀师资的前提下，这个班的培训纪律松松垮垮，随意旷课、随意迟到的学员均有。更有甚者，在考勤签到表上，还有替别人代签名现象。班级管理人员曾为此在课堂上严肃批评相关人员，但改观不大、收效甚微。为了反证该推断，本研究者于 2021 年 8 月电话访谈了一名参训干部，这名干部曾经在该部委人事司负责干部教育培训，此前和他电话交流过。经确认，他们只是在开班前以通知形式向参训干部强调培训纪律，并未进行周密部署和着重强调，也并未安排专门人员予以督促。尽管办学单位多次跟对方人事部门沟通此事，但依然未得到对方重视。由于办学单位对参训干部无人事隶属关系，约束力有限，所以尽管他们多次在课堂上强调纪律，但收效甚微。当然，确实也有个别干部是因为工作繁重或紧迫等原因而出现上述情况。

以上说明，严格的规章制度和严明的纪律要求是确保考勤和培训纪律的刚性约束。

（二）后勤保障

食宿条件、教学环境等后勤保障对学员能否尽快适应学习生活起着重要保障作用。尽管在访谈中，绝大部分学员对培训期间提供的后勤保障表示满意。国家某部委司长苏泓（访谈编号：119）提到，“食宿条件好，大家会比较愉快；如果差，情绪会受到影响，也会影响到接受培训知识”。本次问卷调查最后一道开放式问题中，对后勤保障提出建议的达26人次之多，包括住宿地距离上课地点太远、大部分时间花在路上，期待生活条件能有所改善，希望能提高伙食条件，希望集中就餐，去食堂就餐效率低且拥挤等。

问卷调查中在食宿较适应、上课距离较适应、对气候空气交通等环境较适应、组织方和办学机构对教学管理服务比较周全4个指标中，认为“完全符合”“比较符合”人数比例的之和分别为81.3%、80.3%、85.3%、89.7%。这说明，良好的后勤保障对干部尽快适应环境、转换角色可以起到促进作用。

（三）生活负载

按照本研究对生活负载的界定，这一概念包括工作、家庭事务的干扰，以及自身身体状况，这直接影响学员学习过程中的专注程度。

1. 工作方面对学习的影响

自中国特色社会主义进入新时代以来，党坚持全面从严治党方略，对各级干部压实压紧工作责任，不少干部自感工作任务繁重。尤其近几年的脱贫攻坚、安全稳定工作，加上2020年暴发新冠疫情，很多干部几乎全年无休，每天加班，超负荷工作，工作压力很大，这点在在乡镇工作的基层干部中更为明显。某些领导甚至提出“7+16”工作机制。[①] 国有企业中，担任领导职务的干部面临来自市场竞争和党建工作的双重压力，绝大部分也是超负荷工作。在专业技术领域，本研究主要涉及的是教师，认为教师的工作“一个萝卜一个坑”，出来培训是基本上做不到的。

> 某区办公室副主任祝康（访谈编号：18）在提供的书面访谈材料中提到：在办公室工作，加班是常态，一般工作日下班时间约为20:30，节假日值班也是常态。2020年和2021年，由于新冠疫情防控，忙碌程度更

---

① “7+16”工作机制，即每天工作16小时，每周工作7天。

高。2020年前半年，无休息日，下班时间均在零时以后。

某镇党委书记陆巍（访谈编号：110）说："我们在基层干行政工作，所有的工作都要求排名。接诉即办、人居环境整治、大气污染防治、疫情防控都是大数据管理。大数据管理之后所有的排名都很容易操作，说排就排，排在前边不一定表扬你，但是排在后边一定拿鞭子抽你，就是压力很大。"

某镇人大常委会主任吴梅（访谈编号：114）说："我们已经连续很长时间没有休过周末了，去年一年我们都没有休过工龄假。平时经常晚上开会加班，到了早上六七点钟有时候也不能走，基本上就是一直处于一种忙碌状态，自己业务工作再加上包区包片的工作，很多需要抓落实。"

某央企部门总裁章涛（访谈编号：201）说："我在单位可能是比较出了名的工作时间长，然后一般早晨7点多钟就到单位了，晚上一般10点之前很少走，基本上到10点以后，11点、12点也是经常的，这个工作任务还是比较多。"

某央企二级分公司总经理史斌（访谈编号：207）说："其实我工作的繁重程度还是极其高的。"

当然，在访谈中发现，有个别干部认为工作繁忙程度还可以。某市编办副主任黄霞（访谈编号：106）认为，"因为上有领导顶着，下面有几个得力科长。"章谦认为，"如果没有额外工作安排，做好本职工作压力不算大"。

工作任务对学习的影响体现在两个方面。一方面是对学习投入形成干扰。本次问卷调查显示，对于"培训期间，时不时有领导、下属或同事通过电话、微信等找您，总有工作放不下"，认为"完全符合"这个说法的人数比例为16%，认为"比较符合"的占25.9%，这二者相加为41.9%，认为"一般"的占28.4%，认为"完全不符"或"比较不符"的分别为15.3%和14.1%。这说明近四成参训干部或多或少要受到工作事务上的干扰。央企二级公司副总裁张诚（访谈编号：206），提到，"因为平时工作忙碌，一旦静下来以后，有时候还不太习惯，难免会走神"。另一方面，繁重的工作反而使个别干部更加愿意参加学习。这种学习动力来自调整身心的需要。在经过长时期高负荷、高强度工作后，通过参加培训来放松心情，调整身心。陆巍在谈到工作时认为，“一个菜即便再好吃，时间长了也会吃腻”。还有受访人员表示，培训与其说是调整身心，不如说是转换心情。如果把繁重工作比作低头赶路，那么学习就是抬头看天。叶梅认为，“其实学习就是一种最大的福利。虽然现在学习很紧张，但是比起枯燥的一成不变的工作，你会觉得特别幸福”。

2. 家庭事务对学习的干扰

访谈发现，很多干部谈到家庭责任时均认为其对学习的影响不算太大。这点在问卷调查中可以得到验证。干部在回答“培训期间，自己家里总有这样或那样的事牵挂在心”一题时，认为“完全相符”的人数仅占7.6%，认为“比较符合”的占13.1%，两者相加仅为20.7%，而认为“完全不符”和“比较不符”的比例分别达到33.5%、22.0%。

3. 身体状况对学习的影响

人的生理机能达到顶点以后，逐渐开始衰老走下坡路，体力和精力也开始下降，这是一个不可抗拒的自然规律。各种慢性疾病也会悄悄降临。在实际工作中，本研究者发现好几起干部脱产学习时突发身体不适，被送去医院治疗的事件。最严重的是一名中学教师参加脱产培训期间，突发疾病身亡，令人叹息。

访谈中，40岁的祝康表示“因工作压力大、无时间锻炼等因素，身体素质逐渐下滑”，44岁的武倩也谈道“身体状况尚可，人到中年身体开始出现一些不好的信号”。但绝大部分受访人员表示身体精神尚可。史斌每天坚持锻炼，他家住在公园附近，早上6点左右出门走一个小时，晚上有时间也走，他给自己定的目标是每天走1万步，此外他还坚持打羽毛球。

本次问卷调查中，关于“培训期间，您的身体和精神状态很好”一题，认为“完全符合”的人数比例为64.3%，认为“比较符合”的为22.4%，认为“完全不符”的仅为4.1%，认为“比较符合”的为1.6%，还有7.1%的人员认为“一般”。这表明，认为自己身体和精神状态很好的人员占比达到86.7%。将这个题目反向处理后，对于身体状况对学习有影响，认为“完全符合”的人数比例为4.1%，认为“基本符合”的为1.6%，二者相加仅占5.7%。

以上说明，在工作、家庭和身体状况等对学习的干扰方面，工作因素影响最大，家庭事务次之，身体状况影响最小。

当然，教学水平对“专注程度”同样起着直接作用。授课精彩的老师，自然吸引学员注意力；而授课枯燥、照本宣科的老师，很容易让干部走神、分神。但教学水平对认知投入影响更大，下一节将重点分析教学水平对认知投入的影响。

综上，行为投入在干部脱产学习中是必要的，也是最基本的。行为投入中，绝大部分属于程序性、规则性投入，如考勤、纪律、按照要求完成考核或作业等。“有的学生看上去在努力学习，但并不是真正投入，因为他们有时只是表示了服从学校规范的意愿，而没有实际地投入。有的学生看上去在发白日梦，但有可能在很投入地思考着学习中的问题。”① 在实际学习中，很多人看似遵守各种纪律，看起来也很“专注”，但身在曹营心在汉，“老师上面讲，任由思绪飞”，这样是无法达到应有的培训成效的。因此，需要进一步深入考察干部的认知投入状况。

第二节　认知投入状况

认知，按照普通心理学教材，是指人获得知识或应用知识的过程，或信息加工的过程，这是人最基本的心理过程。它包括感觉、知觉、记忆、思维和语言等。② 根据此前对认知投入的辨析可知，认知的本质特征就是“思维”“思考”这一高级心理过程。家长平时教育孩子的时候，常说“动脑筋”。如果转换成干部教育培训的书面语言，就是“入脑入心”。认知投入本身就是学习过程的体现。

一、认知投入状况

（一）必要性认识：干部教育培训很重要、很必要

对参加干部教育培训必要性的认识，无论是在访谈中，还是在问卷调查

① 孔企平：《“学生投入”的概念内涵与结构》，《外国教育资料》2000 年第 2 期。
② 彭聃龄主编《普通心理学》（第五版），北京师范大学出版社 2019 年版，第 2 页。

中，绝大部分干部都认为很重要、非常有必要。在1220条对问卷调查开放式问题的回答中，有74条认为干部教育培训很重要。有人认为，“干部教育培训是必要的，能获取新知识，开阔视野，掌握解决问题的思路和方法”“开拓思路和知识面，学习到更多在工作环境中学不到的东西”；有人认为，“干部培训很有必要，特别是举办的脱产培训，使中央能够了解地方的情况，地方能够深刻领会中央的相关安排意义”等。另有160条提出，希望下次还能够接受培训。如“学习有进步，今后多参加”“希望再次回到校园、回到中国人民大学学习”“希望下次还能有机会再次到哈工大参加培训，让自己得到更高层次的提升”“希望以后还能参加这样的培训，每个老师的授课都非常好，超出了我对本次学习的预期”“希望每年能有两次以上的脱产培训，走出岗位，走进不一样的知识圈，焕发思维”。

对中央和国家机关干部来说，要制定全国性政策，就必须及时学习把握中央最新精神，吸取新的知识理念，否则思维跟不上时代的发展。国家某部委司长苏泓（访谈编号：119）作为中央和国家机关的司局级干部，对培训的重要性谈得非常透彻。

> 苏泓：“我觉得干部培训真的很重要，特别是中央国家机关要给干部不断地补充新的知识，特别是中央的精神。怎样正确地把握精神，再不断地吸收新知识、新理念，对干部太重要了。因为中央国家机关制定政策，你的思维必须能跟得上时代发展的步伐，天天埋头工作肯定是不行的，这个时候就需要培训，给他一段时间让他去学习中央的正确理念和把握中央精神，再吸收新知识、新理念、新思想。所以干部培训是非常必要的，而且也非常重要。”

在访谈中，不少干部不仅认为培训很有必要，而且结合自己的理解对培训有了新的认识。如某央企二级公司副总经理姚颖（访谈编号：204），在2020年下半年的学习期间提交的心得体会中写下这么一句话：“读书是福，党组织给我如此难得的学习机会，我倍加珍惜。”本研究者于2021年对其进行访谈时专门就“读书是福”进行追问，她从高考、考研究生的经历中得出结论——“知识改变命运，当然读书是福”。她把学习、读书当作人生不可或缺的一部分，为之受益终身，因此将其当作“福”。央企某市分公司总经理黄云

（访谈编号：208）在参加总公司组织的为期 3 个月的培训后不久即被提升为现职。在访谈中，他从经济学的角度，提出“培训就是生产力”。因为培训不仅使人员素质提升，更能转为公司绩效。他上任后不久就在分公司内部加强干部培训工作，要求分公司班子成员亲自上讲台讲课。也有干部将参加培训当作繁忙工作的一种福利。

（二）策略运用和自我调节：排除干扰与克服困难

客观来说，干部从家庭生活到学校生活，在对饮食、气候、天气、环境、教学条件等方面的适应上还是有不少困难。除前面分析 2 个人合住一个标准间外，在饮食方面，有的班次组织方安排吃自助餐，但时间长了就会吃腻；有的学员口味偏辣却吃不到地道辣椒菜。早些年，北京雾霾天气严重、空气干燥，很多学员从外地过来存在不适应情况。此外，还有培训班次遇到暴雨天气，学员们乘坐航班时遇到晚点、延误，个别甚至降落到其他城市等。还有住宿地点距离上课地点较远，很多学员在炎热或寒冷天气中步行往返，非常辛苦，有的学员甚至还会感冒。

工学矛盾是干部教育培训中的客观现象，并且干部还要承担家庭所赋予的职责。访谈中，某区团委副书记周胜（访谈编号：116）在 2018 年参加为期 3 个月的培训时，正好赶上一项重大专项任务，她的工作别人无法替代。当时，她只能白天上课，晚上回单位干活。用她的话来说，“我基本上也没有翘课，我都是在别人休息的时间回去干活，反正我是挺累的”。她那种无可奈何的心情即便在电话中都能感觉到。她是笔者在访谈中遇到的印象最为深刻也是工学矛盾最为突出的一位。

当然，大部分干部都能比较妥善地处理二者关系。被访者章涛（访谈编号：201）是某央企部门总裁，属于一把手领导。培训期间，他交代同事：“我上课期间，单位的事，除非特别急的事，别找我，中午或者晚上我可以处理。”个别干部涉及工作中重大问题必须参加的，也会按照相应程序履行请假手续。

解决学习中遇到的困难并加以调节，这是认知投入中非常重要的方面。客观说，学习不同于娱乐休闲，在新旧知识的交互中需要付出艰辛努力。在学习过程中，遇到讲课精彩的老师，自然容易被吸引。但也有个别教师授课技巧不那么突出，讲课内容相对枯燥而不那么吸引人，但是真正能够听进去确能受益。章谦认为，“有好多老师你听着特别枯燥，但是仔细听下来、最后记下来之后，你一回味会发现他确实讲了不少”。有些老师虽然讲课生动吸引人，但很多参训干部也谈到，听完就完了，并不能给人留下什么深刻印象。对于这部分参训干部兴趣不大的讲课内容，也是测量认知投入的一个方面。

（三）深度思维：反思学习

认知投入中最为核心的方面就是深度思维。学员在学习新知识过程中，主动与已有知识体系和实践经验产生连接，激发新的思考，促进思维向深层次发展，这是干部教育培训中所追求的，也是理论联系实际的最好体现。具体来说，可以体现在以下几个方面。

第一，学员思维被激发、思路被引导，产生一些新的想法或形成思考链接点。某街道办副主任李源（访谈编号：111）在参加为期3个月的脱产培训中发现，“即便面对同一个问题，不同的老师也会有不同观点，有的乐观，有的悲观，有的谨慎。这些差异很大的观点反而会激发人的思考”。某市编办副主任黄霞（访谈编号：106）所在部门为机构编制办公室（简称“编办”），是负责管理其所在城市的机构编制工作的。在访谈中，她谈道，在廉政教育的现场教学中，看到明代监察机关是如何设置的，一下就联想到现在的纪检监察机关应该如何设置更好。用她的话来说，“一下子就会触及到我这个点”。像这样的思考点，她认为很多。

某区纪委室主任王蓓（访谈编号：115）认为，上课过程中，有工作经历的人都会回顾老师讲课内容——“在我日常工作中哪一块可以用得上，这样在某一个点上，它就能够形成连接点。这样回来以后再处理一些复杂的数据、矛盾的时候，可能更有指向性”。还有学员表示，平时因为忙于工作，培训时正好有机会进行思考。某央企二级公司总裁柴明（访谈编号：210）说：“我觉得还是挺有必要的，就是说他会在一个特定的环境之中让人相对脱离他的一些工作，在一个安静的环境里面做一些这方面的思考。”还有学员在回答问卷调查中的开放式问题时写道：“各位教授的课程给予我更多的自我思考，日常工作占据了太多精力，缺少了思考的动力和时间。”

参训干部进行党性教育实践教学时，看到先辈们艰苦奋斗的样子，不由自主地联系到现在的幸福生活，产生了思维的联想，深受感染。这既有认知投入，也有感情投入。

第二，学员在培训过程中进行反思学习。比如，有的学员上课做好笔记后，利用课后时间整理笔记。某央企二级分公司总经理史斌（访谈编号：207）在长期学习中形成一个良好习惯。他会在课堂上用笔记本电脑做笔记，课后及时对笔记进行整理。不方便带笔记本电脑的话，他会在纸质笔记本上用笔写下来，课后及时输入电脑进行整理归纳。某央企部门总裁章涛（访谈编号：201）每次参加完培训后，都会回去结合工作实际给部门人员讲党课，他会及时将上课笔记进行整理。某央企的一个副省级公司部门负责人李健（访谈编号：209）在每堂课结束之后，都会结合既往的某段经历来反思，看自己跟老师所讲的正确做法或者更好的建议存在哪些偏差。他还经常将自己的反思、理解以心得形式发在同学群中。另外，有的学员还会对所学知识融会贯通。本研究者在一个班级学员群中发现，个别学员听完课之后，将讲课内容以思维导图方式加以建构，在学员群中分享。某军校参谋沙荣（访谈编号：303）接受访谈时谈到，有些学员在吃饭时还一起讨论当天的上课内容。某军校教研室副主任薛潞（访谈编号：305）在每次听老师讲课时，也思考自己讲课的样子和学生的感受，反思军队院校与地方院校的各种差异。

第三，结合实际工作深入思考。一些学员在听课过程中，会积极主动地结合实际工作加以思考。如，某部委办公厅副主任程芬（访谈编号：104）于2017年参加了某高校举办的中央和国家机关司局级干部“科技前沿与实践应用”专题研修班，似乎她所从事的本职工作与科技关联度并不高，但根据她提供的学习心得体会可知，她是将本职工作与科技结合起来思考的。2020年，她参加同一高校举办的中央和国家机关司局级干部“全球治理与构建人类命运共同体”专题研修班，同样将本职工作与该专题结合起来思考。现将其学习体会摘录如下。

程芬（2017年的学习体会将本职工作与科技专题结合）：“选择这一专题，我是希望能够让自己对国家科学技术发展有更多的了解，以期在工作中有所帮助。因此，听课的同时，我也在结合学习内容，不断反思自己的工作如何进一步服务大局。比如如何服务于新型产业发展的规则构建，如何推动医疗制度改革，如何发挥环境资源审判功能等。特别深刻地认识到，在互联网社会，要认真研究区分虚拟世界与实体世界的不同特点，探索新的法律适用规则，积极应对智能机器人发展带来的法律问题，如无人驾驶车辆事故责任，手术机器人医疗事故责任等，高度重视人工智能对人们生活方式改变带来的价值观念的影响等。”她反思了如何将本职工作与前沿科技相结合。

程芬（2020 年的学习体会将本职工作与全球治理结合）：“特别是这种跨学科和跨领域学习，能够拓宽视野，丰富知识，提升素质。这次学习的主题，对我今后在工作中更好地把握政治方向，创造性地开展工作，发挥司法在增强我们国家的国际话语权上的作用，以及从司法的角度推动全球治理方面具有重要意义。”在这次学习中，她思考到如何增强司法的全球话语权、从司法角度推动全球治理等。

无论是激发思维，还是产生新的思考点，抑或进行反思，均涉及了深层次思维，也说明了认知投入的强度。

（四）延伸阅读

延伸阅读是在访谈过程中了解到的，此前并未纳入问卷调查。延伸阅读系授课教师在课堂中列出参考书目供参训干部自主选择阅读，并非强制要求。访谈中，多名干部谈到了课后延伸阅读情况。他们认为，教师所列的参考书目很有价值，也很有深度。章谦自认为天性爱阅读，她觉得老师推荐的书比老师授课内容还要精彩，无论好看不好看，她基本上都要阅读一遍。她说：“他会推荐几本书，然后我觉得这个时候我就特别开心，因为我喜欢看这些书。”章琛、董芳、方莹、叶梅等也均谈到了课后延伸阅读。

二、认知投入问卷情况

对于本研究中的认知投入，问卷调查中设有 3 个维度共 8 个指标来测量。

第一个维度为“认识层面”，共 2 道题目，分别是：(19) “您觉得参加干部教育培训对您来说非常有必要”；(26) “这种培训对个人来说，其实是可有可无、无所谓的”。题目主要考察对培训必要性的认识。其中，第 26 题为反向题目，即跟第 19 题表达的意思相互印证。

第二个维度为“策略运用和自我调节”，共 5 道题目，分别是：(20) “尽管遇到住宿、就餐、场地、气候等方面影响，但您还是积极想办法克服和适应”；(21) “尽管有很多工作和家庭等事务干扰，但您总是想办法专心投入”；(22) “在学习过程中，遇到不太明白的方面，通过请教老师、同学，或查阅相关资料，总是积极想办法弄懂”；(24) “在学习过程中，您只关注自己感兴趣的部分，或听到哪儿算哪儿”；(25) “假若老师授课内容或方式跟自己预期的不太相符，您总会想办法克服并适应”。在这 5 道题目中，其中第 20、第 21、第 22、第 25 题考察遇到生活、工作、学习中的困难或干扰时的策略运用和自我调节；第 24 题为反向题目。

第三个维度即“深度思维”，共 1 道题目，即 (23) “在学习过程中，您总是会主动与生活、工作实际结合起来思考”。

要求学员以最近一次参加的脱产教育培训为例填写。其中，“1”表示“完全不符合”，“2”表示“比较不符合”，“3”表示“一般”，“4”表示“比较符合”，“5”表示“完全符合”。将两道反向问题即第 24、第 26 题进行数据正向转化以后，上述 8 个测量指标得分越高，说明投入程度越高。

将上述指标进行内部一致性检验，得出克隆巴赫系数 $\alpha=0.760$，说明 8 个认知投入指标具有比较高的信度。将其进行均值处理后，均值排序与“完全符合”“基本符合”加总后的比例排序完全相同。均值越接近 5，与题目表达的意思“完全符合”程度越接近。均值排序更形象地说明了干部在各个指标上的投入程度。通过表 3-2 可直观看到，干部对学习必要性的认识非常高，说明他们对于学习的意义和价值的认识程度都很到位，体现出他们的动机程度也很强烈，无须过多强调。在学习上能够主动结合工作实际进行思考，说明他们在开动脑筋。但对反向问题“只关注自己感兴趣部分”进行数据转换后，均值为 3.49 分，排在最后，恰恰说明个人需求、个人兴趣对干部学习认知投入具有重要影响。换言之，学员对兴趣不大的课程克服和调节起来难度要大。另外，对于老师授课内容和授课方式，与自己预期不相符也能克服的，排倒数第二，说明教学水平对认知投入的重要性。参训干部对在生活和学习中遇到的困难，自我调节、自我克服能力都还不错。

表 3-2　认知投入测量指标认可度

序号	认知投入	完全符合（%）	基本符合（%）	加总（%）	均值
1	参加干部教育培训非常有必要	77.8	16.3	94.1	4.68
2	遇到食宿不适应还是积极克服	69.1	20.9	90.0	4.52
3	学习中会主动结合实际思考	63.4	28.3	91.7	4.52
4	克服干扰，想办法专心投入	66.6	23.3	89.9	4.49
5	学习中不太明白的想办法弄懂	59.6	29.2	88.2	4.43
6	培训并非可有可无	64.0	13.3	77.3	4.17
7	老师授课跟预期不相符也能克服	42.5	33.6	76.1	4.09
8	不只是关注感兴趣的内容	33.0	22.5	55.5	3.49

三、影响认知投入因素初步分析

影响干部认知投入的因素主要有以下几个方面。

（一）专题设计：打中干部“痛点”

专题和课程设计在能够满足组织需求、岗位需求的前提下，结合干部个人需求，增强匹配度，体现出培训的针对性，这样达到吸引干部学习的目的。在干部教育培训的各项政策文献中，“针对性”是一个高频词。在《干部教育培训工作条例》和《2018—2022 年全国干部教育规划》中，分别有“增强针对性”“着力提高培训针对性有效性”等表述。在问卷调查的开放式回答中，有 57 条与增强针对性有关。比如有学员写道，“希望培训内容针对性更精准一些”“希望能根据参训人员特点安排对口培训”“内容要紧扣时代脉搏，还要接地气，要充分考虑地域特征、职业特点”等。这在问卷调查中也是学员呼声比较高的要求。对于如何提高专题和课程设计的针对性，培训之前开展需求调研是一条有效途径。可以结合主办单位提出的培训需求，将设计出来的课程提前发放在学员群中，请他们选择自己比较喜欢的课程，这样可以将差异化很大的个性需求，转换为共识度比较高的共性需求，比较好地解决培训的针对性问题。

苏泓（访谈编号：119）将专题和课程设置是否好列为干部学习投入的第一个影响因素。章谦（访谈编号：109）、方莹（访谈编号：205）、张朗（访谈编号：307）等在访谈中提到，课程设置要找到干部“痛点”，也就是需求点，要对干部胃口；讲课内容要打中干部“痛点”。

方莹：“我觉得课程对不对胃口，或者说适不适合这个人群，不能完全说量身定做。能够把这一群人的‘痛点’或者需求点直接对准，这可能是影响学习投入最大的一个因素。”

（二）参训方式：自主式、遴选式与被动式

参训方式主要是指学员的入学方式。培训班次是学员主动申请参加、自主选择参加，还是被动安排，也体现出培训的针对性。曾经一段时间内，“干部选学”兴起，作为组织调训之外的一种辅助入学方式，某种程度给了干部一定的选择自主权。尽管这种方式在《干部教育培训工作条例》中被取消，但其积极影响依然存在。某央企部门总裁章涛（访谈编号：201）是学技术出身，在访谈中他告诉本研究者，他2020年参加的“人工智能、大数据和区块链”专题研修，是他自己主动向公司组织人事部门申请来的。某部委机关纪委副书记张茜（访谈编号：101）于2019年参加的北京大学承办的中央和国家机关司局级干部专题研修项目就是自己申请来的。这种自己选择的参训方式跟自己的学习需求相匹配，可以提升学员学习兴趣。根据自我决定理论，人在“自主需要”“能力需要”“归属需要”等得到满足的前提下，内部动机容易被激发出来。能够自己决定参训与否，这是自主需要在一定程度上得到满足的体现。

在实践工作中，通过严格遴选标准入学的学员学习投入程度也比较高。所谓遴选，就是由上级组织人事部门按照一定目的、一定标准从干部队伍中遴选人员参加脱产培训，如中青班。这是培养干部队伍的重要方式。这种遴选对年龄、级别、岗位、素质等方面均有严格标准，一旦入选后可成为后备

干部，不少人可获得提拔升迁。组织部门对中青班也格外重视，地方党组织主要领导还会亲自参与授课。如武倩参加由某省委党校（行政学院）举办的中青班，该省的省委书记、省委常委兼组织部部长等省委领导均亲自授课。除党政干部以外，个别大型国有企业也有后备培训班。本研究中访谈的党政干部苏泓、武倩分别参加过中央党校（国家行政学院）、省委党校（行政学院）中青班的学习；国企干部董芳、黄云、李健来自同一央企，他们均通过参加由总公司组织人事部组织的入学考试，获得入学资格，这 3 人在培训结束后均很快得到提拔。这种干部通过严格遴选，且参加培训后的提拔导向非常明确，所在组织也格外重视，因此他们具有比较高的学习投入。本研究者在访谈或观察中，均能感受到学员们积极投入的状况。

在参训方式上，有一种“免职培训”虽然也需严格遴选，但学员学习投入就得具体情况具体分析。所谓免职培训，就是通过组织部门严格遴选后的干部，免去其担任的职务而安排其参加脱产培训。这类干部将来工作去向可以划分为三种，第一种是得到提拔升迁；第二种级别虽然不变，但安排到更加重要的区域、部门或岗位工作，属于重用；第三种就是上述两种之外的使用，有的甚至长时间不安排。本研究所访谈的某区国企副总裁李叶（访谈编号：103），作为副处级干部曾经直接负责本区干部教育培训工作。谈到免职培训，她认为很多干部因为未来“面临一大堆不确定性，从心态来说对学习投入有影响”。而她自己也被区里遴选参加免职培训，此后好几年里职务没有得到安排，仅保留行政级别，做普通工作。访谈中，她个人对此比较坦然，认为反正有工资、待遇，有工作做，没有职务也就不用承担领导责任。

与自选式、遴选式形成对比的是，有的培训是为了完成上级任务而不得不安排的，属于被动应付式，针对性就比较差。苏泓对这种培训方式不太认可，她认为“自己积极主动争取参加的培训，就会很珍惜，学员就会认真学习。如果是单位作为任务派过来的，就未必认真，也影响培训效果”。

（三）已有基础：听不懂与“不解渴”

干部教育培训中，学员之间在文化基础、专业方向等方面存在一定差异性。同一门课程同一个老师讲授，可能对大部分学员来说是合适的，但对个别专业基础好、已经学习过的学员，或者对个别文化基础差、不是这个专业背景的人来说，针对性就要差一些，也会难以吸引学员的兴趣。方莹在培训时观察过这方面的情况，她认为，可能有的同学本身就是这方面的专家，老师讲授的内容他已经涉猎过或研究比较深，培训班的层次与其个人能力不匹配，也就不会认真去听。章谦在培训中观察到，个别同学只在老师讲案例或有意思的内容时才会认真听讲，这与他们之前的学历基础有关。在实践中，如果老师讲授的内容对某些学员来说“不解渴”，而对某些学员来说却听不懂，必然难以引起学员兴趣。这也是自我决定理论中的“能力需要”没有得到满足。

（四）角色认知：这一级的领导干部

角色即为“一定社会身份所要求的一般行为方式及其内在的态度和价值观基础。”① 干部尤其是担任领导职务的干部，在参加脱产培训时，往往代表着一个区域、一个部门甚至一个行业的形象。笔者在参加某些培训班次开班式的时候，学员单位领导发言时往往会对学员强调，要求他们遵守培训纪律，因为他们出来学习不仅代表自己，还代表着单位形象。尤其是上级组织人事部门举办的脱产培训，来自不同部门的学员一起学习，个别学员内心就会产生不能给部门“丢脸”的心理。也有学员认为自己本身就是领导干部，内心用领导干部这种角色来强化对自己的学习要求，体现出领导干部的自觉。某央企二级公司副总裁张诚（访谈编号：206）在访谈中好几次提到“这一级的领导干部”“就是说厅局级也算一级干部了，对形象素质言谈也得注意”等。

某央企部门总裁章涛（访谈编号：201）也有类似观点，他于2020年参加了中央和国家机关司局级干部专题研修项目。在他看来，在班里学习，不像在工作环境中，来自各部委各个单位的学员都有，“在这个过程中也希望能够通过交流，通过团结互助，首先不给集团丢脸，在这个过程中也希望能够展现出一些自己的精神风貌”。国家某部委司长苏泓（访谈编号：119）在参加中青班学习时，感觉压力很大，因为学员都很优秀，“你走出去是代表一个

---

① 乐国安：《社会心理学》，中国人民大学出版社2009年版，第128页。

单位的，交流发言（如果）很差，人家就会觉得你这个单位派出来的干部就很差”。干部学习期间对干部身份、角色的强化，某种程度会促使干部通过调节策略等来克服学习中遇到的问题或困难。

（五）教学水平：抓人

教学内容要跟学员需求相匹配，才能吸引学员。从教学方式看，互动式、参与式、体验式教学要比课堂面授更受欢迎，这些教学方式可以直接调动学员的学习投入。从教师讲授水平看，学员们认为，首先，教师授课要有真知灼见、独到见解，避免雷同、观点精彩吸引人，这一点体现出教师授课的思想性。学员们比较反感照本宣科讲授法，尤其是听大课时教师照通稿念，效果要大打折扣。其次，教师授课要能够深入浅出，结合案例讲解，这样不枯燥无味，体现讲课的艺术性。最后，教师授课强调理论联系实际，接地气，突出实操性。最好的效果是学员在听课过程中与老师产生共鸣乃至共情。

某市网信办副主任王红（访谈编号：108）谈道，“老师讲课效果好，连上厕所都不想去”。某街道办副主任章琛（访谈编号：112）也有同感。当然，教学水平高低不仅能够吸引学员的注意力，更能激发学员思维，将学员引入更为深层次的认知投入。

> 王红：“所有有真知灼见，有独到见解的这些教授的课，我们就觉得很想听，哪怕是单位有电话、短信来，我们也屏蔽掉，甚至厕所也不上了，为了把老师精彩的观点能够吸纳得更多。”
>
> 章琛：“（是否走神）取决于老师了，老师要抓人一些，走神就少一些。老师如果不这么抓人，有时候就不爱听了，就看手机了。像原来上课走神，就眼睛看别的地方，现在有手机了，走神可以看手机。”
>
> 袁文（访谈编号：113）：“学比没学要有好处，但是特别大的收获（就难说）。像现在讲课基本照着报告来回讲，换一个人也是，都是通稿。”

这里的“抓人”，并非抓住人的身体，而是抓住人的注意力、抓住人的心理。

第三节　情感投入状况

一、情感投入状况

情感投入是指学员在学习过程中的感情投入和情感体验。情感体验不仅有积极的情感，如快乐、开心、愉悦，也有焦虑、担心、压力等消极的情感。还有学者将态度、信念、兴趣、价值观等都包括在情感投入之中。

（一）学习态度：珍惜机会与感激感恩

组织部门在遴选参训干部的时候非常慎重，可谓精挑细选，最终确定人选需要报所在区域党委主要负责人批准，培训机会非常难得。访谈中发现，正职领导干部参加培训机会相对要少，一般干部参加高水平高质量的培训机会也相对少，一些干部为此非常珍惜。被访者陆巍（访谈编号：110）、袁文（访谈编号：113）分别为某乡镇党委书记和街道办主任（均为正处级实职），平日工作较为繁重，他们自述“正职参加脱产机会较少”。李源（访谈编号：111）、吴梅（访谈编号：114）、王蓓（访谈编号：115）、张兰（访谈编号：117）等参加了由某知名高校承办的为期3个月的公共管理培训项目（已经有20多年的举办历程，属于为数不多的精品项目）。

52岁的被访者李源认为，恐怕这是最后一次参加这么高水平的脱产培训了。他们格外珍惜这次学习机会，每次上课都要抢占第一排座位，以便更好地听课。根据被访者吴梅（访谈编号：114）表述，与她一起参加本项目的本区其他几个同学，经常在夜里还要学习相关知识，有的还要去学校听讲座或旁听，“就是可以旁听的那些课，我们都会积极地去旁听，总觉得好像听不够似的”。王蓓（访谈编号：115）认为，“我们参加工作以后，像这种接受全脱产的培训机会挺难得的，也不是特别多”。张兰（访谈编号：117）认为，高校3个月的培训不同于一般的培训，感觉很神圣，教师也是各行各业比较“牛”的人物。她是学自然科学专业而非管理专业的。走上领导工作岗位后，参加这类公共管理培训尤为必要，大家也非常珍惜这种机会。她表示，“大家都还是比较投入的，其实大家都很珍惜这个培训的机会，普通的培训大家可能就这么回事吧，但是参加咱们北京大学的培训，大家还是收获和投入比较大的”。

还有些干部对能够参加培训心存感恩之情。某国企常委、组织部部长武倩（访谈编号：202）参加的省委党校（行政学院）中青班中，学员以各地市或省直机关党政干部为主，国企干部仅占10%。该班一直受到主办单位、办学单位高度重视，当地省委书记、副书记、省委组织部部长等领导亲自前来授课。对她个人来说，她自己也在本集团内举办过各种干部教育培训，深知机会来之不易，而且举办成本很大，因此她对能参加省委党校（行政学院）中青班非常感恩，“基于这种珍惜的心态和感恩的心态，你就会特别投入”。

（二）积极情感投入：强烈意愿和兴趣乐趣

积极情感投入包括意愿、兴趣以及热情。在访谈中，个别干部表达了参加脱产教育培训的强烈意愿。担任某区政府办公室副主任的祝康（访谈编号：118），是所有访谈者中唯一接受书面访谈的参训干部。他写道，“参加培训非常重要，强烈想参加脱产教育培训”。章涛（访谈编号：201）认为参加培训非常重要，尤其是学时比较长的系统培训机会尤其少，因此，他每年都向集团总部申请。某央企二级分公司总经理史斌（访谈编号：207）认为培训非常必要，在企业内部他致力于打造学习型企业，组织内部员工开展培训。他自己除参加单位组织的培训之外，还主动参加社会上的一些培训项目。他表示，“我本人对参加培训的意愿是很强烈的”。

一些干部对参加学习本身抱有很大兴趣，个别甚至以之为乐趣。前面提到，章谦于2020年参加区委组织部安排的培训，正好占用周末休息时间，个别干部私底下不乐意。但对章谦来说就不一样，她认为，“对我来说我本身就喜欢学习，我觉得这是一个特别好的机会”。即便没有培训，她自己也会利用周末的时间看书，她爱学习是天生的，把学习当成兴趣、乐趣。同样特别喜欢学习的还有姚颖（访谈编号：204），她把学习当作“福”，是生活中不可或缺的一部分。她说：“我是特别喜欢学习的人，这跟个人有关系，我觉得读书本身就是人生一个不可或缺的部分。”方莹（访谈编号：205）则表示，“我觉得学习这个东西，学无止境，真的是很有趣”。干部对学习因兴趣产生热爱，因热爱产生投入。培训可以为学习者提供精神动力，展现积极健康向上风貌。

张茜（访谈编号：101）在参加中央党校（国家行政学院）为期2个月的培训期间，以积极情感投入参与学习和课余活动。她在总结中写道，“两个月的学习，极大去除了暮气、躁气、惰气，积极主动担当，扎实稳健学习，自律高效作息，融入到了支部日益昂扬向上、团结奋进的氛围中，无论是选修必修的全方位学习，还是课后师生同学之间的热烈探讨；无论是趣味运动会的集体夺冠，还是精彩纷呈的课余生活……我都深刻体会到了加强党建工作的魅力、提升党性修养的魔力，增强了对自身的改造”。从这段总结中可以看出，“积极主动担当”“昂扬向上”“热烈讨论”等，都包含了积极的情感投入。

（三）积极情绪：放松心情还是换种心情

在积极情绪体验方面，很多学员表达了兴奋、开心、荣幸、享受、愉悦、热烈等情绪，还有的感觉如痴如醉，也有的在参观烈士陵园接受党性教育时流下眼泪，还有的感觉在培训中时间过得飞快。如章琛（访谈编号：112）认为，“从培训刚开始就觉得很新鲜，很热闹，哪节课都不想落，特别好”。方莹（访谈编号：205）谈道，“我觉得我们在学的过程当中非常愉悦，也非常投入”。武倩（访谈编号：202）认为，“我觉得是挺开心愉悦的，因为我很珍惜，倒没有觉得枯燥”。

当然，个别干部参加培训，也因为学习不投入、不认真，被批评为“修身养性”“放松身心”。本研究者专门就此提问被访者。史斌（访谈编号：207）认为参加干部教育培训调整身心状态是必要的，因为“你可能（工作）比较乱的时候，静下心来，特别是参加那种线下培训，那种脱产的培训还是蛮好的。静下心，从另一个角度再去思考也是挺好的”。一些访谈者认为，参加脱产学习，其实也就是利用这个机会摆脱忙碌工作，静下心来认真思考。与其说是放松心情，不如说是转换心情。章涛（访谈编号：201）认为，他自己的学习并不比工作轻松，因为要在较短时间内把内容强记下来，“这个放松并不太放松，其实是换种心情”。苏泓（访谈编号：119）认为，平时工作很忙很累，通过学习可以放松脑子，“参加培训既是吸收知识的过程，也是放松思维的过程”。

（四）压力体验：魔鬼式训练、扛过来了

除了积极情感体验之外，学习过程中也有不少消极情感，如无聊等。在访谈中，干部对培训期间消极、无聊、时间过得慢等体验相对少。只有个别学员提到，感到有压力。这种压力来自学业本身的高要求。如对通过严格遴选参加某省组织的精英教师培训班，唐灿（访谈编号：310）深有感触，觉得学习也挺折磨人。尽管这样，他们还是对这种培训非常向往。“学习确实挺折磨人的。尤其是像我们这种省教育厅的高端研修项目，并不是说你通过了遴选，你就是来修身养性，来修养的、来旅游的，并不是这样的。也要完成这么多作业，到后面还要考核，尤其是像我去年参加培训师的项目，考核完全就是一个魔鬼式的训练，但是我们还是很向往的。”

某中央部委机关纪委副书记张茜（访谈编号：101）2021 年参加中央党校（国家行政学院）全脱产 2 个月学习。她的压力来自主动承担的学业任务。培训期间，她主动承担小组课题研究，她自己设计问卷、开展调研、分析数据、撰写报告，基本上每天熬夜、无午休，工作量多好几倍。“最后熬夜、无午休地赶材料、弄课题、组论文，以及准备汇报的 PPT。自己还加压弄了个问卷调查，以及主持毕业仪式、代表同学给老师写赠言等，五十多岁的人了，扛过来了。”

还有一种压力来自身边同学的优秀，迫使自己不得不更加投入。这点在上面的角色认知中已经分析过。如苏泓（访谈编号：119）在中央党校（国家行政学院）学习期间，发现身边同学都很优秀，自己不努力将影响到单位形象，这也使她产生压力。这样，她学习得很辛苦，但有收获。她说：“还是比较辛苦、比较累的，收获也是非常大的。”

二、情感投入问卷情况

本研究针对学员情感投入在问卷制作方面设计 7 道题目，分成 3 个维度。第一个维度是“学习态度”，即第 34 题“您对参加本次脱产教育培训，内心很期待、很渴望”，考察学员参加培训的意愿、态度等。第二个维度为

“积极情感体验”，有5道题目，分别是第35题“工作时间长了，能够重新回到校园，又感觉自己重新回到了学生时代”；第37题“您对这次脱产教育培训感觉很好，很享受学习的过程”；第38题“您对参加脱产教育培训的办学单位特别喜欢，因为它有着悠久历史、深厚底蕴、优良的校风学风和良好的氛围”；第39题“您对某些授课老师的授课观点或个人魅力特别喜欢并留下深刻印象”。第40题涉及与同学交往，是一道反向题，即“跟班里绝大部分同学之前不熟悉，培训期间彼此也没有什么交流”。第三个维度是“压力体验”，也是一道反向题，即第36题“常常担心自己听不懂或不理解老师的讲课内容”。

随着本研究的深入，发现第36题担心听不懂老师的讲课内容属于心理状况，第40题关于与同学交流情况，并不属于情感投入范畴，因此，将这2道题目从情感投入中予以删除。情感投入实际测量指标为5道题目。

要求学员以最近一次参加脱产教育培训为例填写。其中，“1”表示“完全不符合”，“2”表示“比较不符合”，“3”表示“一般”，“4”表示“比较符合”，“5”表示“完全符合”。上述5个测量指标得分越高，说明投入程度越高。

将上述5个指标进行内部一致性检验，得出克隆巴赫系数α=0.931，说明5个情感投入指标具有比较高的信度。将其进行均值处理后，均值越接近5，与题目表达的意思“完全符合”程度越接近。根据均值排序情况，与“完全符合”的百分比排序一致。“很喜欢办学单位”排第一，“对某些授课老师印象深刻”排第二，“对参加培训很期待”排在最后。（见表3-3）

表3-3　情感投入测量指标认可度

序号	情感投入	完全符合（%）	基本符合（%）	加总（%）	均值
1	很喜欢办学单位	75.1	17.8	92.9	4.64
2	对某些授课老师印象深刻	73.3	20.0	93.3	4.63
3	很享受学习过程	71.8	19.8	91.6	4.60
4	感觉又回到学生时代	71.8	19.8	91.6	4.59
5	对参加培训很期待	69.2	21.8	90.0	4.57

三、影响情感投入因素的初步分析

在影响情感投入方面，组织关心、培训机构、授课师资、个人兴趣等均是比较重要的因素。

（一）组织关心：组织支持感

组织关心体现在以下方面。其一是领导和同事对工作的分担。中央某部委办公厅副主任樊举（访谈编号：105）在某高校集中培训 5 天期间，得到了直接领导即办公厅主任支持，其他同事分担他的工作。吴梅（访谈编号：114）在参加培训期间，所在单位领导和同事分担了她的工作。对此她感到“总是让别人分担自己分内的工作，有时候也是于心不忍。也怕学不好，辜负组织对我们的用心”。其二是主办单位对培训的经济成本投入。培训涉及教师讲课费、场地费、资料费、食宿费等直接办学成本。根据中央组织部、财政部和国家公务员局 2017 年修订的《中央和国家机关培训费管理办法》，一个培训班的培训费包括综合定额和教师讲课费，综合定额按一、二、三类培训，每天分别为 760 元、650 元和 550 元，分别对应的干部级别为部级、司局级和处级及以下，教师讲课费每学时不超过 1 500 元。其三是所在单位照常发放脱产培训干部的工资福利等。其四是组织关心还体现在干部所在组织部门的关心和支持上。

当然，组织的关心并不直接影响学习投入。而是干部感觉到组织在关心他们，产生了组织支持感之后，才会促进情感投入。黄云（访谈编号：208）谈道，“我们三个月的学习，公司的奖金、工资什么都没有变，还是感谢公司”。

> 武倩（访谈编码：202）：“像我们全脱产 4 个半月，我们的工资、薪酬、食宿，请来的这些高水平老师，这都要花很大价钱的，所以干部培训其实是非常花钱的事情……可能是基于这种珍惜的心态和感恩的心态，我就会觉得应该特别投入。”

参训干部能够感觉得到组织的关心，才能产生感恩、感激的心，才想着通过努力学习回报组织，不辜负组织的期望。这也是组织支持理论的观点。

（二）办学单位：庄严感和神圣感

问卷调查显示，干部对培训单位的悠久历史、深厚底蕴、优良校风学风和环境氛围的喜欢程度排在了情感投入中的第一位。如前所述，本次问卷发放的范围主要在中央组织部、教育部确定的14所全国干部教育培训高校基地，只有湖南大学、四川财经大学不在此范围之内，但也属于地方组织部门认定的干部教育培训机构。这些学校本来就存在上述优势，是不折不扣的国内顶尖名校。

在访谈中发现，“名校光环”在学员心目中具有神圣意义。很多学员因为各种原因当年未能如愿在这些名校就读，他们将在名校参加培训当作一种圆梦。即便是一些职务级别高、学历层次或职称高的干部，也愿意到名校接受培训。接受访谈的邓宏（访谈编号：308）是军校的教授，他介绍，一开始系里让他参加培训，他内心还有点抵触情绪，自认为这把年龄了，想把机会让给年轻人，而且觉得自己已有高级职称了。但参谋告诉他是到北京大学学习后，他的态度来了一个180度大转弯，表示“太好了，我一定要去”，而且来了后“感觉确实是不虚此行”。

央企某市分公司总经理黄云（访谈编号：208）曾于2018年参加由总公司遴选的青年后备班学习。该班委托北京大学承办，为期3个月。他在接受访谈时谈道，“到北京大学会有一种神圣感、崇高感和使命感”。某传媒集团副总经理刘勇（访谈编号：301）平时也参加各种各样的培训，但来北京大学参加培训，他个人坦言是冲着北京大学的名气来的。

> 黄云：“甚至它会带来一种神圣感、崇高感和使命感。我俩是老乡，我说现在你要说到某地方学院去培训，可能这种兴奋感、使命感就不会有。如果我们是到985高校培训可能又好一点儿。最后你说到最高学府（培训），客观上来讲，给人带来的冲击和感受，这种崇高感、使命感是没有办法比拟的，再加上又是在首都北京。”

名校所带来的声誉、光环，对很多干部来说确实是圆梦之举。但这些名校背后的优质教育资源、优良校风学风，对干部来说也有巨大吸引力，首先从情感上能够促进投入。

（三）师资魅力：老师个人魅力

对授课老师的观点和个人魅力印象深刻排在第二位，也正好说明师资力量在干部教育培训中的极端重要性。教师作为教学活动过程中起主导作用的因素，自身水平和教学效果对干部学习投入起着最为直接的作用。

（四）同学交流：学学相长

诺尔斯成人教育学理论强调，成人学习是一个宝贵的资源库。同学之间相互交流沟通，可以碰撞出智慧的火花。同学在一起交流沟通，可以有效增加认知投入，也可以有效增加情感投入。几乎所有接受访谈的学员都非常看重同学交流带来的收获。这种收获可以体现在以下几个方面。

第一，因为每个人岗位不同、经历各异，他们可以从身边同学身上学习到他们的长处，包括他们看问题的视角、思维、作风等，可以大大拓宽看问题的视角，营造出浓厚的学习氛围。王红（访谈编号：108）认为，“跟优秀的人在一起，你也变得优秀。在学习的过程当中，都有比、学、赶、超这样的意识”。黄然（访谈编号：120）认为，“拓宽了你对同一个问题的思路，多角度的理解和来自各种领域的案例，还有不同的看法观点，所以就是在学习上大家这种学学相长的气氛也特别浓厚”。沙荣（访谈编号：303）等表示，他们军校组织骨干教师培训时，同学之间在餐桌上仍会进行讨论。

第二，来自不同区域、不同部门、不同岗位的同学，通过学习交流，增进彼此对工作的理解。尤其是党政机关干部和国有企业干部混合上课，国企干部感觉到，国企在地方发展离不开地方政府部门的支持。某街道办副主任李源（访谈编号：111）谈道，“不同的区域，人们工作的方式、作风、理念还是不太一样，我觉得我们交流得挺好”。

第三，增进同学之间的感情。很多学员相处时间长了以后，同学感情非常亲密。某人民团体所属事业单位副主任（副司局级）黄然（访谈编号：120）谈到在中央党校（国家行政学院）封闭学习的情景：“这种学习的气氛特别好，一个是同学之间非常友爱，另外，大家因为全封闭学习，上课、活动、体育锻炼、吃饭等都在一起，所以大家的感情很深。”

其他绝大多数访谈人员，如李丹（访谈编号：102）、李政（访谈编号：107）、王蓓（访谈编号：115）、章涛（访谈编号：201）、武倩（访谈编号：202），都重视同学之间的交往和学学相长。但他们特别强调，正常的同学交往不是搞“小圈子”、谋私利等，这些是中央组织部、中纪委等明令禁止的。

同样，在问卷调查的开放式回答中，很多学员呼吁多组织学员进行讨论、沟通与交流。李源甚至建议开学之初即举办这样的破冰活动，让同学们尽快熟悉起来。

第四节　干部学习投入总体特点分析

通过问卷调查和深入访谈发现，总体上看，干部参加脱产培训的学习投入有如下几个特点。

一、参训干部对总体投入程度自评较高

很多干部认为脱产培训机会来之不易，非常珍惜。有的对上级组织或所在单位心存感恩、感激之情，唯恐辜负他们。也有不少学员表示自己天性热爱学习，凡是参加培训认真学习就有收获。当然，也有个别学员表示，只对自己感兴趣的课程内容认真听，对不感兴趣的容易走神。访谈中绝大部分学员都强调自己很投入。当然，从他们口中也了解到，同班同学中也确实存在个别同学逃课、上课打瞌睡等投入不足的现象。

调查问卷中关于三个维度的学习投入共 20 条测评指标，均值为 4.41，意味着绝大部分干部各项投入在“完全符合”和“基本符合”之间，也说明干部学习投入总体程度自我评价较高。

二、情感投入程度明显高于行为、认知投入

行为、认知和情感三种类型的学习投入，有些指标可以截然分开，但有些却紧密相连，个别指标存在一定重叠。比如保持课堂专注，如果只是单纯

为了遵守纪律而不投入思维，这就是行为投入；如果是聚精会神，思路跟着老师讲课走，也能表现出专注，这时候专注也就是认知投入。还有记课堂笔记方面，如果单纯机械照抄老师讲课内容而没有任何思考，那就是行为投入；如果一边听讲一边记录自己思考后的内容或者整理笔记，那就是认知投入。詹妮弗·A. 弗雷德里克斯等主张“学习投入”是一个元结构，认为在现实中，“这些因素在个体内部是动态相互关联的，它们不是孤立的过程”①。因此，将个别指标归入行为或认知投入，也是参阅了理论文献并结合实际操作的需要。

按照本研究的指标分类，其中，7 项行为投入指标均值为 4.40；8 项认知投入指标均值为 4.29，5 项情感投入指标均值为 4.60，说明参训干部在自评中，对情感投入的自我评价程度要高于其他两个维度投入的。

三、程序性、规则性等行为投入靠前而认知投入居中

将全部 20 条学习投入指标统一计算均值并进行排序，除了 3 个反向测评指标外，其他各项指标均值差异并不明显。但是，细分可发现干部学习的规则性行为投入两个指标排在最前面，认知投入中的深度思维居于中等，而课堂专注程度排名靠后（见表 3－4）。

表 3－4　各项学习投入指标均值排序表

排序	学习投入指标	均值得分
1	28 培训期间考勤	4.73
2	29 培训期间遵守培训纪律	4.72
3	19 参加干部教育培训非常有必要	4.68
4	38 很喜欢办学单位	4.64
5	39 对某些授课老师印象深刻	4.63
6	37 很享受学习过程	4.60
7	35 感觉又回到学生时代	4.59

① Jennifer A. Fredricks，Phyllis C. Blumenfeld，Alison H. Paris，“School Engagement：Potential of the Concept，State of the Evidence，” *Review of Educational Research*，74（2004）：60.

续表

排序	学习投入指标	均值得分
8	34 对参加培训很期待	4.57
9	23 学习中会主动结合实际思考	4.52
10	20 尽管食宿不适应还是积极克服	4.52
11	27 参加培训角色转换快	4.51
12	21 尽管有很多事务干扰但总想办法专心投入	4.49
13	31 课堂喜欢做笔记	4.45
14	22 学习中不太明白的总想办法去弄懂	4.43
15	33 积极主动完成学习要求	4.42
16	32 听课总是很专注	4.40
17	26 培训可有可无（反向处理）	4.17
18	25 老师授课跟预期不相符也能克服	4.09
19	30 课堂看手机（反向处理）	3.59
20	24 只关注感兴趣部分（反向处理）	3.49

（一）考勤和纪律遵守排在所有测评指标前两位

干部教育培训纪律是底线、是红线，是做好培训工作的重要保障。考勤和纪律遵守这 2 项分别排在第一、第二位，均值分别为 4.73、4.72，说明干部在遵守培训纪律方面表现是比较好的。培训纪律的好坏，也与严格的规章制度要求密切相关。这点在上面的反证实例中已经分析过。

（二）干部对学习必要性认识程度较高

该项测评均值为 4.68，排在第三位，说明干部对培训的价值、意义、重要性和必要性均有较高程度的认识。干部教育培训承担着干部队伍建设功能，某些重要班次将干部选拔、考核、培训、任用结合起来，直接关系到个人职务晋升，对干部个人成长进步的重要性不言而喻。当然，很多干部很清楚，大部分培训跟直接提拔关系并不密切，但能够参加确也可以使自己得到提升。相比于繁重、枯燥、有时机械重复的事务性工作，能够参加培训转换心情、调整思路，干部已经觉得非常宝贵。

（三）对办学机构、师资的偏爱和享受学习过程排名靠前

喜欢培训单位、对某些教师的授课观点或魅力印象深刻、很享受学习过程等三项测评指标均值分别为 4.64、4.63、4.6，分别居于第 4、第 5、第 6 位。目前的干部队伍学历层次高、实践经验丰富、实操能力强，学习意愿和学习能力也很强，加上获取信息知识的渠道丰富，如果授课老师没有真才实学，没有真知灼见，不能真正触及他们的“痛点”，他们不会服气，更谈不上跟老师产生共鸣、共情。用章谦（访谈编号：109）的话说，“别小瞧我们现在的领导干部，普通的知识层面已经满足不了他们了”。这点与成人教育学理论对成人特点的分析相符。本次问卷发放覆盖到中共中央组织部、教育部确定的 14 所全国干部教育培训基地，这些是经过最权威部门精心挑选的国内最顶级高校，不仅从名头上使学员产生神圣感、庄严感，更重要的是有一大批最优秀的师资。

（四）认知投入中的深度思维居于中等

思维活跃、积极思考，这是学习投入最为核心的部分，真正入脑入心的体现。当然，也最为耗费体力、精力和心力。“学习中主动结合实际思考”测评指标均值为 4.52，排第 9 位。说明干部学习能够积极开动脑筋，与老师在思维层面展开互动、碰撞，建立新的思维连接点。实际上，还有一些干部能够及时整理笔记、反思学习，同样是思维层面认知投入的体现。

（五）克服困难、角色转换、排除生活或工作干扰等方面居于中等

三项测评指标均值分别为 4.52、4.51、4.49，分别排在第 10、第 11、第 12 位。说明干部在这些方面的觉悟、投入还是比较高的。访谈中，他们对于食宿要求并不高，表示满足基本需要即可。

（六）课堂专注程度与阅览手机均排名靠后且呈负相关

学习专注度是确保学习成效的重要因素。总是保持专注度的均值为 4.4，排第 16 位，中等偏下。“课堂上时不时看手机”一项均值 3.59（注：反向问题已做数据转换，值越大，说明看手机越少），排第 19 位，说明时不时看手

机的概率比较高。看手机正是课堂不专注的体现。通过 SPSS 软件对这两项作相关性分析发现，两者相关皮尔逊系数为 0.170，在 0.01 显著水平上相关。有些培训单位直接要求学员上课之前将手机统一保管在柜子里，武倩认为这种做法可以管住绝大部分学员。

（七）学习容易跟着兴趣走而较难专注于不感兴趣的内容

其中，“遇到授课内容或授课方式与自己预期不相符合的，总是会想办法克服”，均值为 4.09，排倒数第 3 位。“学习中只关注自己感兴趣的内容，听到哪儿算哪儿”，数据转换后均值为 3.49，排倒数第 1 位，说明干部听课容易随心所欲跟兴趣走。兴趣可分为情境兴趣和个人兴趣，前者针对某一具体活动，后者是长期持续恒定的。[①] 如有人天生爱学习，这属于个人兴趣。随心所欲跟兴趣走的“兴趣”则属情境兴趣。若老师授课精彩则很容易激发这种情境兴趣，但若老师授课稍微枯燥点则难以静心听讲。“在课堂上，个别老师确实讲课技巧欠缺，需耐着性子认真听讲，实际上课后是会有收获的”，某区妇联副主席章谦（访谈编号：109）如是认为。相反，有的老师讲得热闹，但听完课后一想，除了乐呵什么也没有留下。学习不同于娱乐休闲，要想学到“真经”，必须要有艰辛付出和学习投入。很遗憾，这两项均值比较靠后。

访谈中，王蓓（访谈编号：115）也提到，会把自己的困惑点记下来，在课后可能会有意识地去补充这方面的知识，反过来再去理解老师讲的那些课程。

（八）跟同学交流和担心听不懂方面排在最后

这 2 道反向指标数据转换后，均值分别为 3.3、2.87，说明培训期间跟同学交流情况靠后，当然这种情况某种程度与主办方的教学安排有关，比如 5 天培训全部安排课堂面授，没有安排“破冰”“分组讨论”，学员交流活动自然就少。从访谈情况来看，培训期间学员之间的交流需求挺大。培训过程中，对自己的学习能力存在一定程度的担心。当然，这种担心从另外角度来看有

---

① Jennifer A. Fredricks，Phyllis C. Blumenfeld，Alison H. Paris，“School Engagement：Potential of the Concept，State of the Evidence，” *Review of Educational Research*，74（2004）：63.

可能有助于提高学习投入。随着本研究的深入，认为这 2 个观测指标不属于情感投入维度，故未列出。

四、影响学习投入的直接因素

通过上述分析可以发现，影响干部学习投入的直接因素分别是：规章制度、后勤保障、生活负载、专题设计、参训方式、已有基础、角色认知、教学水平、组织关心、办学单位、师资魅力、同学交流等。第六章还会对学习投入的影响因素作深入分析。

第四章

干部学习成效状况分析

本章导语

- 干部教育培训质量，最终落实在学习成效上。本文主要从提升政治素质、专业素质和推动工作三个方面加以评估。总体来看，参选干部认为学习成效比较明显。14 项测量指标均值为 4.34，意味着干部对学习成效认可度绝大部分在“基本符合”及以上。
- 政治素质提升方面，干部们认为通过老师讲授可以学得更加系统、全面、深入，使自己在思想上、理论上更加成熟坚定，在方法论、价值观和思维方式等方面提升很大。在 14 个测量指标的均值排序中，有 2 项政治素质和 1 项专业素质指标并列第一。说明干部通过脱产学习，在政治认可、政治忠诚、理论成熟、党性修养等政治素质提升方面成效比较明显。
- 专业素质提升方面，在开阔视野、获取知识信息等方面收效明显，有的学员认为很受用，但在提升专业能力方面普遍认为不那么明显。
- 推动工作方面，有的很快能学以致用，有的属于学以备用，有的虽不能立竿见影，但认为可以终身受益。除中青班培训、后备干部班培训之外，绝大部分认为参加培训与个人职务晋升没有直接必然关系。
- 从总体来看，推动工作要低于政治素质、专业素质提升，这也说明，学用转换之间涉及多种因素和变量。

第一节　政治素质提升

对干部开展政治理论、党性教育，是干部教育培训的重中之重。中国共产党自建党以来，一直坚持用马克思列宁主义以及与中国实践相结合的最新理论成果来指导实践，强调理论创新每前进一步，理论武装就要跟进一步。政治理论内容上包括马克思列宁主义、毛泽东思想、邓小平理论、“三个代表”重要思想、科学发展观，以及马克思主义中国化时代化最新成果——习近平新时代中国特色社会主义思想，强调学习蕴含其中的立场观点、世界观、方法论和思维方式等。党性教育包括党章、党的宗旨、党规党纪、党的优良传统、党风廉政建设等内容。习近平强调“党性是最大的德”。通过开展政治理论和党性教育，在党内凝聚共识，达成高度政治认同，增强干部政治忠诚。

党校（行政学院）作为干部教育培训的主阵地、主渠道，中央要求将政治理论和党性教育作为主责主业，学时要求不低于70%。[①] 在高校开展的干部教育培训中，要求融入或直接开设习近平新时代中国特色社会主义思想课程。以某高校继续教育学院为例，2018年该院共结业357个班次，该课入选140次，占比为39%；2019年该学院结业378个班次，该课程入选208次，占比为55%；2020年因为新冠疫情因素，全年结业45个班次，该课程入选9次，占比为20%；2021年新冠疫情有所缓和，全年结业144个班次，该课程入选53次，占比为37%。

一、坚定信念：思想理论成熟

如第一章提到，干部教育培训有多种方式，除脱产培训之外，还有党委

① 《2018—2022年全国干部教育培训规划》提出，中央党校（国家行政学院）和省、市两级党校（行政学院）教学安排中，以习近平新时代中国特色社会主义思想课程为主，理论教育和党性教育的比重不低于总课时的70%。各级党校（行政学院）、干部学院的主体班次都要设置党性教育课程，1个月以上的班次要安排学员进行党性分析，确保党性教育课程不低于总课时的20%。

（党组）中心组学习、网络培训、在职自学等方式。对比这几种学习方式，受访干部认为，在习近平新时代中国特色社会主义思想和其他政治理论的学习上，脱产学习更加系统、全面、准确、透彻。因为脱产培训提供专门学习时间，有专业老师讲解。

（一）系统全面：避免碎片化

从纵向来看，政治理论是一个庞大的体系。从马克思列宁主义，到毛泽东思想，再到邓小平理论、“三个代表”重要思想、科学发展观，最后到习近平新时代中国特色社会主义思想。从时间轴来看，这是一个一脉相承而又不断继承创新的纵向发展过程。在谈到政治理论学习方面的收获时，很多干部首先认为在系统性方面大大增强，因为老师会将整个脉络梳理清楚。

某区妇联副主席章谦（访谈编号：109）是国内某顶级高校本科生和研究生，毕业后又到某顶级高校工作几年。她自认为天性爱学习。在谈到政治理论学习方面的收获时，她认为“老师会把意识形态这方面比较虚、比较抽象的东西，给予总结归纳，相当于他给整理好了，拎出来就是一根主线、一个框架，不需要自己再去总结，相当于方便了你”。

国家某部委司长苏泓（访谈编号：119）2017 年在中央党校参加了为期 4 个月中青班的学习。她认为，相对于自己学，在党校（行政学院）是集中系统地学。在政治理论学习上，包括理想信念、党性修养等，都是系统地教。通过几个月的学习，自己在这方面收获很大。武倩（访谈编号：202）2020 年参加了省委党校（行政学院）举办的中青班，她从最早的空想社会主义一直学习到习近平新时代中国特色社会主义思想，让自己在一个时间轴里面去思考，“对我来说，系统性比以前大有提升，这是非常显而易见的一个效果。以前也学，但是从马克思学到习近平，没有形成一个系统的链条，学的是很碎片化的”。史斌（访谈编号：207）认为，党校（行政学院）老师好比穿针引线，将“四个自信”“四个意识”“两个维护”用一根线有序排列起来，形成一个系列化的东西。

从横向来看，政治理论博大精深，囊括方方面面。如习近平新时代中国特色社会主义思想既是政治理论，又包括经济、法治、文化、教育、科技、生态、外交、国防与军队、党建等方面的思想。在脱产学习中，通过老师专业梳理讲解，干部可以更加系统全面地领会其精髓，从而避免学习的碎片化。

（二）准确透彻：去粗存精

目前网络上各种学习资源较多，但不同的人存在不同解读，一定情况存在鱼龙混杂状况。干部参加脱产培训学习政治理论，在专业老师的引导下，可以有效地去粗存精，更加精确透彻地加以理解把握其科学内涵。政治理论具有高度抽象性，专业老师往往会结合时代背景、联系现实情况来加以讲解分析，这样学员学习起来印象才更深刻。张诚（访谈编号：206）认为，参加党校（行政学院）的学习使自己理解中共十九届五中全会和“十四五”规划等更全面、更深刻。在李丹（访谈编号：102）看来，有老师讲与自学完全是两码事。老师讲解会结合背景、形势和行业发展等多方面，讲解得深刻、全面而透彻。章谦（访谈编号：109）认为，老师不是帮助你从不理解到理解，而是帮助你从理解到更深层次的准确理解。

政治理论学习要求面向全体党员干部，限于条件，很多时候采取集体读文件、自学等方式进行。但这种方式从时间上根本无法保证干部静下心来认真学习。脱产学习有老师引导，政治理论的学习更有成效。在这方面，身为某市政府副秘书长的李政（访谈编号：107）深有感触。

> 李政：“很多部门是走这个流程，过程中没有人认真去学，又没有人去导学，是通过自学。像政府工作这么忙，基本上集中学习的时间很少，都是以自学为主。当然每个月我们学习的形式还是要有，到时候学习一大堆资料念了这么厚，基本上就是提纲，念了主要内容，大家没有真正学。”

（三）醍醐灌顶：思想成熟、理论成熟

通过学习政治理论和接受党性教育，不少干部认为自己思想更为成熟、理论更为成熟。黄然（访谈编号：120）于2020—2021年在中央党校（国家行政学院）参加40天全封闭脱产学习。除了学习专题知识外，还比较系统地学习了政治理论等。她说：“我觉得这对于我的思想上的成熟、理论上的成熟

来讲，是一个非常好的机会。”

有着同样感受的还有张茜（访谈编号：101），她 2019 年在某著名高校参加中央和国家机关司局级干部“坚持新发展理念与深化供给侧结构性改革”专题研修班时，在个人总结中写道：“忠诚源于理论清醒，追随源于坚定信仰。通过这次短暂的研修，能够结合新发展理念与深化供给侧结构性改革的学习，对在纷繁复杂的国内外形势下，如何增强‘四个意识’、坚定‘四个自信’、做到‘两个维护’，有了更深入的领悟，增强了自己回到岗位后，说得明白、干得明白、对口工作中示范引领得明白的信心！”她从专业知识学习角度来领悟相对抽象的政治理论，领悟得更加深刻透彻。

张茜 2021 年上半年在中央党校（国家行政学院）参加了为期 2 个月的党建班学习，2021 年 8 月本研究者就这段学习经历通过微信对其进行再次访谈。结束前，她发来一张 2021 年 4 月 29 日拍摄于中央党校（国家行政学院）“实事求是”雕刻石碑前的照片。这一天正好是她结束为期 2 个月的封闭培训的最后一天。跟一般照片站立姿势不同，只见张茜倒立在石碑前面，宛若一个大大的惊叹号。她自己在照片上写道“实事求是醍醐灌顶”。醍醐灌顶，常比喻灌输智慧，使人得到启发，彻底醒悟，也比喻听了高明的意见使人受到很大启发。在结业离校之际，“醍醐灌顶”这四个字，最贴切地形容了她在这个以开展政治理论、党性教育为主的干部教育培训最高学府的学习成效。

二、提高站位：提升格局与融入实际

（一）提升政治站位

干部们认为，很多老师尤其是党校（行政学院）师资常年研究政治理论包括党史党建等课程，日积月累、积淀深厚，自然站位就高。通过系统化的政治理论学习，干部们认为自己的政治站位、工作站位得到提高，胸怀格局得以提升。武倩（访谈编号：202）一直在某省属国企工作，先后担任党委组织部副部长、部长、党委常委等职务，她谈道，“以前我觉得企业的干部就埋头做好企业自己的事，我现在确实有很大的不同感受，就是不管在哪个领域工作，真的一定要有更大的格局，要有更大的胸怀，不说操习总书记的心，但是起码要真的认清国情、省情”。她连续用两个“真的”来强烈表达站位、格局和胸怀的重要性。他们认为通过向老师学习，学习到他们思考问题、分析问题和解决问题的角度方式，无形中帮助自己提高站位。

（二）融入实际工作

不少干部将政治理论的学习主动融入实际工作生活。在这方面，国企干部给本研究者的印象尤为深刻。因为做企业，他们需要不断了解把握中央历次党代会精神和中央全会精神、国家重大战略决策部署、历次五年规划，以判明行业系统未来的发展趋势，使自己的企业更能顺势而为。如史斌（访谈编号：207）所在国企总部要求二级机构每个班子成员，围绕党的十九届四中、五中全会精神，结合公司业务特点开展课题研究，来回答如何实现企业的高质量发展。在这方面，同样是央企二级公司的副总裁张诚也有类似观点。

> 笔者：“您刚才说在公司管业务工作，销售工作是大头。那么党的这种理论学习，和您工作的业务方面关系大吗?”
>
> 张诚（访谈编号：206）：“从宏观层面来说，肯定更有利于去判断整个市场，因为毕竟你是在中国境内做企业，特别像我们是金融保险行业，那你得判断整个大势，我觉得它对大势的这种判断，对未来的这种判断是有好处的，就是不局限于微观层面。”

武倩（访谈编号：202）尽管认为自己不是企业主要负责人，但她认为企业发展一定要融入国家发展战略、全省发展战略之中，如此才能找到作为企业的那个点和空间，这是作为企业负责人一定要关注的地方，也是她参加中青班学习一个挺大的收获。

将学习到的政治理论知识运用到实际工作中还有一个体现，就是应用到国企党建中去。很多国企领导承担着既抓业务，又要抓政治抓党建的任务，即“一岗双责”。某央企部门副总裁方莹（访谈编号：205）一直是业务干部，前几年总部专门安排45天的关于党建的脱产培训任务，她参加后认为收获非常大。对她来说，在理想信念方面并不存在坚定不坚定的问题，而是存在政治理论的学习不成体系的问题。由于不是专门做党建的干部，她感觉自己在承担“一岗双责”中的党建任务方面有所欠缺。但在这 45 天的脱产培训中，通过现场授课、看录像、抄党章、实地教学，以及要求阅读 20 本书，还有组与组之间的交流讨论，他们收获非常大。以前写学习心得是为了应付任务，但这次完全是有感而发。因为公司总部对党建高度重视，特别强调“一岗双责”。通过学习，她认为“把我们以前缺的这一方面知识，不能说完全补上，但是至少对我后续真正去理解每一次中央或者说每一次我们行业里面一些具体政策方面的要求是有帮助的，我觉得完全能够串起来理解”。

三、看家本领：强化价值观与掌握方法论

就政治理论的学习收获上，干部们感到更大的收获是方法论和价值观的收获。从马克思主义到习近平新时代中国特色社会主义思想，贯穿其中的辩证唯物主义和历史唯物主义的方法论，以及战略思维、辩证思维、底线思维、历史思维等，对他们解决工作和生活中的各种困惑有着现实的指导意义。从这个角度，武倩（访谈编号：202）认为中青班的学习是价值观的再造和方法论的提升，她结合所在企业推进改革过程中面临种种困难等棘手问题，觉得“实在是太有用了”。他们认为，这种政治理论的学习，某种意义是“道”的层面的学习。

在访谈中，能够谈到方法论、价值观收获的主要是黄然、武倩、姚颖、张诚等几名司局级干部。

（一）方法论的学习

武倩（访谈编号：202）认为在省委党校（行政学院）通过阅读经典著作，包括学习《习近平谈治国理政》，还可以学习到蕴含其中的智慧，包括做人智慧、处事智慧，而这些智慧永不过时。对武倩这方面的收获，有必要剖析一下。

武倩：“我觉得中青班时间比较长，这有一个很大的好处就是中间学经典原著的时候，可以拿出一个上午或者一个下午的时间，专门去读经

典著作，就是大家每个人一本书，然后老师会给你做一段导读。现在老师的导读也做得很有水平，他会提纲挈领地讲。这本书讲的是费尔巴哈的哲学，那么费尔巴哈哲学体系是怎么来的，它整个体系的理论构成包含哪些方面，最终你要去汲取的重点是什么，等等，他就是把这本书用20分钟的时间做一个导读，导读完之后你已经对这本书有了了解，就像我们在看电影前，看了一个预告片一样。然后他就给你时间，老师就坐在教室里，同学们就是齐刷刷地在一个很安静的环境里面，认认真真地去读那些原著的部分。”

武倩的这段访谈首先谈到了她在省委党校（行政学院）参加中青班的学习时长为4个半月，按照全日制学期划分正好一个学期，这在干部教育培训项目中学时算较长的。这个时长足以保证武倩有时间学得系统、全面和深入。她谈到了学习的内容，就是读经典原著，这与中共要求干部学经典读原著、学原文悟原理的要求是一致的。然后，她通过举例谈到了阅读的方式，导读加自学，即导师用20分钟左右时间将框架体系、重点内容梳理一遍，之后大家在一个安静的环境中阅读。

武倩：“这4个半月的学习，收获最大的部分是学习从马克思主义到习近平新时代中国特色社会主义思想里面所蕴含的方法论，尤其是辩证唯物主义和历史唯物主义的方法论，我觉得实在是太有用了。”

她认为学习后最大的收获就是蕴含其中的方法论。其实，之前从大学到研究生，也学习过马克思主义哲学，但效果如何呢?

武倩：“其实以前也学马克思主义哲学，我们从初中一直到大学到考研究生都在背、都在学，但是我觉得从来没有这么学，可能也跟个人的经历、阅历有关，以前读书的时候是小毛孩，没有什么社会阅历。”

同样学习马克思主义哲学，收效如何，武倩认为与个人阅历有关系，之前没有社会阅历。

武倩：“但现在因为有了这么多年的工作经历，会处理很多棘手的事情，包括去年我们推的改革，所以这次学习让我结合我这么多年的岗位实践，还有社会经历、阅历，其实真的让我特别深刻地来理解什么叫作辩证，什么叫作历史的观点，以前确实对这个没有一个很清晰的认知。而且我觉得它非常有用，不光是学习本身，可以用来处理现在工作中的很多棘手的问题，处理自己人生的一些很困惑、很迷茫的东西，我都觉得特别有用。我觉得让我学会了从时间轴和空间轴的角度去看问题，包括习总书记提到的六大思维——辩证思维、底线思维、历史思维等，我觉得这些思维方式对我们来说真的是终身受益。我们也学人民立场、人民情怀、群众观点，怎么去做群众工作，我觉得这些都是我以往真的没有太多地认真思考过的东西，所以这些我觉得真的是收获非常大。”

通过这段话可以看出，武倩通过工作实践、人生阅历来感受到马克思主义哲学的生命力。这种收获不仅对指导她解决棘手工作管用，而且对解决人生困惑也管用；这种管用不仅是眼前的、暂时的，而是终身的。为什么有用？就因为这些思维、方法、立场等给了她启迪，而这一切都是她以前没有认真思考过的。

在这方面，柴明（访谈编号：210）也认为，更高层次的理论收获、方法论收获更为重要。

（二）“道”的收获

对马克思主义的学习，干部们认为这是一种“道”的层面的学习，而不仅仅是“术”。道以驭术，“道”正好是这些干部们需要的东西。

张诚（访谈编号：206）：“我觉得不是说要教给大家具体哪个事怎么干，不是这个概念。因为毕竟都是面对的一些有从业经验的人，更多的是在更高层次的方法论上学习和思考，我觉得这种意义可能比解决某个具体的问题更大一些。”

在张诚看来，具体怎么做，领导干部们已经有丰富的实践经验，他们更需要的是更高层次的方法论。

黄然（访谈编号：120）：“如果在我更年轻的时候或是级别更低的时候，让我去培训的话，是不是我就成长得更快？后来我想可能是自己那个时候的知识积累、经验积累、对事情的认识不一定像现在这样，所以那个时候去学也不一定就学得越早、成长得越快。但是，我觉得现在学了以后，对我的帮助是非常大的，特别在领导的这个岗位上，因为如果你做实际工作，如果现在学这些理论的东西，可能不一定能悟到怎么用，因为它给你的这些东西是一个‘道’上的东西，可能是通用的一些规律和思考的方法，不一定指导具体什么，那么在你的思想或者是实践没准备到这个程度的时候，也不一定能完全领会，但我觉得是收获非常大。”

在这段话里，黄然认为自己在中央党校（国家行政学院）40 天的学习里，收获非常大，这种收获就是前文所述的理论成熟、思想成熟。然后，她反思是不是自己更早一点去学习，收获就会更早、成长得就会越快呢？再深入思考，她发现对马克思主义理论的学习，还得需要一定的知识积累和经验积累，这点跟武倩类似。收获大体现在哪儿呢？她认为这是“道”的层面的收获，是通用的规律和方法。

（三）三观的塑造

开展政治理论学习，也是人生观、价值观和世界观的重新塑造。

武倩：“我觉得真的是个塑造的过程，以前可能也有，以前是被动地去接受这些东西，其实你现在真的是化被动为主动，把你的价值观做了一次深刻的再塑造。”

当武倩被研究者问到，中青班的学习对个人世界观、人生观和价值观这方面是否都有触动时，她认为是一场深刻的重新塑造。

黄云（访谈编号：208）在参加高校 3 个月的培训中，谈到政治素质收获时说：“人生观、价值观的一种再修炼、再提炼、再提高，方法论的一种再掌握。”

相比专业素质、专业能力，政治能力对干部更为重要，尤其是对于具有一定工作经验和人生阅历的干部。孙志强将领导干部的能力分为宏观能力、中观能力和微观能力。最高的宏观能力就是理论思维能力，即运用马克思主义的立场观点和方法分析问题与解决问题的能力。他认为，目前干部教育培训，往往注重中观和微观能力的培养，对于理论思维能力和战略思维、世界眼光的培养没有给予足够的重视。[①]

学员参加政治理论学习所收获的价值观的塑造强化、方法论上的提升，正是这种宏观能力的体现。对这种能力的需求欲望，与干部个人的阅历、经验、职级密切相关。在这方面，中央党校（国家行政学院）课题组关于党的干部成长方面的“三个假说”，较好地解释了这个现象。其中，第一个假说就是“干部成长过程中职级越高，履行岗位所需要的知识与其原有的学科背景相关性越弱，而与理论基础和理性思维能力的相关性就越强”[②]。

> 某市网信办副主任王红（访谈编号：108）认为：“习近平新时代中国特色社会主义思想博大精深，作为干部教育来说，应该更多地让党员干部认识到，把它作为‘真经’来念，把它作为看家本领来修炼。”

四、政治素质成效问卷情况

党的十九大确立习近平新时代中国特色社会主义思想为全党指导思想，党的十九届六中全会明确“两个确立”，根据相关文件，这一思想是干部教育培训的重中之重和首要任务。关于问卷调查第48题“通过学习，您对习近平新时代中国特色社会主义思想的形成背景、科学内涵和原创贡献，有了更为系统深入的把握了解”，认为自己“完全符合”的人数比例为66.4%，认为“比较符合”的为25%，这两项比例相加为91.4%。认为“完全不符”的仅为1.1%，认为“比较不符”的为0.9%，认为“一般”的为6.5%。

党性教育是中共开展干部教育培训的重要内容。关于问卷调查第51题“通过学习，您在坚定理想信念、锤炼党性等方面，有了进一步提升”，认为自己“完全符合”的人数比例为70.2%，认为“比较符合”的为22.8%，这两项比例相加为93.0%。认为“完全不符”的仅为1.0%，认为“比较不符”

① 孙志强：《干部教育培训中值得注意的几个问题》，《中共青岛市委党校．青岛行政学院学报》2009年第10期。

② 中央党校“党的干部成长规律和党校教育规律研究”课题组编《党的干部成长规律和党校教育规律研究》，中共中央党校出版社2013年版，第114页。

的为 0.9%，认为“一般”的为 5.1%。

社会主义核心价值观是社会主义核心价值体系的内核，也是干部教育的重点。关于问卷调查第 50 题“通过学习，您对社会主义核心价值观有了更多的认同，能够更加坚定‘四个自信’、增强‘四个意识’”，认为自己“完全符合”的人数比例为 70%，认为“比较符合”的为 22%，这两项比例相加为 92%。认为“完全不符”的仅为 1.0%，认为“比较不符”的为 0.8%，认为“一般”的为 6.2%。

党的政治理论、治国理政、重大战略部署，既是重大政治要求，也与干部的业务工作息息相关。关于调查问卷第 49 题“通过学习，您对党的政治理论、治国理政思路、重大战略部署等方面有了更多、更深入的了解”，认为自己“完全符合”的人数比例为 66.9%，认为“比较符合”的为 25.0%，这两项比例相加为 91.9%。认为“完全不符”的仅为 1.0%，认为“比较不符”的为 0.8%，认为“一般”的为 6.2%。

也有一些参训干部认为政治理论授课比较虚，不接地气。调查问卷第 52 题“关于政治理论方面，老师讲得比较虚，距离实际比较遥远，不接地气”属于反向问题，意图从反面论证干部在政治理论学习上的收获成效到底如何。其中，认为“完全符合”的人数比例为 18.8%，认为“比较符合”的为 10.3%，这两项比例相加之和为 29.1%，将近 30%。认为“完全不符”的仅为 37.8%，认为“比较不符”的为 19.1%，这两项比例相加仅为 56.9%。认为“一般”的为 14.0%。说明政治理论课程讲授一定要跟实际案例紧密结合起来，才更加具有说服力和感染力。

从总体情况看，对于政治素质的学习，如习近平新时代中国特色社会主义思想、党的政治理论、治国理政方略、重大战略部署、社会主义核心价值观、理想信念、党性锤炼等方面，干部认为通过学习收获较大，认为“完全符合”“比较符合”的比例之和在 91.0%以上，这跟上面访谈中的结论基本一致。

将反向题第 52 题数据转换后，对上述题目作可靠性分析，得出克隆巴赫系数 $\alpha=0.731$，说明上述 5 项指标具有比较高的信度。上述指标统计的均值如表 4－1 所示。

表 4-1　政治理论学习成效认可度①

序号	政治素质学习成效	完全符合（%）	基本符合（%）	加总（%）	均值
1	对习近平新时代中国特色社会主义思想的形成背景、科学内涵和原创贡献有更深入的系统把握	66.4	25.0	91.4	4.55
2	对党的政治理论、治国方略、重大战略部署有更多、更深的了解	66.9	25.0	91.9	4.56
3	对核心价值观有更多认同，更坚定“四个自信”，增强了“四个意识”	70.4	22.4	92.8	4.60
4	坚定理想信念、锤炼党性方面有更大提升	70.2	22.8	93.0	4.60
5	老师讲课实，距离实际近，接地气	18.8	10.3	29.1	3.47

第二节　专业素质提升

被访者大多认为，在知识信息、政策把握、思维方法等方面很有收获，但在专业能力提升方面并不太显著。

一、知识信息、政策把握、思维方法

（一）知识信息丰富：很受用与脑洞大开

1. 补充新知识、更新知识结构、开阔眼界视野

补充新知识、更新知识结构、开阔眼界视野，这是干部教育培训的重要目标。在这方面，章涛（访谈编号：201）用“很受用”、方莹（访谈编号：205）用“脑洞大开”等词形容他们参加培训的收获。所谓“受用”，有受益、

① 第 5 项即调查问卷中的第 52 题“关于政治理论方面，老师讲得比较虚，距离实际比较遥远，不接地气”，由于该题目属于反向题目，数据作反向处理后，均值为 3.47；均值越高说明老师讲课越实，距离实际越近，越接地气。

舒适之意，是学习过程中极有收获伴随情感体验和投入的表现。“脑洞大开”是一个网络新词，意为想象天马行空，联想极其丰富、奇特，甚至到了匪夷所思的地步。用“脑洞大开”形容当时的学习情境，意味着学习到很多知识，并与自己已有工作经验产生了各种联想，这是认知投入的体现，也是学习的收获。章涛本身是技术学科背景出身，公司业务与技术直接相关，即便如此，他于2020年参加某高校中央和国家机关司局级干部“人工智能、大数据和区块链”专题研修班，授课教师中有好几位中国科学院和中国工程院院士，其中一位院士还曾经在中央政治局集体学习大数据时作过讲解，他认为他们授课深入浅出、信息量大，觉得“很受用”。

方莹作为央企部门副总裁，业务干部出身，2019年参加某高校中央和国家机关司局级干部“科技前沿与实践应用”专题研修班的学习。她认为学习先进技术、高精尖研究，真是脑洞大开，可以将这种创新精神运用到现有业务之中。参加北京大学科技专题研修班的程芬（访谈编号：104）系某部委办公厅副主任，她刻意选择距离本职工作较远的科技专题，丰富了自己的知识结构，如通过学习“两弹一星”研究的进程，感动于科学家们的奉献精神；学习石墨烯产业的现状和未来发展，辨别了当前的一些错误宣传和认识等。在某部委担任司长的苏泓（访谈编号：119）认为，中央和国家机关干部吸收新知识、新理念、新思维，非常重要、非常必要。她2020年参加过某高校中央和国家机关司局级干部“推进国家治理体系和治理能力现代化”专题研修班的学习，认为听了北京大学老师讲的课以后启发很大、收获也很大。她觉得让干部抽出一段时间来参加短期培训，四五天、五六天是最好的。苏泓这番话也正好印证了她在知识、理念、信息等方面确有收获之后，进一步强化了对干部参加培训学习重要性、必要性的认识。

2. 学到管理知识，完善知识结构

访谈中，好几个学员对培训期间学习到的领导科学、领导力、管理心理学、执行力等方面的知识，印象深刻。姚颖（访谈编号：204）在访谈中说，没有一个领导干部是学领导学出身，但逐渐走到领导岗位之后，就得加强这方面的学习。对领导干部来说，他们需要谋定规划一个区域、部门或组织的发展战略，需要领导好一个团队，有的还需要亲自落实执行等。某街道办主任袁文（访谈编号：113）2019年在某高校参加为期3个月的脱产培训，在谈到收获时，他认为领导学、管理学等方面的知识令他印象深刻。从领导者本身的素质结构来看，领导者需要复合型素质，既要懂政治、经济、党务，还要懂得其他相关知识。

程芬（访谈编号：104）2020年在某高校参加中央和国家机关司局级干部“全球治理与构建人类命运共同体”专题研修班的学习。从她几次选择学习的专题看，她很少选择与本职工作直接相关的专题。她在总结中写道：“特别是这种跨学科和跨领域学习，能够拓宽视野，丰富知识，提升素质。这次学习的主题，对我今后在工作中更好地把握政治方向，创造性地开展工作，发挥司法在增强我们国家的国际话语权，以及从司法的角度推动全球治理方面具有重要意义。”

3. 学习到相关专业知识

在实际工作中，很多干部肩负着保证安全稳定的工作任务。媒体应对、应急管理、新闻发言人相关流程技巧等，他们在学习之后感觉收获很大。方莹（访谈编号：205）曾经在中国传媒大学接受一周的新闻发言人培训，学习期间，去国务院新闻发布会现场体验了一次，还模拟召开了一场新闻发布会，那一场实战对她个人感触特别深。某镇人大常委会主任吴梅（访谈编号：114）认为培训期间学习到的应急管理知识、心理学方面的知识挺有用。这些比较有收获的专业知识，恰恰与他们的工作实际联系紧密。基层干部经常遇到群众上访，需要做群众工作；企业经营管理人员需要面对客户诉求，跟他们保持沟通。被访参训学员认为，这些知识让他们印象很深。

人文艺术、心理沟通等方面的知识对干部们来说，虽然与直接工作看似并不相关，但对他们的综合素养、身心素质起着潜移默化的作用。某街道办副主任李源（访谈编号：111）谈道：“作为一个基层管理干部，还是要有一些综合知识的积累的，你的文学修养、艺术修养，包括对社会方方面面的一些认识，即便你没用到或者是以后可能也不会用到，但是你掌握各个方面知识，可能会在你判断一些事情上起到潜移默化的帮助作用。”

很多干部参加脱产培训，会感觉自己视野开阔了，估计这与他们平时培训机会少有关。还有个别参训干部认为，在专业知识方面收获更大的不仅在于课堂听讲，而且在于对教师推荐书目的延伸阅读。章谦、章琛、王蓓等都会在老师推荐书目基础上，结合自己的兴趣来读书，这也是知识信息方面的收获。

（二）政策深入把握

脱产培训中，有的主办单位会配合具体政策出台开展专门培训，以精确高效执行该政策。也有的培训项目针对党和国家的重大战略部署，如“一带一路”“自贸区建设”“大湾区建设”“新发展阶段、新发展格局、新发展理念”“推进国家治理体系和治理能力提升”。还有的涉及政治、经济发展前沿趋势，如“中美贸易摩擦”“宏观经济走势”等方面，这些属于宏观政策。史斌（访谈编号：207）认为，“对于如何准确理解当前政策，以及下一步如何去执行，还有制定你自己的落实方案，对你业务的指导等都具有很现实的意义，它真不是空的”。

央企某市分公司总经理董芳（访谈编号：203）则谈道，“在领会党中央和国家最新的一些大政方针政策时，对于提升自身的综合素养，包括管理能力还是很有作用的”。

（三）思维方法提升

除了在系统的政治理论学习中提升方法论和战略思维外，在专业知识的学习中，很多学员也反映，通过脱产学习，可以转变思维观念，提升工作方法。因为长时期在一个单位或部门工作，业务工作熟练后容易形成惯性思维，通过学习获取知识信息的同时，也在激发自己思维，转变思维观念。

某镇人大常委会主任吴梅（访谈编号：114）谈道，“不光对自己能力是一种提升，同时也开阔眼界，并且比较容易打开人的思维。你长期在一个地方，眼界就受限制，有时候思维就比较单一，呈现线性思维。现在你能够用发散性思维去考虑一些问题。我觉得，人说读万卷书不如行万里路，实际上不光是这样，同时你还要听一些名家指点，对你思路的开拓更有意义”。工作时间长了，容易形成定式、惯性，思维就会受到限制。通过培训学习，打破长期工作带来的思维惯性，这也是某区纪委室主任王蓓（访谈编号：115）的观点。

培训期间，学习老师、同学等不同群体看待问题、分析问题的角度，学员认为这也是很大收获。苏泓（访谈编号：119）在学习心得中写道："通过听北京大学专家教授从不同角度对国家治理体系和治理能力进行解读，让我转变思维，从学科研究的角度去思考和审视国家治理相关问题。"此后，在访谈中，她谈道，"对我来讲在知识的获取上，包括对问题的看法角度上都有跟我们公务员思维不一样的东西，我的收获是非常大的。专家看问题的角度和我们公务员看问题的角度其实不一样，让我能够从多个角度来看问题，我的收获还是非常的大"。"学科视角""专家角度"等促使她看待问题思维的方式转变。

某央企部门总裁的章涛（访谈编号：201）从另外一个角度印证了苏泓的上述观点。他2020年参加某高校承办的中央和国家机关司局级干部"人工智能、大数据和区块链"专题研修班，老师们谈到中美科技竞争中国被"卡脖子"时，部委个别干部显得挺着急，他们纷纷问老师怎么办——"你们说吧，要什么政策我们给，怎么弄?"但科学技术本身需要有一个长期的积累过程，不可能一蹴而就。他谈到，"所以大家在沟通之后，这些部委的领导们也有所转变，对这个问题的认识更深了一层"。

某区办副主任祝康（访谈编号：118）认为，"通过培训获取了更多的知识，掌握了更大的信息量，看问题的角度更多元，视野更开阔"。

二、专业化能力提升不太明显

所谓能力，是指完成一项目标或者任务所体现出来的综合素质。从访谈情况来看，在谈到通过培训提升专业能力方面，大多数学员认为比较"有限""不可能""不直接"，这应该与其参加教育培训的定位和要求不同相关。

（一）培训定位不同

专门以能力提升为主的培训会根据能力要求在培训过程中反复演练。如方莹（访谈编号：205）参加的新闻发言人培训，有现场体验、实战模拟，她觉得对她业务能力提高是有帮助的。如果培训项目本身以学习新知识、新理念为主，对能力提升自然不直接明显。武倩（访谈编号：202）本身负责企业干部教育培训工作。在她主导下，针对企业不同人才开设了不同类型的培训项目。比如，她将企业部门、二级公司的优秀班子成员送到北京大学参加学习，并将该项目命名为“锋刃计划”。在谈到专业能力方面，她认为，通过培训使能力有非常大的提升是不太现实的，培训只能是给每个人打开了一扇窗，使其可以收获很多理念，开启新的思考模式。他们企业内部组织的培训中专业化培训居多，可以很好地提升个人的履职能力和水平，提升履职本领。某军校的邓宏（访谈编号：308）教授认为，“培训好比老师打开了一扇门，有的学生走得深入”。

在李丹（访谈编号：102）看来，专业能力提升有限与授课老师相关，因为高校老师偏重理论，讲应用方面有限。李丹和陆巍（访谈编号：110）都建议应该邀请那些做过领导干部的老师上讲台授课，因为他们有着丰富的实践经验，对干部专业能力提升肯定有帮助。李丹还列举国家行政学院邀请曾经做过县长、市长的领导上课，哈佛邀请担任过政府高官、企业高管的人参与授课。陆巍很真诚地跟本研究者建议，邀请已经退下来的领导干部上课，因为他们肚子里有“真经”，而且也愿意讲。

（二）能力提升需要反复实践

需要一定时间反复演练、反复实践，这是提升能力的特点。叶梅、唐灿分别是某市小学党支部书记、某市小学副校长，她们均参加了省内组织的精英教师培训班。为了实现培训目标，她们在学习过程中需要完成严格的考核。她们认为，只有“自己亲自实践了的课程，而不只是老师讲、下面听一听的课程，通过严格考核倒逼的学习方式反而成长得比较好”。

调查问卷中的开放问题中，有一名学员这样认识专业能力提升：“在实际工作中，能潜移默化地提高能力和水平，但通过某次培训就迅速提高能力或者解决实际问题是不可能的。”说明专业能力提升需要在培训之后，通过工作的锻炼才能显现。

三、专业素质成效问卷情况

在专业素质提升方面，设计了5道题目（见表4－2）。

表 4-2　专业能力和知识信息学习成效认可度

序号	专业能力和知识成效	完全符合（%）	基本符合（%）	加总（%）	均值
1	知识和信息量方面收获很大	66.2	26.4	92.6	4.56
2	开阔视野、提升境界等方面收获很大	69.0	24.4	93.4	4.60
3	掌握科学方法、提升专业能力等方面收获很大	63.1	26.8	89.9	4.50
4	提升人文素养、艺术修养或保持心理健康等方面收获很大	63.5	26.5	90.0	4.51
5	拓展思维、转变思想观念方面收获很大	65.6	26.9	92.5	4.55

关于调查问卷中第 53 题“通过参加教育培训，感觉自己在知识和信息量方面收获很大”，认为“完全符合”的人数比例为 66.2%，认为“基本符合”的为 26.4%，这两项比例相加为 92.6%。认为“完全不符”的为 1%，认为“基本不符”的为 0.7%，认为“一般”的为 5.7%。

关于调查问卷中第 54 题“通过培训，感觉自己在开阔视野、提升境界等方面收获很大”，认为“完全符合”的人数比例为 69%，认为“基本符合”的为 24.4%，这两项比例相加为 93.4%。认为“完全不符”的为 1%，认为“基本不符”的为 0.6%，认为“一般”的为 5%。

关于调查问卷中第 55 题“通过培训，感觉自己在掌握科学方法、提升专业能力等方面收获很大”，认为“完全符合”的人数比例为 63.1%，认为“基本符合”的为 26.8%，这两项比例相加为 89.9%。认为“完全不符”的为 1%，认为“基本不符”的为 0.9%，认为“一般”的为 8.2%。

关于调查问卷中第 56 题“通过培训，感觉自己在提升人文素养、艺术修养或保持心理健康等方面收获很大”，认为“完全符合”的人数比例为 63.5%，认为“基本符合”的为 26.5%，这两项比例相加为 90%。认为“完全不符”的为 1%，认为“基本不符”的为 1%，认为“一般”的为 8%。

关于调查问卷中第 57 题“通过培训，感觉自己在进一步拓展思维、转变思想观念方面收获很大”，认为“完全符合”的人数比例为 65.6%，认为“基本符合”的为 26.9%，这两项比例相加为 92.5%。认为“完全不符”的为 0.8%，认为“基本不符”的为 0.9%，认为“一般”的为 5.8%。

总的来看，专业素质提升方面，干部们在知识、信息、政策等方面成效比较明显，但在专业能力提升方面则显得不太明显。对调查问卷中涉及专业素质提升方面成效的5道问题作可靠性分析，得出克隆巴赫系数 $\alpha=0.965$，说明它们具有高度的一致性。统计上述指标均值显示，干部对“在掌握科学方法、提升专业能力等方面收获很大”认可度最低，这与访谈中所得出的结论一致。

第三节　推动工作

大力弘扬马克思主义学风，围绕中心工作，以问题为导向开展教育培训，引导干部在改造主观世界的同时，运用所学理论和知识指导实践、推动工作，这是《干部教育培训工作条例》中明确提出的原则之一。从成人培训角度来说，效果如何最终要体现在工作实际中，也就是评估理论中的“结果层”。某些干部教育培训项目，如中青班、后备班的培养，还承担着干部选拔和任用功能，相关文件也要求将参加干部教育培训情况作为干部任用、晋升的重要依据。因此，本研究着重从学与用之间的关系、个人职务晋升等方面来考察。

一、学用结合：学以致用与学以备用

从培训目的、要求来看，干部脱产教育培训大致可分为以提升专项素质能力为目的的专题培训、以提升综合素质为目的的通识类培训。体现在学用结合方面，专题培训，尤其是以解决某一主要问题为目的的专题培训，在学用结合程度上要更为紧密些。

（一）学以致用

受访人员沙荣（访谈编号：303）、潘达（访谈编号：304）、薛潞（访谈编号：305）、陆娜（访谈编号：306）、张朗（访谈编号：307）、邓宏（访谈编号：308）6人均来自某军事高等院校，2021年1月他们曾经在某高校参加了为期10天的“混合式教学与实践”的培训课。其中，沙荣、潘达、张朗为行政干部；薛潞是教研室副主任、副教授，陆娜是教研室主任、副教授，邓

宏是教授，后3人均为教学科研岗。访谈中，沙荣介绍，2020年因突如其来的新冠疫情导致该校很多线下课程无法开展，不得不转到线上，但老师们在线上教学暴露出一些问题，于是尝试建设混合式教学试点。在建设过程中，发现一些无法解决的问题，于是委托该高校举办“混合教学研究与实践”专题培训班，要求课程内容与此相关，其他诸如人文、宏观形势等课程不要。他们要求参训学员在学习过程中，以2～3人为单位，将课堂内容迅速消化吸收，每晚开展小组讨论，将过去的课堂教案改写成混合教学的方案，内容形式因人而异，主要突出混合教学实施计划方面，最后组织专家答辩。该班共分为18组，每组汇报5分钟，两位专家轮流点评、打分。在访谈过程中，上述6位受访者尤其是3位骨干教师，均认为在宏观理念、具体操作方面都大有收获。学员们自己设计的上述方案将依托该军校的“金课工程”建设成一批线上线下混合式“金课”，以点带面，全面提升他们的课程教学质量与水平。这个培训项目就是以实际问题为中心，运用所学成果解决线上线下混合式教学问题的典型案例。

叶梅（访谈编号：309）、唐灿（访谈编号：310）来自某省同一个市的不同小学，分别担任党支部书记和副校长。她们经该省严格遴选后，被先后送到清华大学参加了不同批次的“精英教师高端研修班”的学习。据叶梅介绍，该班围绕培训的标准设计课程，以学定教、直奔目的，培训过程中考核非常严格。要求学员参加以下三个方面的考核：一是对故事力的考核，这个故事要达到一定的影响力；二是对课程的考核，即撰写4小时的课程设计，要求体现理念、创新性，之后做成课件邀请两位导师在线上对之进行考核；三是对教育思想凝练的考核。唐灿在同样的培训中也经历过同样的考核流程。她认为，考核完全是一个魔鬼式训练，“可能过程是比较痛苦的，但是真正结束之后，你会觉得非常舒服，很充实的感觉”。唐灿介绍，结业后她会经常被领导安排或受其他单位邀请给一些年轻教师上课。2021年4月，唐灿所在区教育局专门成立以其名命名的“区唐灿中小学少先队名师工作室”。同时，2021年秋季，叶梅因为有这段学习经历被该省省会城市某学校看重，不需面试，直接从某地级市小学调到了该小学任教。

很多学员在访谈中均谈到将所学内容运用到实际中的情况。如某街道办副主任章琛（访谈编号：112）介绍，她当时在准备基层组织厨房项目中，就运用了所学“项目管理”课程中的打包运营模式。武倩（访谈编号：202）在谈到面临企业改革时，结合了毛泽东关于农民运动考察报告中的一些思路。刘勇（访谈编号：301）是某边陲城市传媒集团的副总经理，他们创办了国内唯一公开发行的缅文报——《缅甸报》，认为通过参加北京大学的培训为今后提升对外宣传能力找到了一些方法。像这样学以致用的情况，学员们还说了很多。沙荣等6人以及叶梅、唐灿在培训过程中被要求撰写混合式教学案例或者被严格考核，本身就是实际运用的体现。

> 章谦（访谈编号：109）：“就是（跟群众）互相聊天的时候，讲到国家经济形势，我跟他说两句老师的想法，然后人家就觉得我挺厉害的。另外，比如我接待群众的时候，跟这个群众怎么说都不行，后来我就突然想起来老师在课堂上的观点，我就把这个老师说的内容跟群众说了，然后他就觉得我这个领导不是搪塞他，我还是对这个事有一定了解、有一定专业度的。这个时候他就对我产生亲近感，包括对我的敬佩感可能就提高了。”

章琛在谈到做群众工作时认为，如果能够结合老师课堂讲授内容，群众就觉得干部有知识、专业性强，不是糊弄人，能够产生亲近感、敬佩感，这也是对所学知识的运用。

（二）学以备用

学员培训中学习到的知识，有的未必能够马上用得上，但却是从长远考虑需要防患未然，本研究将其称之为“学以备用”。方莹（访谈编号：205）参加中国传媒大学新闻发言人的培训班就是如此。

> 方莹（访谈编号：205）：“我们在中国传媒大学参加新闻发言人的培训，对我们企业来讲，面对大量客户，面对一些外界媒体，特别现在自媒体发达，他们对我们企业的一些突发的事件、一些负面信息特别关注，我们怎么去积极应对外界媒体？作为一家上市公司，怎么去应对这些负面的东西？我们每个业务、每个部门都要积极应对，怎么去掌握这种话术？我觉得这次的学习中涉及到了。我们去了国务院新闻发布会现场，体验了一次，我们还开了一场模拟新闻发布会。我觉得那一场的实战给我的感受也特别深，我觉得像这种培训真正在业务上对我有帮助的，就

是让我知道将来如果说面对这种突发情况，我怎么去应对媒体，我怎么巧妙地回答能够化解危机，对我自己所在的单位有帮助，怎么能够去避免回答一些对我们有不利影响的问题。”

根据方莹的说法，他们企业面对大量客户，现在自媒体特别发达，企业在经营过程中难免会遇到突发负面情况。有了这种针对性培训之后，将来即便面对突发情况，也知道该如何去应对。这种学以备用不是不用，只是暂时不用，是为将来一旦使用作储备。

二、潜移默化：润物无声

在综合素质提升培训方面，有些人文、艺术修养等方面的课程，看起来用处不大，对推动工作没有明显直接帮助，但它对人的信念、价值、情感等起着长期滋养作用，影响着做人做事的行为准则和价值观念，看似无用，其实有大作用，起着润物无声和潜移默化的作用。一部分学员在谈到学习对推动工作影响时，都用了“潜移默化”来表达。

某区团委书记张兰（访谈编号：117）谈道，“大部分的学习和培训，可能当时没有短期的效果。比如当时我们学习的管理的内容，给我们介绍几个图，可能有些当时能用，但是我觉得有一些东西可能效果还是潜移默化的，是这种感觉”。叶梅（访谈编号：309）也有同感，她谈道，“也许你说此时不觉得学到了什么，但是我想这是一个日积月累的过程。很多东西它是一个潜移默化、悄悄变化的过程，可能你无法用什么东西来衡量”。某央企副省级公司部门负责人李健（访谈编号：209）也认为，“好多都是潜移默化地在影响我现在做事的一些选择和一些发展的思路”。在这方面，某镇党委书记（正处级）陆巍（访谈编号：110），在脱产3个月的培训结束近10年后，还对当时讲授的“古典诗歌”“语言艺术”等课程有深刻印象，其他很多课程则差不多忘了。

对参训干部来说，即便所学知识跟现在手头工作暂时没有关系，但对于知识拓展积累，起着潜移默化的作用。李源（访谈编号：111）谈道，“金融方面的知识特别专业，我们这个班的学生真正直接跟金融打交道的不多，个别国企学员可能还知道点。虽然跟我（工作）关系不大，但我听了听，也是拓展自己的知识。作为一个基层管理干部，还是要有一些综合知识的积累的”。

三、职务晋升：影响不太明显

通过教育培训来考察和提拔干部，这是干部队伍建设的有效渠道。对个人来说，干事创业的平台也将提升，推动工作发挥的作用也更加明显。从这个角度出发，通过培训获得职务晋升，不仅是学员个人学习成效之一，也能对推动工作产生实际效果。因此，通过教育培训提拔干部，既是干部队伍建设的需要，也是激励干部认真学习的有效方式。《干部教育培训工作条例》第52条规定：“建立干部教育培训考核和激励机制。干部接受教育培训情况应当作为干部考核的内容和任职、晋升的重要依据。”第55条规定：“组织（人事）部门在干部年度考核、任用考察时，应当将干部接受教育培训情况作为一项重要内容。”一些遴选型班次，如中青班、后备班，将干部选拔、培养和任用有机衔接起来，这些干部在班里学习积极性格外强，这固然与通过严格遴选后干部自身素质优秀相关，更重要的是与提拔导向密切相关。

本研究中访谈过的苏泓（访谈编号：119）、武倩（访谈编号：202）、黄霞（访谈编号：106）分别参加过中央党校（国家行政学院）、省委党校（行政学院）、市委党校（行政学院）中青班的学习。其中黄霞学习完后不久，即由正科级提升到副处级。根据她的描述，中青班在干部心目中的分量还是很重的，他们58名同学中已经提拔了20多个。尽管武倩个人对升迁持淡然心态，但她认为组织上花了很大代价和成本来举办中青班，肯定有省里的意图，“不管未来是不是升迁提拔，都是纳入到我们组织的培养范围，是一种很好的培养方式”。张兰（访谈编号：117）所在的区2018年安排包括她在内的14位同志参加为期3个月的脱产培训，这14人经过组织部严格遴选后最终报经区委书记亲自审定。迄今为止，他们中的大多数人员的岗位都有调整，要么提拔升迁，要么得到重用。而她本人也由团委副书记被提拔到团委书记一职。

本研究中所访谈的董芳（访谈编号：203）、黄云（访谈编号：208）、李健（访谈编号：209）等3人来自同一家中央金融机构的不同省的分公司，他们在经过严格考试选拔之后，才有资格参加某高校脱产培训。这个培训项目由总公司与国内某顶级高校于2000年起开始合作，已有20多年历史。它将干部的选拔、培养、晋升有机融合在一起。他们3人分别于2017年、2018年、2019年经所属省分公司推荐后，再参加总公司教育培训部或人力资源部组织的笔试，通过之后参加脱产培训。其中，董芳、黄云分别参加2017年、2018年为期3个月的脱产培训，学制缩短后李健先是参加了2019年49天基础班脱产培训，2021年上半年又参加了为期一个星期的高端班培训。上述3人均已经被提拔。其中，董芳、黄云均在培训后不久被提拔为某省下辖市分公司总经理。他们现如今在重要岗位发挥着重要作用。

但本研究也发现，上述将培训和提拔结合起来的案例并不多见。在访谈中发现，绝大多数干部认为，虽然培训跟提拔没有直接的、必然的关系，但是却可以作为考察表现的平台。也有一些干部认为，不是为了提拔而参加学习的。提拔干部涉及的因素是方方面面的，参加培训仅仅是其中一个因素，当然这也可以给自己增加履历、提升能力，为提拔提供更好条件。

李源（访谈编号：111）："从我们这么多年提拔干部的人选来看，我并不觉得参加过培训班的比没参加过培训班的有优势，或者说领导考虑提拔谁，可能不会从他参加没参加过这个培训考虑，可能还是从平时对干部的了解、认识，工作的需要这些方面考虑。具体参加没参加过培训，我觉得只是一个辅助条件。影响一个干部任用的因素更复杂、更丰富，培训只是其中特别小的一部分，不能说它一点用都没有。比如说我们已经毕业快两年了，我们区得到提拔的干部有好几十人，但我们这几个人并没被提拔。"

四、推动工作成效问卷情况

关于"推动工作"方面，本研究设计了如下4道题（见表4-3）。

表4-3　推动工作成效认可度

序号	推动工作成效	完全符合（%）	比较符合（%）	相加（%）	均值
1	解答工作多年的困难疑惑很有帮助	46.1	33.0	79.1	4.21
2	可以直接运用到实际工作中	44.7	32.4	77.1	4.17

续表

序号	推动工作成效	完全符合（%）	比较符合（%）	相加（%）	均值
3	提升工作效率、推动工作发展有所成效	49.8	33.8	83.6	4.30
4	对下一步任职或任用的影响	33.2	23.1	56.3	3.64

关于调查问卷的第58题“通过参加教育培训，对解答您工作多年的困难疑惑很有帮助”，认为“完全符合”的人数比例为46.1%，认为“基本符合”的为33%，这两项比例相加为79.1%。认为“完全不符”的为1%，认为“基本不符”的为2.1%，认为“一般”的为17.8%。

关于调查问卷的第59题“参加教育培训的很多内容，可以直接运用到实际工作中”，认为“完全符合”的人数比例为44.7%，认为“基本符合”的为32.4%，这两项比例相加为77.1%。认为“完全不符”的为1%，认为“基本不符”的为2.6%，认为“一般”的为19.3%。

关于调查问卷的第60题“通过本次培训，预计对您下一步提升工作效率、推动工作发展有所成效”，认为“完全符合”的人数比例为49.8%，认为“基本符合”的为33.8%，这两项比例相加为83.6%。认为“完全不符”的为1%，认为“基本不符”的为1.9%，认为“一般”的为13.5%。

关于调查问卷的第61题“通过参加本次培训，预期对您下一步任职或任用的影响”，认为“完全符合”的人数比例为33.2%，认为“基本符合”的为23.1%，这两项比例相加为56.3%。认为“完全不符”的为8.7%，认为“基本不符”的为7.7%，认为“一般”的为27.3%。

对上述4项指标作可靠性分析，克隆巴赫系数$\alpha=0.861$，说明推动工作的4个指标具有很高的信度，将其转化为均值后发现，“对下一步任职或任用的影响”为3.64，远低于其他测量指标，说明跟访谈中的推断一致。

第四节　干部学习成效特点分析

通过深入访谈和问卷调查发现，干部对参加脱产培训在政治素质、专业素质提升以及推动工作等方面取得的总体成效自我评价较好。尤其是参加党校

（行政学院）系统培训的干部，在政治理论、党性修养、理想信念、思维方法等方面的提升尤为明显。但推动工作成效要逊于政治素质和专业素质提升。

一、干部学习成效自我评价总体较好

参训干部对学习成效总体持满意态度，认为脱产学习比其自学、集体学习等方式要好很多。尤其是来自偏远地区的干部，他们认为能够走出来接受脱产培训就是收获。

在政治素质提升方面，参训干部普遍认为，教师的讲解和导学使得他们对相对抽象的政治理论学得更有条理、更加系统、更加透彻。尤其是参加党校（行政学院）系统脱产培训的干部，他们还通过各种方式接受党性教育和加强党性修养。他们很注重价值观、方法论上的提升，认为这是“道”的层面的收获。还有一些干部将政治理论学习与实际工作结合起来，自觉将业务工作置于党和国家的整体战略部署之中。

对于专业素质提升，参训干部认为在前沿知识、视野境界、专家视角等方面收获较大，但在专业能力提升方面，普遍认为收获不太明显。尤其是基层干部，他们来自工作一线，基本上处于政策执行层面，更加倾向可操作性强的课程，相对来说对纯理论课程兴趣度不大。对于参加高校培训，他们有的认为没有击中干部“痛点”。来自中央和国家机关的干部，他们大多从事政策的研究和制定，对新知识、新理念和新思维更加敏感，认为老师的讲解提供了专家视角，对他们全方位思考问题大有裨益。

从问卷调查情况看，将干部学习成效 3 个维度 14 个指标进行可信度测量（见表 4－4），得出克隆巴赫系数 $\alpha=0.920$，说明这些指标具有比较高的信度。在 14 项测量指标中，除对下一步任职或任用的影响、教师讲课不接地气这两项均值低于 4 外，其余均在 4 以上，整体均值为 4.34，意味着干部对学习成效认可度绝大部分在“基本符合”及以上，说明干部的学习成效总体情况自我评价比较好。

表 4－4　干部学习成效各项指标均值排名

序号	学习成效各项指标	均值
1	对社会主义核心价值观有更多认同，更坚定“四个自信”、增强“四个意识”	4.60

续表

序号	学习成效各项指标	均值
2	坚定理想信念、锤炼党性有更大提升	4.60
3	开阔视野、提升境界等方面收获很大	4.60
4	对党的政治理论、治国方略、重大战略部署有更多、更深的了解	4.56
5	知识和信息量方面收获很大	4.56
6	对习近平新时代中国特色社会主义思想的形成背景、科学内涵和原创贡献有更深入系统的把握	4.55
7	拓展思维、转变思想观念方面收获很大	4.55
8	提升人文素养、艺术修养或保持心理健康等方面收获很大	4.51
9	掌握科学方法、提升专业能力收获很大	4.50
10	提升工作效率、推动工作发展有所成效	4.30
11	解答工作多年的困难疑惑很有帮助	4.21
12	可以直接运用到实际工作中	4.17
13	对下一步任职或任用的影响	3.64
14	老师讲课实，距离实际近，接地气	3.47

二、干部政治素质提升明显

根据问卷调查，政治素质、专业素质、推动工作 3 方面均值分别为 4.36、4.54、4.08。说明学员们对专业能力和知识信息学习成效收获的认可度最高，其次是政治素质，排在最后的是推动工作，且差距较为明显。调查问卷的数据显示跟访谈基本一致。但将上述 3 个维度具体 14 项指标统一排序看，在并列前三的具体指标中，政治素质指标占据了 2 个，即“对社会主义核心价值观有更多认同，更坚定‘四个自信’、增强‘四个意识’”“坚定理想信念、锤炼党性有更大提升”2 项，与“开阔视野、提升境界等方面收获很大”以均值为 4.6 并列排在第 1 位。

“对党的政治理论、治国方略、重大战略部署有更多、更深的了解”和“知识和信息量方面收获很大”以均值 4.56 并列排在第 2 位，“对习近平新时代中国特色社会主义思想的形成背景、科学内涵和原创贡献有更深入系统的把握”和“拓展思维、转变思想观念方面收获很大”以均值 4.55 并列排在第 3 位。除“老师讲课实，距离实际近，接地气”排名最后之外，政治素质其余

4 项指标均值均排在前 3 位。尽管政治素质总体均值因最后一道反向题目拉分，使得整体均值低于专业能力和知识信息，但正向题目的 4 道题均值排名靠前。说明干部教育在加强政治认可、政治忠诚，提升政治素质方面的成效比较明显。

三、推动工作成效差距明显

从访谈情况来看，被访者普遍认为推动工作成效不那么直接。有些学习内容在运用上可以立竿见影、学以致用，但有些内容对推动工作成效并不明显，而是潜移默化、终身受用的。

问卷调查中 4 项测量指标“提升工作效率、推动工作发展有所成效”“解答工作多年的困难疑惑很有帮助”“可以直接运用到实际工作中”“对下一步任职或任用的影响”均值依次为 4.3、4.21、4.17、3.64，说明干部教育培训在学用结合、理论联系实际、推动工作方面还有一定差距。作为与实践联系比较密切的专业能力提升方面的认可度，均值为 4.50，排在所有政治素质、专业能力与知识信息（除政治素质反向题目之外）的 8 项指标之后，排在第 5 位。当然，它们都排在推动工作的 4 项指标之前。

学用转换之间涉及多种因素和变量，其中一个重要前提是有“用”的机会。有些工作涉及岗位职责和管理权限，学完了不一定马上能够用得上。访谈中，章谦（访谈编号：109）谈到培训时，对学习“舆情管理”一课很有体会，但真正发生舆情后，处理权限被上级拿走，自己根本没有“用”的机会，也就更谈不上推动工作。

章谦：“那个讲‘舆情’的老师讲得特别好，我本身也是管舆情的，按理说像这种时候我应该是可以学以致用的，但是我一次都没用上。”

笔者：“你也没遇上舆情吧，对不？”

章谦：“我遇到舆情了，但我们这个舆情（处置）直接被区委宣传部和市妇联，就是我的上级单位，直接拿走了。”

笔者：“不用你去处理是吗?”

章谦：“是，（我）没有处理的权限。”

第五章

影响因素与影响机制分析

本章导语

- 运用扎根理论方法，归纳出学习投入、学习成效的核心影响因素，为组织支持和卓越教学两大因素。
- 组织支持在整个干部教育培训中起统领性和决定性作用，相应地，在干部学习投入和学习成效中起着主导作用。具体来说，组织支持只对干部学习投入产生直接作用，对卓越教学并不直接产生作用，对学习成效也不产生直接作用，而是通过学习投入这一中介发生作用。
- 卓越教学对干部学习投入、学习成效起着直接作用。单就学习成效来说，卓越教学既起着直接作用，也可以通过学习投入起间接作用。在整个影响因素中，卓越教学的直接作用显得极为关键。
- 学习投入既受到组织支持的直接影响，还受到卓越教学的直接影响，并对干部学习成效起直接影响作用。规则性行为投入对学习成效不直接产生作用。行为投入中的积极主动，认知投入中的深度思考、反思学习等涉及高级思维投入，与实质学习过程高度吻合或者就是实质性学习活动本身，它们直接影响学习成效，是取得学习成效的充分条件。
- 本研究构建的影响机制为：组织支持主导、卓越教学直接作用下的干部学习投入与学习成效影响机制。

第一节　主要影响因素

第三章关于干部学习投入状况部分，分别就影响干部行为投入、认知投入和情感投入的直接因素作了初步分析。其中，影响行为投入的因素有制度要求、后勤保障、生活负载 3 项。影响认知投入的因素有专题设计、参训方式、已有基础、角色认知、教学水平 5 项。影响情感投入的因素有组织关心、办学单位、师资魅力、同学交流 4 项。本研究者在访谈中发现，还有 9 项因素对学习投入起着一定影响作用：工学矛盾、领导重视、严格考核、提拔任用、学时安排、培训目标、分级分类、教学方式、部门支持。这样，初步可以归纳得出影响学习投入的因素有 21 项。

根据质的研究方法，需要对上述 21 项影响因素进行类属分析，尽可能将属性相同的因素归纳为同一因素。由上可知，教师水平和师资魅力均与教师教学水平有关，可以合并为“师资水平”。工学矛盾属于生活负载中的一部分，可以将工学矛盾并入“生活负载”。“领导关心”某种程度体现为组织支持，可以将领导关心并入“组织支持”；部门支持中的“部门”可视为组织的一部分，可以将其同样并入“组织关心”。培训目标、分级分类、学时安排等均从属于专题设计，可以用“专题设计”来统摄上述 3 项因素。严格考核属于“制度要求”的一部分，将严格考核合并到“制度要求”之中。这样得出影响学习投入的直接因素为 13 项。

在制度要求、后勤保障、生活负载、专题设计、参训方式、已有基础、角色认知、教学水平、组织关心、办学单位、同学交流、提拔任用、教学方式 13 项直接因素中，根据质的研究方法进一步进行类属分析，提炼核心类属因素。可以发现，上述 13 项直接因素可以凝练为组织因素、教学因素、个体因素和后勤保障 4 个主要因素。这种对具体因素进行核心类属归类，其思想与计量研究中的“因子分析法”相通。各核心因素所包括的类属因素如表 5－1 所示。

表 5-1　影响学习投入的直接因素

序号	主要因素	类属因素
1	组织因素	组织关心、制度要求、参训方式、提拔任用
2	教学因素	培训单位、专题设计、教学方式、师资水平
3	个体因素	生活负载、已有基础、角色认知、同学交流
4	后勤保障	后勤保障

经过类属分析，影响学习投入、学习成效的主要因素是组织因素、教学因素、个体因素和后勤保障 4 项。以下就这些主要影响因素的具体内容作进一步分析。

一、组织因素

（一）组织关心

组织关心包括领导重视、组织重视等方面。

1. 领导重视：决定着学习机会

领导科学对“领导”的研究，可以将其当作领导者与追随者之间的追随关系，是一个过程，最终实现目标。在本研究中领导重视中的“领导”，是名词，意为领导者。“领导”尤其是“一把手领导”，承担着一个地区建设发展、一个行业系统高效治理、一个部门有效运转等职责，掌握一定资源分配权力和重要话语权。在中国社会，领导重视至关重要，很多工作需要领导重视和推动。

在干部教育培训领域，领导重视与否直接决定培训班次是否举办、干部是否具有脱产学习机会。除每年党校系统举办各种常规主体班次、进修班之外，其他专题培训班次最终需要主要领导拍板决定。各部门、各单位直接负责干部教育培训的具体负责人员对此深有体会。某部委负责培训工作的副处长李丹（访谈编号：102），在访谈中强调领导对干部教育培训重视的重要性，引起了本研究者的重视。

某市网信办副主任王红（访谈编号：108）此前担任过某市委组织部干部教育科科长。关于这一点她谈到 2013 年、2014 年连续将市管处级干部分批送到北京大学、清华大学轮训的情况。该市是处于西南某省的地级市，经济相对落后。以往按照往年财政经费预算，每年用于干部教育培训的专项经费仅40多万元。但其组织部部长是博士，非常重视干部教育，在上报市委并经市委书记同意后，拨出专款用于这部分干部教育培训，培训效果确实很好。

> 王红："除了个人主动学习的这种意识之外，与区域或者是单位的领导是否重视，跟学习氛围的营造也有很大的关系。比如我们2013年和2014年的组织部部长是博士，对学习这块非常重视，他觉得干部教育应该受到很大重视，所以在那两年就让我们推动了大规模地到清华大学、北京大学等高校培训这样的风气、氛围。"

王红提到的组织部部长是具有一定决策权力的领导，市管干部异地参加干部教育培训最终需要市委书记这一主要领导批准。在这点上，被访者武倩（访谈编号：202）与本研究者在几次干部教育培训合作中，可以从另外角度说明领导重视的极端重要性。2016年之前，武倩是某省一家具有百年历史的大型国企党委组织部副部长，她非常注重个人学习，曾经利用国庆、春节假期多次飞赴北京，自费参加中国科学院心理学专业硕士研究课程班学习。但她的决策权并不大。2016年她晋升为党委组织部部长，随后又进一步晋升为集团党委常委，有了部分决策权。她带领团队针对不同层次、不同级别干部制订了一系列培训计划，如集团最重要的干部培训，她将项目命名为"锋刃计划"，意为好钢用在刀刃上。2016年、2017年她连续2年将重要干部送到北京某著名高校学习，作为实施"锋刃计划"的具体举措。2018年，该项目原计划继续照常实施，培训学时跟前2年一样，仍然为2个星期。在双方签订协议、教学计划均已妥善安排的情况下，集团总经理认为2个星期时间过长，要求压缩至1个星期。武倩为此不得不专程赶来北京解释此事。2019年以后，该项目再未举办。这也从反面说明领导尤其是一把手重视培训的极端重要性。

领导重视还体现在严格要求和具体细节上。仍以王红讲述为例，他们将市管干部送到北京学习，要求学完之后每人撰写心得体会。组织部部长对这些心得体会逐一审阅时，发现4名干部的心得体会居然雷同，于是向市委书记报告，书记在全市领导干部大会上点名批评这4名干部。对于优秀的心得体会，刊载在当地市委机关报。王红认为，“领导的重视与营造良好学习氛围有关”。

领导重视还体现在亲自参加授课上。如中央党校（国家行政学院）近几年举办干部培训班次，习近平总书记每次亲临开班式并发表重要讲话。地方党校（行政学院）举办干部培训班次，省（市）委书记、专职副书记、组织部部长等重量级领导还会参与授课。

除所在地区、所在部门主要领导重视之外，还与干部教育培训具体项目相关的各级领导的重视有直接关系，如干部所在部门的直接领导、分管领导，培训机构领导。

2. 组织重视：组织部门重视和所在部门支持

组织关心包括部门领导和部门支持，还有来自干部所在组织部门的关心，以及工资福利的照常发放等方面。

从干部所在组织部门来看，首先是参训干部的遴选，一些重要班次并非人人普惠，而是组织部门初步遴选参训干部之后报该地区主要领导批准。遴选标准的最大依据就是对干部以往工作表现和工作成绩的认定。培训之前，有些组织部门相关负责人会亲自将干部送到培训机构学习；培训中期，会经常与学员保持沟通，了解情况；培训结束后，有的会召集参训学员座谈。不仅如此，组织部门作为干部管理部门，对干部考核、评估、晋升等起着重要作用。组织部门的关心对参训干部提高学习投入非常重要。

从部门支持来看，部门支持与工学关系直接相关，体现在培训期间部门领导和同事会对其所承担的工作予以一定分担，尽量做到不打扰或少打扰。有了部门支持，学习就会少一份牵挂，多一份专注。部门的支持，最为重要的又要取决于部门直接领导的支持，部门“一把手”参训，则很大程度取决于其分管领导的支持程度。

（二）制度要求

1. 制度约束

在影响行为投入初步因素分析中，将制度因素放在了第一位。从问卷调查情况来看，干部遵守培训纪律和考勤制度，排在了所有学习投入指标中的前两位，说明全面从严治党背景下强化干部培训纪律具有显著成效。

但是否严格执行制度取决于组织方是否有强化、监督等措施。从问卷调查来看，关于“组织方或办学单位对参训干部有严明的纪律要求与学习要求”一题，认为“完全符合”的人数比例为 67.6%，认为“比较符合”的为 24.5%，这两项比例相加为 92.1%；只有 1.8%的人员认为“完全不符”，1.1%的认为“基本不符”，还有 5%的认为“一般”。

关于反向问题“组织方或办学方对学习要求并不高，只要大家不违反纪律、完成任务即可”，认为“完全符合”的人数比例为 14.7%，认为“基本符合”的为 12.9%，两者相加为 27.6%。

以上说明绝大部分干部培训在纪律方面是非常严格的。从反例来说，纪律要求不太严格或不太明确的，确实影响干部学习投入，前文已经举出反例。

2. 严格考核

培训过程中对学员实行闭卷考试，撰写心得体会、结业论文、教学案例等，这些都是考核方式。严格的考核制度可以倒逼学员增强学习投入尤其是认知投入度，促进学用结合，从而提升培训成效。考核，虽然是教学环节中的一环，但对参训干部要求考核的，组织的明确要求更为有效。

除前文中提到的“混合式教学实践案例”和“精英教师高端研修班”实行的严格考核外，有的单位或公司还安排导师进行现场答辩，开展评分评优。过程虽然很辛苦、很劳累，用唐灿的话来说，甚至是“魔鬼式训练”，但结束以后学员印象深刻，收获很大。张茜（访谈编号：101）2021 年在中央党校（国家行政学院）学习 2 个月，要求提交 3 000 字的论文或者提交 5 000 字左右的课题论文。张茜选择了后者，并在要求之外自己加压做了问卷调查。她认为，自己熬夜、无午休地赶材料，最终还是扛过来了。她谦虚地认为，“我的这个论文，周围知道的师生，引起关注还可以，主要是沾了问卷调查的光”。对于为何把自己弄这么辛苦，觉得自己是“劳累命”，因为“说完不练要嘴皮——自己不屑的做派”。张茜的观点表明，要想学得深入透彻，真正入脑入心，要有“练”的过程，只学不练，肯定难以深入。尽管过程艰辛劳累，张茜本人显得淡泊坦然，但责任意识以及成果得到师生认可的那种成就感，即便透过微信文字，也能让人感觉得到。当然，并非所有项目都有严格考核，并非所有干部都喜欢严格考核。大多数干部教育培训项目因学习时间短，不便进行考核，仅以出勤、学时等情况作为结业依据。能否进行严格考核，表面是教学因素，实质上与培训目标一致，取决于委托单位或主办单位的要求，而不在于培训机构。

（三）参训方式

在影响认知投入初步因素分析中，将“遴选式”“自选式”作为促进认知投入的参训方式予以细致分析。“遴选式”又可分为提拔导向和调整导向。中青班、后备干部培训班等通过组织部门严格遴选参训，不仅自身素质高，而且组织部门带有明显提拔意图，要求也严格，干部学习投入自然也高。

免职培训对于一些干部来说带有提拔或重用意图，但对于另外一些干部来说则带有调整意图。李叶（访谈编号：103）认为这种不确定性多少会影响到干部学习投入。她谈道，“干部免职培训对学习投入有影响，虽然时间、精力可以保障，但有一大堆不确定性，主要对心理状态有影响，有的是正向激励，有的可能反向。基于这样的心态，怎么会投入？组织难以疏导，完全靠自己的状态，投入到学习中去，很难。投入状态因人而异，自己带了几期班，感觉差异明显”。李叶作为干教科科长曾经组织过免职培训，其本人也参加过免职培训且结束后好几年内未被重新安排岗位。当然，从目前情况来看，免职培训在干部教育培训项目中所占比重并不大。

“自选式”基本上由个人根据自己需求选择培训项目，包括办学单位、参训专题、培训时间等，个人意愿得到一定程度满足，培训适配度较高，学员学习积极性就强。当然，“自选式”也并非放任个人随心所欲，自行选择。即便在“干部自主选学”“干部选学”阶段，也特别强调组织框架之内的选学，同样带有很强的组织性。2015 年修订的《干部教育培训工作条例》取消“干部选学”这一方式后，目前个别单位、部门在调配干部参加脱产培训时，适当延续了尊重干部自己选择的这一做法。根据自我决定论，“自选式”干部培训可以满足干部自主需要，因此可以增强干部学习动机，促进干部学习投入。

从反例来说，为完成某项培训任务不得不被安排参加的“被安排式”，要求大家普遍参加的“常态式”，干部学习投入往往不太高。从另外角度来说，大部分“被安排式”“常态式”培训项目，更加要求学员增强学习投入。

（四）提拔任用

前文在推动工作部分中，将培训后对干部任职任用是否存在影响，作为推动工作的一项指标来测量，这是从学习成效角度来谈。很显然，干部参加培训之后如果得到了提拔升迁，一方面固然调动了其工作积极性，另一方面因为职级上升、岗位重要对其能力水平也提出更高要求，某种程度也迫使他不得不将通过脱产培训学习到的本领运用到工作实际中，从而达到推动工作的效果。不在其位，不谋其政；在其位，谋其政。因此，前文将个人晋升列入推动工作之内。

从促进学习投入的因素来说，如果干部感知培训后可以得到提拔任用，这反过来又能够促进干部学习投入。2012 年，中央组织部干部教育局在代中共中央起草《2013—2017 年全国干部教育培训规划》时，起草组曾就“干部教育培训与干部选拔任用相结合问题”进行专题研究。[①] 但本研究发现，绝大多数干部对培训与提拔升迁之间的关系认识非常理性，除中青班或后备班带有明显提拔导向外，绝大多数干部认为二者之间并无直接关系，干部培训顶多是考察干部的平台。从这个角度来说，“提拔任用”在绝大多数培训项目中并无直接明确引导信号；绝对多数培训项目并不以提拔任用为直接培训目的，也不能将其视为促进学习投入的普遍因素来加以要求。

干部教育培训，由主办单位根据相应培训目标来确定培训主题、培训内容和授课师资，指定或委托相应办学机构具体实施，并承担相应经费成本。干部参加脱产学习，由相应组织或单位或部门安排，无须自行承担培训学费和住宿费、就餐费等成本，培训期间享受正常的工资待遇等。这与完全由自己选择办学单位、培训项目、自行承担培训费用等个体行为完全不同。能不能有机会参加脱产学习、到哪里学习、学习什么、学习多久等均不能由干部个人决定，而是由主办单位所决定。因此，在影响干部学习投入、学习成效的所有因素中，组织因素起着主导作用。

在上述组织因素所概括的组织关心、制度要求、参训方式和提拔任用 4 项具体因素中，“提拔任用”除在中青班、后备班等中具有明显培养导向外，在其他绝大部分培训班次中无直接关联；“参训方式”方面总体以组织调训为主，干部自选余地相对较少，这两项对干部学习投入和学习成效具有一定影响，但相

---

① 王建军：《干部教育培训与干部选拔任用相结合问题研究》，载中共中央组织部干部教育局编《干部教育培训研究——21 个专题报告》，党建读物出版社 2013 年版，第 418—430 页。

对较小。总体来看，组织关心、制度要求这 2 项对干部学习投入、学习成效影响更大。可以将组织因素进一步凝练为“组织支持”，包括组织关心和组织要求等。

二、教学因素

经过编码和类属分析，教学因素包括培训院校、专题设计、教学方式和师资水平。

（一）培训院校

历史悠久、底蕴深厚的著名高校代表着优秀品牌、权威师资和雄厚教学实力，最容易令学员们产生神圣感、庄严感和敬畏感，让他们有一种重温大学美好时代的“圆梦”感觉，这是促进他们提升情感投入的重要因素。尤其高水平师资力量、高质量教学效果，可以促进学员增强行为投入和认知投入。对此，访谈中，黄云、刘勇、李健、董芳、邓宏等都谈到过。这方面，前文关于情感投入因素已经分析到。黄云（访谈编号：208）还将去一般 985 高校、地方院校与参加国内著名高校培训的感受都作了比较。

> 董芳（访谈编号：203）：“它是我们中国最高学府，感觉让人生更为圆满，能够去那里学习也就提升了自我价值，所以我是有比较深刻感受的。你去了北京大学学习，就获得了更大的沟通交流的平台。”

调查问卷第 38 题“您对参加脱产教育培训的办学单位特别喜欢，因为它有着悠久历史、深厚底蕴、优良的校风学风和良好的氛围”，既测量干部学习的情感投入，也了解对培训机构的看法。其中，认为“完全符合”的人数比例为 75.1%，认为“基本符合”的为 17.8%，两项比例相加为 92.9%。说明绝大部分干部非常认可承办培训的院校。

不仅普通高校，革命圣地井冈山、延安的干部学院，也能让学员产生“朝圣”心情。某部委办公厅副主任樊举（访谈编号：105）在访谈中也谈到这点。

当然，在干部教育培训市场机制下，选择到什么样的培训单位，取决于供需双方，即取决于委托单位和办学单位之间的有效沟通。其中，委托单位的选择起着主要作用。

（二）专题设计

专题设计包括培训目标、分级分类、培训内容、学时安排。

1. 培训目标

培训目标越明确、越具体，对促进干部学习投入作用越明显。某军校委托北京大学举办的“混合式教学与实践”培训班和某省举办的“精英教师高端研修班”就属于这种类型。这类培训往往又与严格考核密切相关。目标明确、考核严格，促使学员不得不认真投入学习。但培训目标主要由委托单位或主办单位来确定。

2. 分级分类

对干部采取分级分类开展培训是《干部教育培训工作条例》明确规定的一项原则，有利于在差异性较大的干部培训中取得最大共性。虽然本研究将分级分类列为教学因素，但学员遴选或组织在于委托单位或主办单位，培训机构对此发言权不大。在实际操作中，往往难以做到绝对分级分类。如某部委举办的部委机关及直属单位干部专题研修班，在干部类别上，既有机关党政干部，也有所属单位的企业经营管理人员，还有部分专业技术人员；在级别上，从司局级到科级甚至以下都有。也有分类不分级，或者分级不分类的。如中央组织部委托举办的中央和国家机关司局级干部专题研修项目中，干部级别都是司局级，从干部类型看，有党政干部和央企经营管理人员等。调查问卷开放式问题部分，不少参训干部写到了希望分级分类开展培训。

3. 培训内容

学习内容是干部最为关心的问题。办学单位会根据委托单位确定的培训目标、学习内容，来设计培训内容。培训内容首先强调组织需求、岗位需求，然后才是个人需求，体现出培训的针对性和匹配度。但组织需求、岗位需求与个人需求很多时候往往并不匹配，比如组织要求学习的某门课程，某个学员却未必感兴趣或者认为对自己管用。

> 唐灿（访谈编号：310）：“我觉得课程设置应该是首当其冲最重要的。就是说课程设计方面，这些专家都是根据我们学员的需要来聘请的。培训的最终目的还是希望能够让学员受益，就是说他们需要什么，你就给他们什么。”

唐灿谈到的课程设置，强调根据学员需求来设置，既包括培训内容，也包括师资安排等。

4. 学时安排

从实际办学情况来看，短期干部专题培训，以1个星期学时居多。访谈中，个别学员认为1个星期左右的培训不利于促进干部学习投入，很多干部刚刚适应环境，培训就结束了，认为2个星期或1个月左右比较合适。武倩（访谈编号：202）很不认可那种学时很短的培训，认为是“吃快餐”，还是需要一定的时间打磨。但黄云（访谈编号：208）认为，要么1天的培训，要么是时间比较长的培训，才能够促进干部学习投入，才有成效。但学时安排，受制于干部工作安排和经费成本。从根本上来说，受制于委托方或主办单位，办学单位基本上属于执行角色。

在专题设计方面，调查问卷中有一道题，即“您觉得整体培训的课程设计，跟自己的工作岗位和实际需要的匹配程度很高”，认为“完全符合”的人数比例为48.2%，认为“比较符合”的为32.7%，两项比例相加为80.9%；只有1%的认为“完全不符”，1.9%的认为“基本不符”，还有16.2%的认为“一般”。说明在课程的匹配度和针对性上，对比其他指标，学员认可度还不算高。

（三）教学方式

查阅以往文献资料，结合本次研究访谈和问卷调查，绝大部分学员对于案例教学、体验教学、实践教学、互动教学、模拟教学、研讨交流等教学方式表示欢迎。与填鸭式、满堂灌课堂教学相比，上述教学方式更容易促进学员深度投入。

> 章谦（访谈编号：109）：“现在受欢迎的培训都是互动式的，比如说你是在做团队建设之类，这种培训是受当地领导干部欢迎的，包括参观式的这种能够带来直观感受的。而不是上升到你给他讲道理，然后他再去自己转化的，他们都不喜欢这种的，可能是因为他们觉得培训对于他们的繁忙工作来说是一种福利。”

在这段话里，章谦谈到，当地干部喜欢互动式、参观式学习，而不太喜欢听老师讲大道理，然后再去转化。原因在于，这些干部平时工作太繁忙，参加培训如果再听大道理再去转化，就更累。

当然，采取何种教学方式取决于培训目标、教学内容等。从党校（行政学院）、干部学院和普通高校等不同类型干部培训机构来看，党校（行政学院）和干部学院属于从事干部教育培训的专门办学单位，是干部教育培训的主阵地、主渠道，对于干部教育培训教学方式的研讨和运用要更加重视。高校开展干部教育培训，侧重于专业素质培训，包括新知识、新理念传授，据本研究者所知，基本以传统的课堂面授为主。

（四）师资水平

教师、学生、教学内容、教学方法、教学技术等构成了教学过程中的核心要素。本研究着重研究学员的“学”，但真正对“学”起最直接作用的就是“教”的水平和质量。师资水平，无疑是所有影响因素中最为核心的因素。被访者章涛（访谈编号：201）认为，“老师的水平肯定是最关键的”。在师资方面，干部们比较注重以下因素。

1. 教师的知名度

知名度高的老师，代表着某个领域的声誉、实力、分量，自然能够吸引学员投入。叶梅在访谈中，就参加精英教师培训，多次提到授课师资中的“大咖”。张兰认为，“给我们上课的一些老师，确实是各行各业比较大牛的人物了”。与学员比较起来，主办单位更愿意追求授课知名度，如某中央部委在统计授课师资时，一般将学校领导、两院院士、教育部“长江学者”特聘教授等带有职务或学术荣誉的教师单独统计。但教师知名度高，是否一定能促进学习投入、带来学习成效？值得商榷。

2. 教学的政治性

干部教育培训具有极强的政治属性，教师授课非常强调意识形态。中央文件一再强调“学术无禁区，讲坛有纪律”，要求不得在课堂讲授与中央精神不一致的内容。

3. 教学的思想性

这一点体现老师的思想、观点、思维和视角，有独到见解，而不人云亦云。现代信息技术发达，大家通过移动互联网技术随时可以学习各种观点、思潮。现在干部文化程度普遍较高，授课老师没有真知灼见，单凭应用网络文章观点，很难打动学员。本次问卷调查发现，在回收的 4 261 份问卷中，具有本科学历的参训干部占比为65.9%，具有硕士研究生学历的占比为24%；博士研究生学历的占比为4.0%。这说明参训干部中拥有本科以上学历的占据了绝大多数。苏泓（访谈编号：119）认为，“我觉得从老师讲的课里边有所触动，不是说我全盘吸收了，只要触动到我某一点，其实也是一种收获。如果你连这种触动都很少有，可能这个班的学习效果就很有问题了”。前文提到，王红（访谈编号：108）说老师讲课效果好，连上厕所都不想去。

4. 教学的实践性

在教学过程中，不能就理论而讲理论，而是要结合实际讲授。有些教师并非学术水平不高，但往往讲课效果欠佳。用李源（访谈编号：111）的话来说，“老师的讲课水平不是老师的理论水平，是老师理论结合实际的水平。结合实际结合得好，这课就成功一大半。理论结合实际结合得不好，讲纯理论，可能这个班的质量就打点折扣，大家伙接受起来难度大一点，会影响这班的培训质量。”强调教学的实践性，这与倡导理论联系实际的学风、与干部教育突出问题导向、与诺尔斯的成人教育学理论强调“问题中心”等是一致的。

5. 教学的针对性

教学要符合学员实际水平，找学员需求“痛点”。授课要考虑学员现有知识水平，如针对领导干部讲授科技前沿知识，科普即可，不能过于专业、深入，否则学员难以接受。

6. 教学的艺术性

教学的艺术性涉及教师的表达方式。一般来说，语言生动鲜活、讲解深入浅出，逻辑清晰、风趣幽默的老师，课堂效果要好，比较“抓人”。当然，也有的老师底蕴深厚，无须借助其他教学技术，娓娓道来，也很受欢迎。通过访谈可知，很多学员不喜欢讲课枯燥、无味、无趣的师资，在这样的课堂上容易“走神”“分神”。某市委副秘书长李政（访谈编号：107）在北京某部委所属干部学院学习1个月，谈道，“那天我听一个北京教授讲《共产党宣言》，就有很多人打瞌睡。实事求是地讲，很枯燥、很无味。有些老师一讲出观点，我们就一下子被吸引了，都会很专注、很认真地去听”。

还有个别老师讲授与主题不相关的内容，也很容易引起反感。周胜（访谈编号：116）用“讲课很水”来形容这样的老师。李政很反感老师课堂上宣称跟谁谁是兄弟、跟谁谁是朋友，谈道，“我觉得作为一个教授，你上课不用讲这个事，跟谁谁又是好朋友，你没必要摆这个，是不是？我觉得你要讲你的观点、你的学术、你的成果”。

本研究从态度、内容、方法、水平等方面设计了7道题。除“课程与实际需求匹配度高”的调查问卷结果，在前面“专题设计”已经介绍外，其余4个方面6道题的回答结果，从认可度和均值来看，学员对授课老师在教学水平上的认可度比较高，总体均值为4.52。其中，对教师的教学态度认可度最高，均值为4.64；其次是老师授课信息量大，有思想、有观点，均值为4.56；排在第三位的是认为教师授课水平很高，均值为4.55；比较注重教学方法均值为4.52排在第4位。并列排在最后的是，“在调动学员参与度”方面和“授课内容与培训目标跟自己预期一致”，均值为4.44，说明教师在这方面确实还需要下功夫。表5-2为教学水平各项指标不同程度的认可度和均值。

表5-2　教学水平各项指标认可百分比及均值

序号	题目	完全不符（%）	基本不符（%）	一般（%）	比较符合（%）	完全符合（%）	均值
1	绝大部分老师授课态度很端正、很严谨、很敬业，能够有针对性地备课	1.1	0.7	4.3	21.0	72.9	4.64
2	绝大部分老师授课内容与培训目标一致、跟自己预期一致	1.1	1.2	8.2	31.0	58.5	4.44
3	绝大部分老师授课内容信息量大，既有理论又有案例，还有独到的思想、观点和见解	0.9	0.9	5.5	26.0	66.7	4.56
4	绝大部分授课老师比较注重讲授方法，能够做到深入浅出、生动风趣	0.9	1.1	6.8	27.1	64.2	4.52
5	绝大部分授课老师在调动学员参与度上，做得很好	1.1	1.2	9.9	28.0	59.7	4.44
6	绝大部分授课老师的教学水平很高	0.9	0.9	6.4	25.8	66.0	4.55

师资水平如何，直接决定着学员学习投入状态，是教学因素中最直接的因素。当然，选择什么样的课程，意味着选择什么样的师资，需要办学单位与委

托单位或主办方协商确定。在师资选择方面，委托方或主办单位也起着重要作用。

从干部教育培训整体流程来看，教学环节是整个流程中的核心关键环节，因此，教学因素是影响干部学习投入和学习成效的核心关键因素。在教学因素中，办学机构的声誉固然能激发学员情感投入，教学方式一定程度也能影响干部学习投入。专题设计尤其是培训内容，体现了干部学习需求。好的培训内容需要有授课老师良好的教学来传递。可以将教学因素进一步凝练为本研究的核心概念——卓越教学。

三、个体因素

（一）生活负载

生活负载对学习投入起消极影响，因为它消耗着生活余力。第三章通过访谈和问卷调查对生活负载方面进行了详细分析，大部分干部认为工作非常繁重，有的认为压力非常大。在工作、家庭和个人健康三者对学习干扰方面，工作因素影响最大、家庭事务次之，身体状况影响最小。

提到生活负载，就不得不提到工学矛盾。工学矛盾是干部教育培训中的高频词。干部教育培训的总结中，经常见到将其作为存在的问题或存在问题的原因。如《〈2018—2022 年全国干部教育培训规划〉课题研究报告汇编》，共有北京市委组织部等 7 家单位对“一把手”“基层干部”“中青班”培训开展研究，除 1 家单位之外，其余 6 家单位均将“工学矛盾”作为存在的问题之一。[①] 所谓工学矛盾，简而言之，就是因为工作不能离岗而无法参加学习，或因工作干扰分散学习精力。但将工作和学习之间上升到相互对立的矛盾关系，似有为不能做好干部教育培训“甩锅”之嫌，肤浅解读二者之间的相互关系。毕竟，工作是成人的主要职责和常态，工作是最终目的，教育培训是手段；干部学习的最终目的是学以致用、推动工作。因而，学习过程也是围

① 中共中央组织部干部教育局编《〈2018—2022 年全国干部教育培训规划〉课题研究报告汇编》，党建读物出版社 2018 年版，第 341、第 356、第 385、第 492、第 504 页。

绕工作中的实际问题而开展，不应将二者关系上升为“矛盾”。实际上，前面分析到的免职培训，形式上算是彻底解决了工学矛盾，但实际效果却未必真正好。本章第一节分析了免职培训的效果。

本研究认为，将工作和学习之间的关系定为工学关系更为客观，既要看到工作事务确实对学习投入带来消极影响，但也不必夸大二者之间的矛盾。

（二）已有基础

根据自我决定理论，个体的“自主需要”“能力需要”“归属需要”得到充分满足，这是实现个体完全自我高度整合的动机的重要条件，国外文献中将这三个需要的满足视同产生动机。

对应干部教育培训，这三种需要可以分别体现在以下方面。“自主需要”，即干部参训方式自主选择的需要，如之前开展的“干部自主选学”“干部选学”等“自选式”模式，这种参训方式一定程度可以满足个体兴趣和自主需要。“归属需要”，在干部教育培训中，首先是满足干部对组织的归属感。“遴选式”的参训方式容易得到组织重视和关注，归属感较强。干部参训中同学之间交往也可以在同辈群体中产生集体归属感。“能力需要”，也就是老师授课水平跟学员已有基础相适应。如果老师讲课水平过于高深，个别学员听不懂，自然也就没有太大兴趣或动机。章谦在访谈中提到，一些学员听不懂，就在课堂上睡觉。但假若学员本身就是这个行业的专家，老师的讲课内容对他来说过于浅显，也无法与学员需求匹配。学员个人已有基础也是影响干部学习投入的因素。

（三）角色认知

前文对干部角色认知作过初步分析。为了确保干部潜心学习，相关规定要求干部尽快实现从干部身份到学员身份的转变，保持空杯心态等。但在访谈中，张涛、章诚、苏泓等司局级参训干部均提到“这一级的领导干部”，或者“不给自己所在单位丢脸”“不给本部门、本行业丢脸”，并以此严格要求自己。在实际工作中，本研究者经常听到委托单位领导参加培训班开班式对学员提要求时，要求他们遵守各项培训纪律，保持地方干部的良好形象。这说明，干部对自身角色的强化认知，实际对自我的约束和要求提高了，这种角色不仅仅是代表自己，且与所在单位、所在地区的形象、面子、荣誉紧密相连，反过来不断反省、警醒、督促自己，这对促进学习投入具有积极意义。

班杜拉认为，个体对自己某种行为实施能力的推测或判断，有助于提升个体动机水平。从本土化角度理解，个体的自信、为自己鼓劲打气，是自我效能的体现。反过来，如果一个人对自己能力水平推测并不强，并以此时时警醒自己，要求自己不断提升，也能促进动机水平提升。在这方面，苏泓在中央党校（国家行政学院）学习期间，一直带着压力去学习，因为身边的同学很优秀，如果自己水平差会影响到单位的声誉。

> 苏泓（访谈编号：119）："我觉得是我自己水平太低了，所以压力比较大，所以得大家一起认真学习。你是代表一个单位的，交流以后发现你很差，人家就会觉得你这个单位派出来的干部就很差。"

在问卷调查中，针对"常常担心自己听不懂或不理解老师讲课内容"这一题，认为"完全符合"的人数比例为22.1%，认为"基本符合"的为20.2%，说明存在这种担心的干部并不在少数。而他们把自我身份与单位直接联系，代表地区、单位和部门的形象，从而产生学习压力，对促进学习投入提升同样起到积极作用。

（四）同学交流

同学交流对营造良好学习氛围，增强干部学习投入，促进学学相长，乃至为以后彼此工作提供便利均有其意义。但前些年也存在干部借同学之名搞"小圈子"，利用同学关系谋取私利等现象。《干部教育培训学员管理规定》第8条明确规定："学员在校期间及结（毕）业以后，不得以同学名义、以任何形式拉关系、搞'小圈子'，不得成立任何形式的联谊会、同学会等组织，也不得确定召集人、联系人等开展有组织的联谊活动，不得利用同学关系谋取私利。"接受访谈的干部均表示，这属于正常的同学交流，而非搞不正当关系。同学交流对干部学习投入促进、学习成效提升的影响，关键还是看自己的主动程度，本研究将其纳入个体因素。

在上述4项个体因素中，生活负载对干部学习投入、学习成效起一定的反作用。但在访谈中，绝大多数被访者认为，身体状况良好，家庭事务负担不大，只有来自工作的干扰。生活负载方面有一定消极影响，但影响不大。

总体看，个体因素对干部学习投入、学习成效会起着一定作用，但与组织因素、教学因素比较起来，有质的差距，不应是最主要的影响因素。

四、后勤保障

在第三章第一节行为投入中，笔者对后勤保障方面的因素作了具体分析。后勤保障对干部学习行为投入方面起着一定作用。

调查问卷对后勤保障设计有 4 道题，认可百分比和均值如表 5－3 所示。从问卷调查反映情况来看，在各项测量指标中，后勤保障均值不算高。但从访谈情况来看，绝大多数学员认为，住宿、就餐、教室等后勤保障因素没有问题，不会从负面角度影响学习投入。

表 5－3　后勤保障各项指标认可百分比和均值

序号	题目	完全不符（%）	基本不符（%）	一般（%）	比较符合（%）	完全符合（%）	均值
1	对伙食、住宿方面比较适应	2.8	2.5	13.4	32.1	49.2	4.22
2	对教学环境，包括从住宿地到教室之间的距离都很适应	2.9	3.1	13.7	28.5	51.8	4.23
3	对教育培训所在地的气候、空气、交通等环境比较适应	2.3	1.8	10.7	30.7	54.6	4.33
4	组织方和办学方在教学管理服务方面比较周全	2.0	1.3	7.0	30.2	59.5	4.43

后勤保障对干部学习投入、学习成效将起到一定作用。比如住宿方面，若休息不好导致睡眠不足，势必影响干部情绪，导致情感投入不足，可能导致上课睡觉，行为投入不足，也可能使学员课堂精神状态较差，难以跟上老师讲课的节奏，导致认知投入不足；在就餐方面，南北方饮食习惯差距较大，伙食不好也会导致体验感差，影响情感投入。

但从访谈情况来看，绝大多数被访者认为后勤保障没有问题，不影响学习投入和学习成效。因此，后勤保障的影响是存在的，但不会太大。

第二节　影响机制分析

扎根理论是一种自下而上的理论构建方法，通过系统整理分析访谈资料，探寻核心概念，并在概念之间建立起相互联系从而形成理论。在本研究中，学习投入、学习成效是本研究中固有的重要概念。但影响因素的概念，以及影响因素与学习投入、学习成效之间的相互作用关系等，需要通过扎根理论方法逐渐获得。

在本研究中，首先对访谈资料进行三级编码。一级编码属于开放式登录，本研究尽可能寻找影响干部脱产学习投入的直接影响因素，通过整理分析，初步发现影响因素达到 21 项。在二级编码中，经过对上述 21 项具体影响因素进行类属分析后，本研究发现，可以从组织因素、教学因素、个体因素和后勤保障 4 个方面，来探讨对学习投入、学习成效的影响。在三级编码中，结合干部教育培训实际特点，可以进一步发现，干部教育培训由主办单位安排而非干部个体自主随意参加，组织因素起着主导作用。教学活动是干部教育培训的核心关键，教学因素起着最为直接的作用。个体因素和后勤保障虽然起着一定作用，但与组织因素、教学因素比较起来，不是最主要因素。最主要影响因素是组织因素和教学因素。结合本章前一节分别对组织因素和教学因素之下各具体因素的分析，可以将组织因素、教学因素分别凝练为“组织支持”和“卓越教学”，这也是影响干部学习投入、学习成效的核心因素。其次，探讨“组织支持”“卓越教学”等核心概念与“干部学习投入”“干部学习成效”之间的联系，以及“组织支持”和“卓越教学”之间的联系。在此基础上，探讨他们之间的相互作用机制，来构建本研究的理论模型。

一、组织支持起主导作用

（一）组织支持的内涵

关于组织，国内外不同学者对此有不同理解和定义。印度学者罗德拉巴萨弗拉奇（M. N. Rudrabasavaraj）认为，“组织是根据人力和物力为实现共同目标有组织有系统地决定工作、职责以及相互关系的过程”[①]。陆明远、冯楠认为，“组织是人们按照一定的目的、任务和形式组建起来的相互协作的社会群体”[②]。教军章、高红等从管理学意义将组织定义为“人类生存和活动的一种基本方式，是人依照一定目的组建起来的、通过分工合作关系形成的秩序性结构与环境相互作用的人群有机系统”[③]。以上三个定义的共同因素包括目标、人、相互关系/协作/作用等。罗德拉巴萨弗拉奇还强调了物力、职责，认为组织是一个过程。教军章、高红将其上升到一种人类生存和活动的方式，强调了内部结构秩序与外部环境的相互作用等。

陆明远、冯楠根据公共组织在管理国家公共事务过程中所处的层次和发挥的作用，将我国公共组织划分为中共、人民政治协商会议、国家机关、事业单位和非政府组织等。[④] 杨文士、张雁分别从一般意义和管理学意义上理解组织，就一般意义来说，组织泛指各种各样的社会组织或事业单位，企业、机关、学校、医院、工会等。[⑤]

按照干部教育培训管理体制，全国干部教育培训领导机关是中共中央，主管单位是中共中央组织部，其他中央和国家机关工作部门分工管理，从中央到地方实行分级管理。[⑥] 相应地，从地方来看，领导本地区干部教育培训工作的是当地党委，主管单位是当地党委组织部，其他委办局等单位分工管理。从干部教育培训实际来看，各级组织部门首先是各地区干部教育培训的管理部门，承担管理职责，同时还直接举办重要干部培训班次；其他委办局会根据各自工作需要举办干部教育培训专题项目。现行管理体制下，其他委办局等部门举办干部教育培训须事先报请本级组织部门审批或备案，有的甚至提前与本级党委主要负责人或组织部部长私下沟通。除此之外，其他国有企业、

---

① M. N. Rudrabasavaraj：《什么是组织》，李素国译，《现代外国哲学社会科学文摘》1993 年第 10 期。

② 陆明远、冯楠：《公共组织理论》，中国人民大学出版社 2021 年版，第 3、第 6 页。

③ 教军章、高红、韩兆坤、吴永忱编著《行政组织学通论》，高等教育出版社 2019 年版，第 8 页。

④ 同②，第 6 页。

⑤ 杨文士等编著《管理学原理》，中国人民大学出版社 2004 年版，第 131—132 页。

⑥ 参见《干部教育培训工作条例》第 5 条规定。

事业单位等也会根据各自需要举办干部培训。因此，本文所称“组织支持”中的“组织”，既包括上述党、政协、国家机关、事业单位和非政府组织等，也包括一般意义上的组织；有时候特指党组织或党委组织部门，或者某干部教育培训项目具体举办单位，“组织”概念与“个体”概念相对应。

本研究中的“组织支持”，包括组织关心和组织要求两个方面。本章第一节中的参训方式，可以概括到组织要求中，提拔任用可以归纳到组织关心中。

（二）组织支持主导作用的体现

组织支持的主导作用主要体现在两个方面，首先决定干部教育培训项目全流程，其次对参训干部具有直接约束作用。

1. 组织决定着某具体干部教育培训项目全流程

需要明确的是，前面所述的干部教育培训“主办单位”与“办学单位”，是两个相区别的概念。“办学单位”是指具体的办学机构。目前，国内关于开展干部教育培训的办学机构主要有以下类型：各级党校（行政学院）、社会主义学院、干部院校；各级组织部门认定的普通高校、科研机构或社会培训机构等。主办单位是该干部教育培训项目的主管单位，是甲方，拥有该项目的决定权，包括决定项目是否举办、在哪里举办、应该达到怎样的培训目标、设置怎样的培训主题和内容，邀请怎样的师资等。一般来说，主办单位会将事先计划好的项目安排给相应办学机构来具体实施，也有主办单位通过邀请授课教师直接举办的情况，这时候主办单位同时也是办学单位。

从实践操作来看，主办单位将教育培训项目安排给办学机构举办的居多。按照主办单位与办学单位之间的关系，这种办学模式一般可以分为指令式培训和协商式培训两种类型（见表 5-4）。主办单位和办学机构之间构成了“计划-执行”或“协商计划-协商执行”的关系。如各级党委组织部门与各级党校（行政学院）同时隶属于本级党委，组织部门事先拟定培训计划，由同级党校（行政学院）具体实施。各中央和国家机关大部分都有所属的办学机构，如隶属于教育部的国家教育行政学院，隶属于商务部的商务部培训中心等。这些部委的人事司或者其他业务司局有干部教育培训需求时，就会事先制订培训计划，交给这些办学机构具体实施。这类项目属于指令式培训。

2009 年中央组织部、教育部确定北京大学等 13 所高校为首批全国干部教育培训基地，之后又将西北农林科技大学纳入名单，加上各省、区、市还各自认定一批高校或科研院所为干部教育培训基地，各地区各部门也根据各自需要将所管辖干部送到这些高校学习。但它们与这些高校并无直接行政隶属关系，主办单位和办学单位只能根据干部培训市场的供需状况，协商确定，这种就属于协商式培训。无论指令式还是协商式培训，主办单位都属于甲方，起主导作用。

表 5-4　指令式、协商式培训特点

序号	类别	主管单位与培训机构	教学计划	学员组织	具体实施	相互关系
1	指令式培训	二者同属本级党委，培训机构的主要职责即做好本级组织部门下达的培训计划	组织部门下达	组织部调训	培训机构实施	计划-执行
2	协商式培训	平等协商关系，但主管单位处在甲方地位	协商确定	委托单位调训	培训机构实施	协商计划-协商执行

组织根据工作需要，确定培训目标、培训主题、课程设置和授课师资等要素，对后续教学过程同样起主导作用，是项目的决策者。办学单位基本上处于执行者位置。

2. 组织对参训干部具有直接约束作用

与全日制学生教育不同，家庭对孩子承担着教育监护职责，强调学校教育和家庭教育相结合。在职干部作为工作中的成年人，显著特点就是有工作单位或部门，并受其人事关系所制约，如签订聘用协议、日常管理、年度考核、薪酬待遇、奖励或惩罚等。如果是党员干部，还要隶属于相应的党组织，也就是党组织关系。担任领导职务的干部，依据相应干部管理职权和范围，要受一定层级党委的管理，如日常考核、培养、调整、升迁等。干部所在单位、所在党组织对其形成了比较强的约束关系，比如《干部教育培训学员管理规定》，就由中央组织部制定。从实际效果看，办学单位承担着学员的日常管理工作，但真正对学员起决定作用的是组织。按照《干部教育培训工作条例》规定，干部接受教育培训情况应当作为干部考核的内容和任职、晋升的重要依据。考核、任职、晋升，直接与干部个人的前途挂钩。

从决定干部教育培训全流程和对参训干部个人起直接约束作用看，组织支持对干部学习投入、学习成效起主导作用。

（三）组织支持直接影响学习投入

组织支持对干部学习投入起直接影响作用，通过学习投入这一中介对学习成效起间接作用。对学习投入所起的作用表现如下。

1. 组织支持主要对行为投入起直接作用

组织支持既包括组织关心也包括组织要求。组织要求最主要是纪律严明和管理严格。按照韦伯科层制思想，科层制组织实行严格的制度管理，崇尚组织纪律的严肃性。[①] 对于中国共产党这样具有百年历史的马克思主义政党来说，组织纪律的严明性是其鲜明特征。党的十八大以来在强调全面从严治党背景下，中共高层领导特别强调“铁一般的纪律”，将干部学习纪律要求上升到政治高度。体现在干部教育培训领域实践，每次开班之前，主办单位会对干部学习提出具体纪律要求和学习要求，如强调考勤、纪律，要求做到“三个转变”、认真听课、潜心学习等。组织的这种明确要求对干部学习行为投入的影响非常显著。在问卷调查中，关于干部行为、认知、情感三个维度投入共 21 个具体测量指标中，考勤和纪律遵守分别以 4.73、4.72 的分值排在前两位。这充分说明干部在遵守培训纪律方面的行为投入非常显著。

行为是心理活动的载体，有些心理认知、情感等活动会通过行为方式表达出来。尼斯特认为有两种投入，即程序化投入和实质投入，前者指单纯的行为投入，后者包括合理的心理投入，并认为只有实质的投入和学生的高层次的思维发展有关。[②] 按照他的这一划分，考勤和纪律遵守属于规则性、程序性的行为投入。这种投入对于学员进一步加强认知投入、情感投入，进而取得良好学习成效是非常有必要的，但却不是充分的。显然，即便一个各方面都遵守规则的干部，也难以保证他在学习中做到真正“入脑入心”。在访谈中，部分受访者就提到课堂上存在“走神”“分心”，甚至有学员睡觉等现象。

2. 组织支持部分对干部认知投入、情感投入起直接作用

这主要体现在组织关心方面，如部分学员感受到来自领导的关心、组织的

---

① 陈俊梁、袁炜、陆静丹编著《组织理论与设计》，中国人民大学出版社 2015 年版，第 28 页。
② 孔企平：《“学生投入”的概念内涵与结构》，《外国教育资料》2000 年第 2 期。

关心，会激发一种感恩、感激心理。如被访者武倩（访谈编号：202）、黄云（访谈编号：208）等。李健（访谈编号：209）更是基于“除了给我这样一个事业平台以外，还给我创造了一个继续成长的平台”，感恩集团公司。被访者姚颖（访谈编号：204）同样对组织安排参加某高校承办的司局级干部专题研修班怀有感恩心理。她在提交的心得体会最后部分写道，“读书是福，党组织给我如此难得的学习机会，我倍加珍惜”。调查问卷的开放式问题中，一名学员匿名写道：“弥补了高考没能考上北京大学的遗憾。而且老师授课内容很精彩，收获满满！感谢各位老师！感谢市委宣传部！”还有一名学员写道，“非常感谢国家的资金投入，参与学习提升了学识，开阔了眼界，使心胸更宽广”。他们因为有机会参加培训学习，取得良好成效，而对国家和主办单位怀有感谢之情。

与感恩、感激心态类似，吴梅（访谈编号：114）则是怀着怕学习不好从而辜负组织的心理投入学习的。因此，这种组织关心促使他们从内心产生想要学好的强烈愿望，促进了情感投入、认知投入，从而取得良好学习成效。这种投入就是实质性投入，是取得良好学习成效的充分条件。

组织对干部的严格考核也能促进干部认知投入和情感投入。前面已经分析到，个别干部培训班次要求参训干部撰写培训论文、调查研究、心得体会等，能够促进干部在认知和情感方面的投入。如黄云、李健、董芳是来自同一个集团公司的干部，公司要求他们以小组为单位撰写培训论文，由办学机构组织相应专家进行答辩。王蓓（访谈编号：115）、周胜（访谈编号：116）来自同一个区，她们分别于2018年、2019年在某高校参加了为期3个月的同一类培训，该区要求他们撰写结业论文，并自行组织专家进行答辩。张茜（访谈编号：101）在中央党校（国家行政学院）培训2个月期间，主动承担课题研究，包括问卷设计、撰写论文等工作。这些严格考核要求不仅调动了干部学习行为投入，更调动了他们的认知投入和情感投入，他们自己感觉收获很大。

（四）提升组织支持感以促进干部学习投入

组织关心从正面激励促进干部深层次的认知和情感投入；组织要求从纪律保障和考核等反面促进干部行为投入，部分促进干部认知和情感投入。从正面角度分析，主要领导需要加大对干部教育培训的重视程度，主办单位要多关心激励参训干部；从反面角度分析，主办单位对参训干部则要有明确的严格要求。这样才能直接促进干部在行为、认知和情感方面的投入。

但是，仅仅有关心和严格要求还不够，要达到参训干部感恩、感激或遵从效果，根据组织支持理论，必须要让干部感受到组织关心和组织要求，也就是组织支持感。组织做到了关心，也要将这种关心让参训干部感受得到；组织严格要求，也要让他们感受到。如果感受不到，效果要打折扣。叶梅（访谈编号：309）参加精英教师培训时，个别老师直接在课堂灵魂发问：“政府把你们送到这里来，不是让你们到我的课堂上来抄笔记的，也不是让你们到我的课堂上来玩手机的，你们对得起纳税人的钱吗?”这种用“对得起纳税人的钱”，也是给学员一种强烈提醒。

本书第三章第一节谈到某国家部委委托某高校开展干部教育培训班次，为每年举办多期，出现多起迟到、旷课甚至代人签到的现象，其原因就在于主办单位对培训纪律、培训要求并未真正强调，而放松了管理。

综上，组织支持在整个干部学习投入、学习成效中起着主导作用，对学习投入起着直接作用。其中，组织关心可以促进干部认知和情感投入，组织要求可以促进干部学习行为投入，部分能促进认知和情感投入。要达到上述目的，更重要的是通过反复强调，增强干部的组织支持感。

二、卓越教学起直接作用

本章上一节详细分析了教学因素对干部学习投入、学习成效的影响，进一步凝练出“卓越教学”这一核心概念，包括培训内容和授课师资这两大关键要素。本部分着重分析卓越教学是如何对学习投入和学习成效发生直接作用的。

（一）卓越教学直接影响干部学习投入

1. 培训内容的针对性

培训内容是干部培训的首要问题。干部教育培训领域历来注重针对性，强调“干什么学什么，缺什么补什么”、按需施教等，要求培训贴近干部需求。当然，不同的干部类型，对培训内容存在不同的需求。比如中央和国家机关干部的着重点在于研究政策和制定政策，他们对新知识、新理念等方面的课程需求更为强烈；基层干部要面对很多实际问题，是相关政策的执行者，他们更需要通过培训帮助解决一些实际操作的问题。本研究中的被访者苏泓、黄然等来自中央和国家机关，他们认为这些新知识、新理念以及思维方法对他们很有用处；李源、陆巍、吴梅等均为乡镇主要领导（均为处级干部），他们渴望学得更加“接地气”。同时，培训内容又取决于不同的培训目的，如沙荣、潘达等6名来自某军校的老师就是为了解决新冠疫情期间“线上线下混合式教学”问题而来；刘勇、石晓等作为媒体从业人员，是为了更好地贯彻中共中央办公厅关于推进媒体深度融合的发展意见而来；叶梅和唐灿作为小学优秀领导和教学骨干，为了能够成为未来的精英教师而参加培训。针对性强的培训内容，用受访者方莹（访谈编号：205）的话来说，就是“对胃口”。在访谈中，她就自己参加的党建班、新闻发言人班、互联网经济班等，连续好几次用“对胃口”一词来形容，“对胃口”了，才是找到“痛点”。因此，“对胃口”的培训内容，针对性强，会引起参训干部的关注、兴趣，使其产生强烈意愿，促进干部在认知、情感等方面深度投入。反过来，用李叶（访谈编号：103）的话来说，“想要的得不到、教的都会，能不睡觉?”。

2. 授课师资的高水平

好的培训内容必须要有好的授课师资来传播，才能促进干部学习投入，取得良好学习成效。在实践中，某些课程仅看名称就觉得很吸引人，会让人产生立即想去听讲的意愿，但真正坐到教室听到老师讲解之后，才发现并非自己心目中想象的样子。听课者通过了解培训内容，已经有认知投入和行为投入，但发现老师讲解不好或并非真正所需内容时，这种认知投入的维持度将会减弱。如果干部参加这样的课程，即便为了遵守课堂纪律不会产生离开等行为上的偏差，也会通过阅览手机、上厕所甚至睡觉等方式停止认知和情感投入。被访者苏泓（访谈编号：119）谈道，“如果（讲课）不好，大家就觉得没有吸引力，那我无非来完成任务，来完成培训任务”。完成任务也就是规则上的、程序上的行为投入，谈不上认知和情感投入。因此，好的培训内容必须结合高水平的授课师资，才能维持深度的认知投入和情感投入。

实际上，高水平的教学自然吸引学员认真听讲。用苏泓的话来说，“如果老师讲得很好、安排得很好，大家自然被吸引进去，就会认真对待”。随着老师讲解的不断深入，学员的思维也会不断深入，也即认知投入中的深度思维，让学员产生心灵共鸣。这种情况下，有经验的老师会把学员的深度思维继续引向深入，而不会轻易打断。比如，个别老师针对某些学员认真做笔记情况，要求他们不要做笔记，而要认真听讲。在这个时候，老师并不注重做笔记的这一行为投入，更看重深度的认知投入。学员不会“走神”“分神”，更不会看手机、上厕所，“人”已经被老师的讲课牢牢抓住。被访者王红（访谈编号：108）如是说，“甚至想上厕所也不上了，尽量憋着，把老师的精彩的观点能够吸纳得更多”。同时，学员在这一过程中会伴随愉悦、兴奋的情感体验，与老师共情，有的甚至达到引人入胜、如痴如醉的境界，这就是情感深度投入。被访者叶梅（访谈编号：309）谈到听某位老师上课的感受时，是这样描述的：“钱老师每堂课我们都听得如痴如醉，每次听我们都是瞪大了眼睛，特别喜欢钱老师。”本研究者所在高校一位讲授“古典诗歌鉴赏与人文素养提升”的老教授，讲到深处常常自己落泪，引发不少学员也情不自禁流泪，这就是高度的共情。

在国外心理学中，也有学者将认知、情感投入达到极致状况，用“心流”（flow experiences）来表达，即“认知和情感投入的最佳状态，让一个人可能会失去时间和自我意识”①。对应中国语言，可以理解为“入迷”“着迷”“忘我”“全身心”等。高水平教学可以让学员入迷、着迷，忘记时间的存在。这就是影响着学员认知、情感的深度投入。

教学水平与学员学习投入呈正向相关关系。卓越教学促进参训干部行为、认知和情感的深度投入，使其达到共鸣共情的境地。

（二）卓越教学直接影响干部学习成效

根据第一章对概念的界定，本研究中的干部学习成效主要是政治素质、专业素质提升和推动工作。政治素质和专业素质中，包括政治理论、专业知识等方面的理解、掌握以及实践运用，既有“知”的层面，也有“行”的层面。推动工作则是实践运用，属于“行”的范畴。卓越教学对干部学习成效产生直接影响，应该体现在政治素质、专业素质中“知”的层面。“行”的层面涉及知识

---

① David J. Shernoff, *Optimal Learning Environments to Promote Student Engagement* (New York: Springer, 2013), P. 12.

转化和运用，还涉及相关环境、条件，并非教学所能直接影响到的。

1. 卓越教学直接影响政治理论知识的理解和掌握

提升干部政治理论，强化干部忠诚度，这是干部教育培训的首要任务。开展政治理论培训、党性教育是干部教育培训的重中之重。《2013—2018 年全国干部教育培训规划》对党校（行政学院）系统干部教育培训的这两方面课时比例有明确规定。但政治理论、党性教育同时又是干部教育培训中的难点。

卓越教学可以将相对抽象、枯燥的政治理论进行系统梳理，通过深挖文字背后的背景原因、发展脉络、内涵特征，通过时间轴和空间轴的联系，让学员学得系统、权威、深入和更具条理。章谦（访谈编号：109）谈道：“通过老师的梳理，他把虚的东西变得更实，然后把散的东西变得更有条理。”有了老师对这些规律和脉络的总结，章谦认为这有助于学员对这些抽象理论知识建立深层次理解。被访者通常会对比自学或理论中心组学习，认为这两种方式学的只是片言只语，难成系统，且理解不够深入，不知其所以然。被访者李政（访谈编号：107）还对比了单位集体学习政治理论这一学习形式，认为集体学习仅是“走过场”。

卓越教学好比给学员打开一扇窗户引导学员走向深入。对于阅读马克思主义经典作家原著，武倩（访谈编号：202）深有体会。她谈道，“那些著作确实很难懂，因为它们的语言表达方式和中国人不太一样”。正因如此，老师教学水平就显得格外重要。武倩谈道“老师的导读现在也很有水平，他会跟你提纲挈领地讲”。通过老师对整篇文章结构、重点线索等方面的讲解，引导学员自己阅读，武倩觉得“比较容易接受”。她把老师的导读比作“精彩的电影预告片”，加上集体学习氛围，自然就会读下去。这就说明，高水平的导读在武倩阅读枯燥艰涩的经典原著方面取得成效，包括阅读《资本论》也是如此。当然，她也谈到，这种方式并非对班里所有人管用，也有读不下去的同学。

卓越教学，给学员搭建理论框架和教会分析问题方法。在中央党校（国家行政学院）学习 40 天的黄然（访谈编号：120）认为，中央党校（国家行政学院）教师理论功底深厚，有较长历史积淀，还要求集体备课，每个班的教学计划都是经过长时间研究形成的。她谈道，“各门课之间的逻辑联系都非常紧密，只要跟着学校的安排进度走，用心地去听课，去完成每一个步骤，都感觉非常有收获”。可见，这种高水平教学，经过长年累月的积累，可以很好地掌控学员学习进度和节奏。同样在中央党校（国家行政学院）学习 2 个月的张茜（访谈编号：101），用照片上“醍醐灌顶”的四个字来表达自己在理论上、思想上的收获。

2. 卓越教学直接影响专业知识的理解和掌握

对于专业素质方面的提升成效，被访者普遍反映，专业化能力提升方面并不明显。究其原因，应该与被访者接受培训并不是以技能培训为主，而是以综合素质或专项知识培训为主有关；加上能力提升本身有一个转化过程。但卓越教学对专业知识理解和掌握具有直接作用。下面结合中央和国家机关司局级干部专题研修项目加以简要分析。该项目主办单位是中央组织部、中央和国家机关工委，2010 年试点举办时名为“中央和国家机关司局级干部自主选学”，2011 年至 2015 年调整为“中央和国家机关司局级干部选学”，2015 年新修订的《干部教育培训工作条例》取消“干部选学”这一模式后，2016 年至今调整为“中央和国家机关司局级干部专题研修”。具体承办高校为中央党校（国家行政学院）、国防大学、北京大学、清华大学、中国人民大学、北京师范大学 6 所院校。中央组织部对举办该项目非常重视，从举办之初即成立专门的领导小组和办公室，起初由中央组织部副部长担任领导小组组长，工委的副书记担任副组长，各高校分管校领导担任小组成员。每年年初，中央组织部或工委召集领导小组成员会议，对过去一年专题研修工作进行总结，对当年举办司局级干部专题研修进行工作部署。领导小组办公室对各承办院校提交的教学计划，包括课程和师资都要进行专门审定，并提交中央组织部部务会审定通过。由于中央组织部是全国干部教育培训的主管单位，他们如此重视，各承办高校相应地也非常重视，他们将其视为一项政治任务，将最好的课程、最好的师资配备到该项目中。该项目也印证组织支持对整个办学环节的主导作用，它决定着整个培训内容和授课师资，使其达到卓越教学。通过对参加该项目的司局级干部访谈可知卓越教学如何直接影响专业知识理解和掌握。

卓越教学可以为学员提供丰富的信息量，有效开阔学员视野。以被访者章涛（访谈编号：201）为例，2020 年下半年，他参加某高校承办的中央和国家机关司局级干部“人工智能、大数据与区块链”专题研修班。该班 10 门课程、10 名授课教师，原教学计划中有“两院”院士 5 人，其中有 2 名院士分别参加过中央政治局集体学习讲解，2名院士同时担任学校领导职务。但1名院士（也是参加中央政治局集体学习讲解的人）因参加国家重大活动未能授课，实际授课师资中有4名院士。其他授课教师同样也是该领域的权威专家。章涛本人就是从事智能化工作的。在这么一个高水平的培训班里，他觉得这些老师的讲解深入浅出，信息量非常大。

> 章涛："因为请的都是院士、专家教授授课，他们讲得深入浅出，我觉得信息量还是非常大的，尤其是有很多前沿科技，包括微电子、采纳米管、人工智能。第一课梅宏院士讲的大数据，我觉得这些对我来说都非常受用。所以课上都听得挺认真，然后回来我也把笔记都整理好，立刻跟我们部门的同志、跟其他部门的同志去讲这些内容。"

在这段话里，授课专家都是顶级权威学者，讲解科技前沿知识深入浅出，而且跟他专业对口，他因为感觉"非常受用"，所以听课挺认真。不仅自己有收获，作为某央企部门的总裁，他结业后还给部门同事分享，作为他讲党课的内容。

卓越教学可以给学员以科学方法、学者视角的启迪。被访者苏泓（访谈编号：119）是中央某部委司长，她两次参加同一高校举办的中央和国家机关司局级干部专题研修项目，主题不同。最近一次是2020年参加的，主题是"推进国家治理体系和治理能力现代化"。该班结合党的十九届四中全会精神举办，授课教师同样为该领域顶级权威学者，也是卓越教学的典型。她之所以两次选择同一所高校参加选学（注：她第一次参加时名称还是"干部选学"），原因在于"我感觉北京大学自主选学，好就好在老师都非常好，安排的一定是有名气的、确实有水平的老师给大家讲课"。她的这一表述谈到了两次选择到该校上课的理由，就是授课师资好：有名气、有水平，这也印证这个项目教学水平是卓越的。这些老师水平高在哪里为何吸引她？她继续谈道，"而且老师讲课也很客观，真正是他自己的所思所想，他是有一种北京大学治学的态度，他没有很迎合的东西，这是我愿意上北京大学培训班的很重要原因"。在这段里，她更加深入谈到选择该校的理由，那就是老师上课有自己的真知灼见，不人云亦云，也不迎合。通过参加该校的学习，她学习的成效如何呢？她认为"北京大学老师的讲课带给我们的知识量和信息量是最大的，而且是最新的东西。对我来讲从知识的获取上，包括对问题的看法角度上，都有跟我们公务员思维不一样的东西，我的收获是非常大的。从专家的角度看问题，和我们从公务员的角度看问题其实是不一样的，让我能够从多个角度来看问题”。在这段话中，她谈到的收获主要是两个方面，一个是知识量和信息是最大也是最新的；另一个是专家视角与公务员思维的差别，可以让她能够从多角度看待问题。因而她感觉“收获还是非常的大”。

这种收获对苏泓的工作能够起到什么作用，她继续谈道：“干部培训真的很重要的，特别像中央和国家机关你要给干部不断地补充新的知识，特别是中央的精神。怎么能正确地把握精神，再让他不断地吸收新知识、新理念，对干部太重要了。因为中央国家机关制定政策，你的思维必须能跟得上时代发展的思维，天天埋头工作肯定是不行的，这个时候就需要培训，给他一段时间让他去学习中央的正确理念和把握中央精神，再吸收新知识、新理念、新思维，是非常必要的，而且也非常重要。”在这段访谈文字里，她结合中央和国家机关干部职责制定政策的职责定位，要求他们必须深入把握中央精神，跟得上时代发展，不断吸收新知识、新理念、新思维，而不能天天只是埋头工作。她为此强调干部教育培训的必要性和重要性。

卓越教学可以将理论与实践紧密结合，有效打中学员“痛点”。被访者李叶、章谦、李源、陆巍、王蓓、张兰、周胜、袁文、章琛、吴梅 10 人均参加过某高校举办的为期 3 个月的现代公共管理研修班。该班自 1998 年开始举办，每年 1 期，由各区委组织部遴选干部送到该校。在被访者眼里，这也是高质量的培训班，培训成本也很高，参训干部都是由各区委主要负责人最终确定。经过 20 多年的积淀，该项目也属于卓越教学的典型。该班一名来自我国台湾的专家讲授“公共管理”一课，李源谈道，“老师对咱们（内地）基层特别具体的工作了如指掌，我就特别感慨，这些老师真是敬业，真是下功夫了。而且把他们所掌握的学识和他们所见所闻的事情结合得特别紧密。从头到尾全是案例演示，通过案例演示展现各种应对方案，好的应对方案和不好的应对方案对比着讲，我觉得就是特别容易吸收，他的理论和实践结合得特别紧密”。在这门课中，一名台湾老师对大陆基层工作了如指掌，这点让李源很感慨，认为老师态度很严谨。通过案例演示，将理论和实际紧密结合，他觉得“这个浅显易懂，特别有帮助”。

综上，卓越教学对学习成效的影响是直接的、显而易见的。在政治素质提升方面，授课老师通过对政治理论的梳理，让学员的学习更加系统全面；通过引导学员阅读经典文章，将学员读原著、学原文、悟原理引向深入；给学员以理论框架和分析方法，从而使参训干部达到理论坚定和成熟。在专业素质提升方面，卓越教学可以给学员提供最新的最前沿的信息，提供新知识、新理念和新思维，帮助学员从学者思维来全方位看待问题、分析问题等。反过来说，教学水平不高，对学员“不解渴”，根本无法吸引学员，也就谈不上效果。

（三）构建精品课程和建设优秀师资团队是打造卓越教学的有效途径

构建精品培训课程和建设优秀师资团队是打造卓越教学的有效途径。前面已经详细分析了卓越教学对学习投入、学习成效等的直接正向影响作用。这里着重分析如何才能做到卓越教学。

1. 研发构建精品课程

精品课程主要体现在两个层面：首先，内容符合组织需求、岗位需求和个体需求；其次，效果好，当然，效果好坏与授课师资直接相关。就内容来说，政治理论、党性教育、专业素质等构成了干部教育培训的主要内容。其中，习近平新时代中国特色社会主义思想作为马克思主义中国化的最新成果，被党的十九大确立为全党指导思想，是干部教育培训的重中之重。因此，除规定必修课程之外，从业者还应从以下方面来研发和构建精品课程。一是及时将党和国家的重大战略决策部署转化为培训课程；二是要将经济、社会、科技、文化、外交等前沿形势转化为培训课程；三是结合干部工作所需的专项能力研发课程，如提升干部政治能力、危机管理能力、调查研究能力等；四是将中西方文化经典转化为培训课程等。在培训课程方面，做到经典与前沿并重，通识与专题并重。当然，精品课程必须依托优秀师资教学才能成为精品。因此，建设优秀师资团队也就非常关键。

2. 建设优秀师资团队

优秀师资是干部教育培训的核心竞争力。即便名称相同或相近的课程，不同师资其教学效果完全不同。这种教学效果，一个方面当然要取决于教师自身的学术水平和理论功底，更重要的是要有“教”的水平。李源（访谈编号：111）谈道，“我指老师的水平，不是老师的理论水平，是老师理论结合实际的水平。结合实际做得好，这班就成功一大半。理论与实际结合得不好，讲的纯理论可能这个班的质量就打点折扣，大家伙接受起来难度大一点，会影响这班的质量”。他认为，老师的水平指的是理论结合实际的水平。因此，除了强调授课师资自身的学术水平和理论功底之外，结合本章前一节分析，老师还应该从教学的政治性、思想性、实践性、专业性、针对性和艺术性等方面（见表5－5），加以全方位锤炼。

表5－5　高水平师资特点

序号	类属	维度	反例
1	知名度	两院院士、行业大咖、党政领导、学校领导、长江学者、教授等	
2	政治性	跟中央保持一致，传播正能量	
3	思想性	真知灼见、有思想观点，不迎合、不照本宣科	念通稿，讲网络内容
4	专业性	态度严谨、专业，备课认真，重视学员	不认真对待
5	针对性	跟教学直接相关，符合学员实际水平，找学员需求“痛点”	东拉西扯跟教学内容无关，不着边际，或太高深
6	实践性	理论联系实际，结合案例，接地气	理论实际两张皮
7	艺术性	注重教学方法，具有感染力	枯燥、生搬硬套

三、学习投入起重要作用

根据学习投入理论，学习投入直接决定着学习成效。在此着重分析这种影响是如何进行的。

（一）行为投入是必要或充分条件

1. 规则性行为投入是取得学习成效的必要条件

干部考勤、纪律等方面是主办单位明令严格要求的。在移动互联信息技术发达、各种资讯或娱乐信息丰富的情况下，参训干部课堂玩手机成为一种新情况，它严重占用学习时间，分散学习精力，党校（行政学院）系统已经开始对参训干部上课期间的进行手机统一管理。但高校在干部教育培训中执行手机管理规定的并不多见。上课玩手机行为属于规则所不允许的。学员按照规则要求执行，按照卡博纳罗的划分，属于规则性投入。按照尼斯特兰德等的分析，属于程序投入。此外，参训干部课堂睡觉，也是本研究中一些被访者反映的情况。相关学员管理规定并未对“课堂睡觉”这一现象作明确规定，而是从“认真听讲”“集中精力学习”等方面作了正面要求。[①] 但课堂睡觉这一行为，显然影响了干部学习成效。无论是规则性投入还是程序性投入，它们都是导致参训干部进行深层次认知、情感投入的必要条件，也是取得学习成效的必要条件。很显然，假若参训干部出现缺课、迟到、违反培训纪律等情况，或者在课堂玩手机甚至睡觉，在学习时间上都无法得到保证的话，势必影响到干部深层次的行为投入、认知投入和情感投入，进而影响到学习成效。但规则性行为投入却并不是充分条件，并不必然取得学习成效。

2. 积极主动的行为投入是取得学习成效的充分条件

积极主动与授课老师交流互动、认真做好听讲笔记、课堂保持专注、积极完成布置的学习要求等，可以取得直接学习成效。如课堂或课间就平时工作中的疑难困惑向老师请教，得到满意答复之后，成效也就自然出现。课堂保持专注是认知投入和情感投入的行为体现，也将直接取得学习成效。积极完成布置的学习要求，加深对教师讲授内容的理解，以及在实际工作中的运用，这本身就是学习成效。因此，积极主动行为投入可以直接带来学习成效。当然，某些积极主动行为投入并不与深度认知投入相一致。比如做课堂笔记，一般情况下都认为记课堂笔记是积极行为投入的体现，应该值得提倡。但个别师资认为，形式上的做笔记也就是一种机械行为，实际严重影响了学员认知投入中的深度思维。个别授课老师针对抄笔记和玩手机，甚至还会发出灵魂拷问：“对得起纳税人的钱吗?”因此，对待课堂做笔记这种行为投入，还需根据授课老师的要求、授课内容而定。应该记录老师授课中闪光的思想点，而不是机械地、形式地记录一些简单数据、信息等。

总之，规则性的行为投入是必需的、必要的，但却不是充分的。积极主

① 参见《干部教育培训学员管理规定》，2013 年 2 月 19 日中共中央组织部制定并发布，2019 年 11 月 28 日中共中央组织部修订。

动的行为投入才是取得学习成效的充分条件，可以直接带来学习成效。

（二）认知投入是取得学习成效的必要或充分条件

1. 对干部教育培训的认识水平是必要条件

参训干部如何认识干部教育培训工作，体现出干部的认识水平。在访谈中以及在问卷的开放问题部分，很多干部认为这项工作非常必要、非常重要。综合来看，关于干部教育培训有如下几种认识。第一种，认为干部教育培训是福利。这相对于紧张工作而言。之所以称为福利，是因为培训机会和培训资源相对稀缺。尽管强调“大规模培训干部”“全员培训”等，但真正到办学单位接受脱产教育培训的干部还很有限。尤其是“一把手”因为工作职责所在，参加脱产教育培训的机会较少。也有的因为培训资源相对稀缺、培训经费紧张。在问卷调查的开放式问题中，很多匿名填写，呼吁脱产培训多向基层干部倾斜。很多干部平时工作繁重，能够获得培训机会可以适当放松身心，因而被认为是一种福利。当然，也有被访者认为，干部参加脱产培训，与其说是放松心情，不如说是转换心情，因为长时期工作，思维容易固化等。第二种，认为干部教育培训是加油站或充电站。也就是通过干部教育培训，获得知识、技能等方面提升，增强政治素质、专业素质，进一步提升本领。第三种，认为干部教育培训是生产力。持该观点的被访者为黄云，他来自某央企省市分公司。他从企业经营管理角度，依据人力资源理论得出该认识。认为通过培训员工，使其本领增长后即可带来直观的经济效益，因为培训被认为是生产力。第四种，认为干部教育培训是一个平台。这个平台是个人成长进步的平台，也是同学之间交流沟通的平台。上述认识包括干部的认知投入。但这种认识还仅停留在“知”的层面，单单凭认识水平还无法导致真正取得成效。因此，对干部教育培训的认识水平，是确保取得学习成效的必要条件。

2. 积极想办法克服生活困难、想办法排除工作和家庭干扰也是取得学习成效的必要条件

干部参加脱产培训会面临环境和气候的差异，如南方气候湿润，北方干燥且多风沙，还有乘坐飞机去异地参加培训时遇到恶劣天气无法正常降落等情况；也有面临同学合住一起需适应彼此生活习性，适应学习所在地的饮食

习惯等，还会面临工作事务和家庭事务干扰等。参训干部通过主动想办法来克服生活困难，确保安心投入学习，这是取得学习成效的必要条件。

3. 主动弄懂学习中的困难等是取得学习成效的充分条件

在学习过程中，参训干部面对学习中存在的问题，积极主动请教老师、同学，或者查阅文献资料，力图学懂弄通，这是认知投入中的深度思维，也是在开动脑筋，可视为取得学习成效的充分条件。通过努力达到学懂弄通的程度，将学习投入、学习过程和学习结果有机融合在一起。

4. 在学习中结合工作思考是取得学习成效的充分条件

干部教育培训强调问题导向，要求理论联系实际。一些干部带着工作中遇到的实际问题参加培训学习，在学习过程中进行反思学习，均触及认知投入中的深度思维，这是需要大力提倡的。

（三）情感投入为取得学习成效发挥保障作用

情感投入是干部学习过程中的意愿表现、情绪状态和精神风貌的积极程度，为学习过程提供能量。它包括学习之前的期待意愿，学习之中的感情投入，学习之后的情感体验等。情感投入不直接影响学习成效，但它可以通过为行为、认知投入等过程提供精力能量，为取得学习成效起到保障作用。

1. 学习之前的期待意愿

学习期待可以促使干部产生学习动力。一般来说，“自主型”“遴选型”干部更加容易形成学习期待。根据自我决定理论，满足人自主需要、能力需要和归属需要，即可使人产生内在动机。“自主选学”“干部选学”等参训方式虽然从2015年的官方文件中正式取消，但在实际操作中，还保留一定痕迹。如前面提到“中央和国家机关司局级干部专题研修”，即来源此前的“中央和国家机关司局级干部自主选学”“中央和国家机关司局级干部选学”。各中央部委机关干部凡是自己想去哪个学校、想学什么主题，直接与本单位组织人事部门沟通后，即有参训机会。这种模式可以较好地尊重学员个体自主需求，干部对学习具有较强的期待。“遴选型”干部对学习的期待也很强，因为遴选意味着优质培训资源的稀缺，意味着一定的选拔标准。“遴选型”中的中青班或者后备班，具有明显的提拔晋升导向，其学习期待自然很强。即便不以提拔为导向的“遴选型”，学员也非常期待。叶梅、唐灿所参加某省的精英教师培训，经过所在区教育局的推荐、市教育局的初选，最终由省教育厅相关单位组织专家从600多人中遴选40人。当然，“被动式”干部则是另一番景象，那就是完成任务即可。

这种学习期待形成的情感投入，会使学员在学习之前特别向往。但是一旦进入课堂以后，这种情感投入是否还能保持，并不一定。苏泓、武倩等分别参加中央党校（国家行政学院）和省委党校（行政学院）中青班的学习，都属于严格遴选且带有明显培养导向的，但在访谈中她们表示，并不是所有人都很认真的，有同学上课睡觉，也有同学写心得体会通过网络查找资料拼凑。有的干部在培训之前期待并不强烈，而是进入课堂之后才出现积极情感体验。由上分析，培训之前的学习期待一定程度可以转化成为学习动力，对取得学习成效起到一定积极作用。

在实际工作和研究过程中发现，悠久历史、深厚底蕴的著名高校容易让学员产生神圣感、庄严感和崇敬感，能够“镇得住”这些干部。也有干部在经过长时期连续工作以后，回到校园有了重温校园的感觉。这种情感投入一定程度上会促进学员在行为和认知等方面的投入，从而取得学习成效，但它也并不必然导致学习成效的发生。

2. 学习过程中的情感投入

积极的、热烈的情感投入可以使人精神振奋，充满着精气神，有力地促进行为和认知投入。参训干部培训期间对学习产生的浓厚兴趣、热情，也是情感投入的体现。被访者袁文（访谈编号：113）谈到“学习中产生的兴趣”，章谦（访谈编号：109）提到对学习的兴趣乃至把学习当作乐趣。在实际工作中，主办单位会给参训学员强调“展现某某单位良好的精神风貌”，实际上就是要求他们要有积极的、强烈的情感投入。带着感情做事与不带感情做事取得的最终效果完全不同。情感投入的通俗表达，即要有“激情”，使人产生激动、兴奋、激烈的感情，可以为认知、行为投入提供精力和能量。情感投入与教师教学是交互的。授课老师课堂讲解中体现出的深厚理论功底、独到的思想见解、生动鲜活的精彩讲解等往往会激发学员兴趣、热情，并与之产生共鸣共情。也有参训干部在学习中感觉到压力，包括来自优秀同伴的无形压力，为了维护自己乃至个体所在单位形象，不给单位“丢脸”，这些也会激发个体认真学好的动力。

3. 学习过程中的情感体验

不少被访者谈到学习过程的心情，基本上都认为很愉悦、很开心、很兴奋，学习过程并不枯燥。一些需要严格考核的参训干部，尽管在学习过程中付出了极大的投入，感觉压力很大、非常辛苦，但之后却有满满的收获感和成就感。

总之，情感投入并不直接取得学习成效，但能够为认知、行为提供动力能量，能影响到其他两个维度的投入。在这点上，雷什利等构建的情境、投入和学习成效之间的关联模型（见图 2－3）清晰地表明了情感投入对行为、认知投入的影响作用。

综上，学习投入直接影响学习成效。具体来说，行为投入中的规则性投入、认知投入中的认识水平以及主动克服生活困难等是取得学习成效的必要条件；情感投入为行为、认知投入提供精神能量，它在取得良好学习成效方面起保障作用；行为投入中的积极主动，认知投入中的深度思考、反思学习等涉及高级思维投入，是取得学习成效的充分条件。

四、影响机制

（一）影响干部学习投入和学习成效的两大主要因素：组织支持、卓越教学

扎根理论方法是质的研究方法中构建理论的常用方法。它无须事先提出假设，而是在大量原始资料中，通过一级编码、二级编码和三级编码等操作方式，不断形成归纳相关概念和命题，自下而上在核心概念之间构建理论。

在本研究第三章中，对影响三种学习投入维度的直接因素进行了初步分析。认为影响行为投入的因素有：制度要求、后勤保障、生活负载 3 项；影响认知投入的因素有：专题设计、参训方式、已有基础、角色认知、教学水平 5 项；影响情感投入的因素有：组织关心、办学单位、师资魅力、同学交流 4 项。这样，影响学习投入的直接因素为 12 个。随着本研究的不断深入，逐步发现工学矛盾、领导重视、严格考核、提拔任用、学时安排、培训目标、分级分类、教学方式、部门支持 9 项因素，应该也会影响到学习投入。这样，

初步可以归纳出影响学习投入的因素有 21 个。但对学习成效的影响因素，除来自本研究最初提出学习投入这个重点因素之外，访谈中一些学员也反复提到“教学水平”。但本研究者尚不清楚，教学水平是通过学习投入影响学习成效还是教学水平直接影响学习成效，或二者兼而有之。这些有待于研究的深入开展。

在一级编码发现上述 21 项影响因素基础上，通过类属关系分析发现，一些因素之间具有高度相关性，可以将属性相同的因素进一步加以合并。这样，直接影响因素由原来的 21 项下降到 13 项。通过二级编码发现，这 13 项直接因素可以归纳为更为上位的概念：组织因素、教学因素、后勤保障和个体因素。随着研究再次深入，发现后勤保障、个体因素虽然会对学习投入以及学习成效起作用，但发挥作用最大的是组织因素、教学因素这两大因素，它们在整体因素中具有统领性作用。比如个体因素中的生活负载，其核心是“工学矛盾”或“工学关系”所带来的工作事务对学习的干扰，家庭事务对学习干扰并不大，身体健康状况方面的干扰也不大，来自工作的干扰相对要大，这恰恰也受组织因素所制约。

与大学生学习投入和中小学生学习投入强调社区、家庭、学校、班级、同伴群体等影响因素不同，本研究最大的发现在于，揭示出组织因素对干部学习投入、学习成效的影响作用。此外，大学生或中学生学习投入的教学影响因素中，比较注重教师对学生在自主需要、能力需要和归属需要等方面的支持，这是因为青少年心理上还无法保持完全独立，对老师存在一定心理依赖，相应地对教学水平本身关注较少。因为根据自我决定理论，学生满足这三者需要即可产生内部学习动机，学习动机又促进学习投入的增加。但干部作为具有丰富实践经验的成年人，跟青少年儿童不同，已经摆脱对老师的心理依赖而成熟独立。与教师提供的上述支持相比，教学水平对他们的学习投入、学习成效影响最为直接，也更为明显。

本节前部分对组织、教学这 2 个最主要影响因素再次深入分析后，进一步将其凝练为“组织支持”和“卓越教学”这两个核心概念。其中，组织支持主要包括组织关心、组织要求等；卓越教学主要包括精品课程、优秀师资等。上述内容分别对组织支持、卓越教学如何影响学习投入、学习成效，以及学习投入又如何影响学习成效进行了详细分析。

（二）组织支持主导、卓越教学直接作用下的影响机制

本部分着重从整体角度出发，探讨他们之间的相互作用机制。

1. 组织支持起主导作用

主导，即主要引导事务向某方面发展，具有引领全局、统领全局和推动全局之意。组织就是干部教育培训项目的主办单位，或者参训干部所属单位部门，有时特指各级党的组织，或党组织的组成部门如党委组织部门等。组织直接决定着某个具体干部教育培训项目是否举办、在哪个办学单位举办、举办目标、培训内容以及师资安排等根本性问题，是整个具体办学项目中的“甲方”。一句话，没有组织的决策，具体项目根本无法举办。从学员角度看，组织尤其是学员所在党组织对其具有组织人事关系，负责干部的日常作考核、培养使用和提拔晋升等方面，决定着干部的“饭碗”、“位置”和前途等。办学单位虽然在学员管理中起直接作用，但组织对干部的约束力毫无疑问是最大的。生活负载中的“工学矛盾”也要受到组织因素的影响。由此可知，组织支持在所有因素中居于决定性地位，对干部学习投入和学习成效起着主导作用。

组织支持可以进一步细分为组织关心和组织要求两个层面。组织关心又包括领导重视、部门帮助和组织部门的关爱等，尤其是领导重视非常重要。常见各种总结中把领导重视放在经验做法的第一位，切不可以为是套话或“拍马屁”。现实世界中离开领导的重视尤其是“一把手”领导的重视，很多事情无法办成或办好。组织关心可以使学员感受到对其工作的肯定、重视，以及对未来前途的可期，按照组织支持理论会使学员产生感恩、感激心态，甚至学习不好就有“愧疚”心理，这样促进干部学习的认知投入和情感投入。组织要求则是对学员在培训纪律、考核评估等方面提出的规定。对培训纪律、考勤等方面要求越严格，干部学习行为投入中的规则性投入就越大。本研究问卷调查中，考勤和纪律等方面投入程度在所有学习投入中排前两位，亦说明组织要求严格的重要性。对学员培训期间的严格考核，如要求参与研究课题、撰写研究论文和心得体会等，会促进学员认知投入和情感投入，从而影响学习成效。

因此，组织支持的主导作用是相对干部学习投入和学习成效所起统领性和决定性作用而言的。具体来说，组织支持只对干部学习投入产生直接作用，对卓越教学并不直接产生作用，对学习成效也不产生直接作用而是通过学习投入这一中介发生作用。

2. 卓越教学起直接作用

卓越，有杰出，超出一般，高水平、高质量等意。教学是整个干部教育培训的核心关键环节，没有教学，也就谈不上脱产干部教育培训，跟自学或理论中心组集体学习等同。卓越教学主要包括精品课程和优秀师资两个方面。卓越教学不仅对干部学习投入所起的作用是直接的；对学习成效也可以起到直接作用，还可以通过学习投入这一中介起到间接作用。但总的来看，卓越教学要起直接作用效果更明显。

卓越教学直接影响干部学习投入。首先，在培训内容上，符合组织需求、学员个体需求的课程和“对学员胃口”的好课程自然能够吸引参训干部的兴趣、热情，从而引发干部学习投入。其次，在教学方面，优秀的授课师资能够充分调动学员投入，击中学员的“痛点”，促使其在行为、认知和情感等方面深度参与，甚至使其达到共鸣共情的境地。反过来，对于不好的课程、不是学员需要的内容，教师讲课很“水”或者很“枯燥”，学员就会在课堂上玩手机、睡觉、上厕所以打发时间。

卓越教学直接影响部分学习成效。这一点跟自学等尤其形成鲜明对比。有了老师的引导、梳理，可以让学员对比较抽象、枯燥、庞杂的政治理论知识系统化、条理化，让学员学习更系统、全面、深刻；可以有效使学员掌握其内核知识，并内化于心。卓越教学还可以给学员有效补充新知识、新理念和新思维，帮助参训干部从专家思维全面看待问题，使学员达到“解渴”目的。从提升专业化能力、推动实际工作等成效来说，这需要从对知识理解掌握到运用的一个转化过程，受多重因素影响，卓越教学对这部分学习成效提升起到间接作用。

卓越教学对干部学习投入、学习成效起着直接作用。单就学习成效来说，卓越教学既起着直接作用，也可以通过学习投入起间接作用。在整个影响因素中，卓越教学的直接作用显得极为关键。

3. 学习投入直接影响学习成效

学习投入是本研究中的核心概念，反映干部脱产学习的过程，是衡量教育培训质量的过程性指标，包括行为、认知和情感投入三个维度。它既要受到组织支持的直接影响，还要受到卓越教学的直接影响，并对干部学习成效起到直接影响作用。具体来说，行为投入中的规则性投入，认知投入中的认识水平以及主动克服生活困难等是取得学习成效的必要条件；情感投入为行为、认知等投入提供精神能量，为取得良好学习成效起到保障作用，它们在取得良好学习成效上同样居于不可或缺的地位，但这些本身对学习成效不直接产生作用。行为投入中的积极主动，认知投入中的深度思考、反思学习等涉及高级思维投入，与实质学习过程高度吻合或者就是实质性学习活动本身，它们可以直接影响学习成效，是取得学习成效的充分条件。

4. 个体因素、后勤保障能起一定作用但要受核心因素制约

本研究中的个体因素包括生活负载、已有基础和同学交往。其中，生活负载是本研究中借用生活余力理论的一个概念，包括工学矛盾、家庭事务以及个人身体健康等对学习干扰情况等，它对学习投入要起到一定反作用，但本身主要受到组织因素制约。同学交往在中小学和大学生学习投入中是一个重要影响因素。在干部脱产学习中，很多被访者也谈到了同学交往之间的收获，但这种收获更多是面对将来工作时的经验交流、问题分享、相关便利等方面，可以视为干部参加脱产学习时的附加收益，并非直接学习成效，且收益大小取决于交往的频次和质量，而这又取决于教学活动的安排。对于学制较长的培训，办学单位会安排学习之外的相关课余活动，便于学员之间交流；对于大部分学时较短的项目来说，一般很少安排课外活动。因此，学员交往，可以被视为附加收益的一部分，也可以被视为促进干部学习投入的部分原因，但跟组织支持、卓越教学比较起来，所起作用相对有限。此外，后勤保障在一定程度对学习投入起到直接作用，但通过访谈可知，影响作用并不太大。

综上，组织支持、卓越教学、学习投入和学习成效之间的相互作用机制如图 5－1 所示。

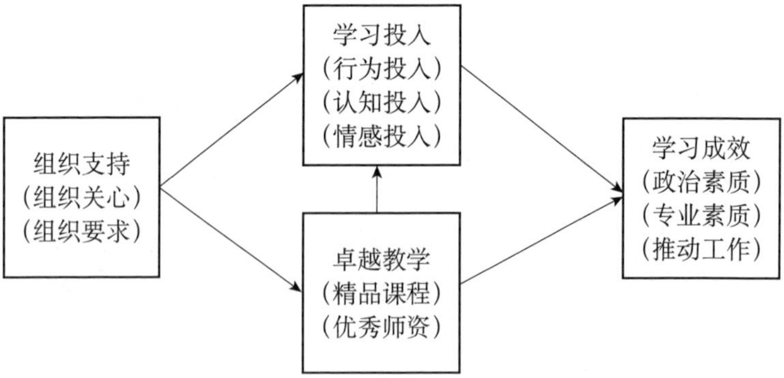

图 5－1　干部学习投入、学习成效及影响因素相互作用机制

第六章

影响机制的计量分析

本章导语

- 通过构建干部学习投入、学习成效二阶因素模型分析，以及对其他变量进行验证性因子分析，验证本研究问卷的效度和信度。
- 均值比较中，除性别因素在学习投入上存在统计意义差异外，其他人口学特征上并无差异。干部学习成效则相反，仅仅在干部来源地区上不存在统计学意义上的差异，其他方面均存在统计学意义上的差异。
- 通过构建测量模型和结构模型进行结构方程分析，较好地验证了质的研究所得出的部分结论。

  其一，干部学习投入直接影响干部学习成效，证明了学习投入对学习成效的重要作用。

  其二，卓越教学不仅直接影响干部学习投入，还直接影响着干部学习成效。在影响学习成效的因素中它居于第一的位置，充分证明教学水平的直接作用。

  其三，组织要求直接影响干部学习投入。但由于事先设计的原因，没有针对组织对整个教学的主导作用、对学员的关心等进行测量，结构方程模型也就无法对这些结论予以验证。

  其四，生活负载对干部学习投入呈负向影响，后勤保障对干部学习投入呈正相关，但影响力均为较弱。

第一节 问卷信度和效度

本节主要针对主要变量干部学习投入、学习成效、教学水平等构建验证性因素分析模型（Confirmatory Factor Analysis，CFA），以检验观测指标和潜变量之间的从属关系是否正确，即检验数据效度。同时，还检验变量的内部信度。

一、干部学习投入二阶因素模型分析

本问卷中，干部学习投入中的行为、认知和情感投入三个维度中，分别有7、8、7个观测指标，可以构建干部学习投入的二阶因素模型来分析其效度。但二阶模型共涉及“学习投入”“行为投入”“认知投入”“情感投入”4个潜变量、22个观测变量，构建之初无法读出数据。于是调整方法，分别就“行为投入”、“认知投入”和“情感投入”三个潜变量构建一阶因素模型，将负荷值显著偏低的观测指标予以删除。

在“行为投入”的7个观测指标中，第30题“在培训课堂上，您会时不时看微信、QQ、邮件等，或浏览网页新闻”是一道反向题，意在考察参训干部在课堂上看手机的行为，即分散课堂注意力现象，描述统计显示10.6%的人选择“完全符合”，20.4%的人选择“基本符合”，说明课堂看手机现象比较严重。将该题进行反向转换后，对“行为投入”7个观测指标作一阶因素模型分析，发现该题项因素负荷仅为0.14，严重低于适配标准，因此将其在后续模型分析中删除。需要说明的是，删除该题项，并非说明该题项没有意义，而是出于对尊重计量标准的需要。

在“认知投入”的8个观测指标中，第24题“在学习过程中，您只关注对自己感兴趣的部分，或听到哪儿算哪儿”属于反向题，意在考察参训干部在学习上随着兴趣走，而不是积极主动投入认知，选择“完全符合”的占12.8%，选择“比较符合”的占13.9%。第26题“这种培训对个人来说，其实是可有可无，无所谓的”，跟第19题“您觉得，参加干部教育培训对您来说非常有必要”一样，都是考察干部对培训的认识水平，只是从反向角度提出。将这两道题目反向处理后，对“认知投入”8个观测指标作一阶因素模型分析，发现这两道题目因素负荷分别为0.08、0.16，大大低于适配标准，也因此将其在后续模型分析中删除。在后续分析中删除这两个题项，同样出于对计量标准的尊重，并非说明这两个题项没有意义。

随着研究的深入，在“情感投入”的7个观测指标中，本研究者更加明确，情感投入实际是参训干部在学习过程中的积极情感投入和积极情感体验，也包括对学习的期待和意愿等。第四章已经提到，第36题“担心听不懂或不理解老师的讲课内容”、第40题“与班级同学交流”等两项与上述要求不太相符，不属于情感投入，故将此两项在后续模型分析中删除。对“情感投入”5个观测指标作一阶因素模型分析，各观测指标因素负荷较好。

在上述工作基础上，构建干部学习投入的二阶因素分析模型。其中，“学习投入”为二阶潜变量；“行为投入”“认知投入”“情感投入”为一阶潜变量，它们分别有6、6、5个观测变量。使用Amos 24.0（结构方程建模软件）的最大似然法得到模型的拟合指数，见表6-1。

表6-1　干部学习投入验证性因子分析模型适配情况①

模型适配指标	适配标准	指数值	适配判断
因素负荷量	0.50～0.95	0.61～0.90	√
P 卡方值显著性概率	*P*>0.05	*P*=0.00	×
GFI	>0.9	0.930	√
AGFI	>0.9	0.903	√
SRMR	<0.08	0.019	√
RMSEA	<0.05良好，<0.08合理	0.071	√
NFI	>0.9	0.960	√
RFI	>0.9	0.951	√
IFI	>0.9	0.962	√
TLI	>0.9	0.953	√
CFI	>0.9	0.962	√

① 指标标准参见林嵩《结构方程模型原理及AMOS应用》，华中师范大学出版社2008年版，第48页，转引自王纾《研究型大学学生学习性投入对学习收获的影响机制研究——基于2009年“中国大学生学情调查”的数据分析》，《清华大学教育研究》2011年第4期。其中，因素负荷标准参见夏洁《就业观念对高校毕业生求职的影响》，北京大学2021年博士学位论文，第48页。

观测指标对潜变量的因素负荷量，最理想的是大于 0.71，邱浩正也指出，在社会科学研究中，受测量本质特性的限制，量表的因素载荷都不会太高，建议采用 $\lambda \geq 0.55$ 的标准。[①] 在本研究中，除认知投入维度之下的两个观测指标因素负荷分别为 0.61、0.66 之外，其余观测指标因素负荷均达到 0.71 以上，比较理想。除卡方值显著性概率外，模型其他指标适配良好。但卡方值容易受样本数大小的影响而产生波动，必须参考其他适配度统计量。[②] 综合其他指标，本研究认为所构建的干部学习投入二阶因素模型可以接受。

其中，二阶潜变量“学习投入”对初阶潜变量“行为投入”“情感投入”“认知投入”的标准化路径系数分别为：0.94、0.92、0.93。“行为投入”6 个观测指标的因素负荷量分别为：0.76、0.80、0.83、0.79、0.76、0.79；“情感投入”5 个观测指标因素负荷量分别为：0.84、0.83、0.89、0.85、0.83；“认知投入”6 个观测指标因素负荷量分别为：0.80、0.66、0.71、0.83、0.87、0.61。说明干部学习投入问卷具有较高的效度。具体路径如图 6 - 1 所示。

需要说明的是，由于后续建立模型需要，SPSS 数据包中已有“学习投入”、“行为投入”、“认知投入”和“情感投入”等变量名称，根据 Amos 统计软件规则，不能在潜变量中出现与 SPSS 数据包中相同名称的变量，故以相应英文名称分别对应。

干部学习投入之行为投入维度的 6 个观测指标内部克隆巴赫系数为 0.912；认知投入维度的 6 个观测指标内部克隆巴赫系数为 0.882；情感投入维度的 5 个观测指标内部克隆巴赫系数为 0.931。按照社会科学研究方法，克隆巴赫值大于或等于 0.70，属于高信度；大于或等于 0.35 而小于 0.7 时，属于尚可；小于 0.35 时则为低信度。[③] 上述三个维度的克隆巴赫系数均在 0.88 以上，说明具有很高的信度。

---

① 参见邱晧政、林碧《结构方程模型的原理与应用》，中国轻工业出版社 2009 年版，转引自朱红《高校学生参与度及其成长的影响机制——十年首都大学生发展数据分析》，《清华大学教育研究》2010 年第 6 期。

② 吴明隆：《结构方程模型——Amos 实务进阶》，重庆大学出版社 2013 年版，第 13 页。

③ J. P. Gilford, *Psychometric Methods*（New York：McGraw-Hill Education，1954）. 转引自荣泰生《AMOS 与研究方法》，重庆大学出版社 2009 年版，第 82 页。

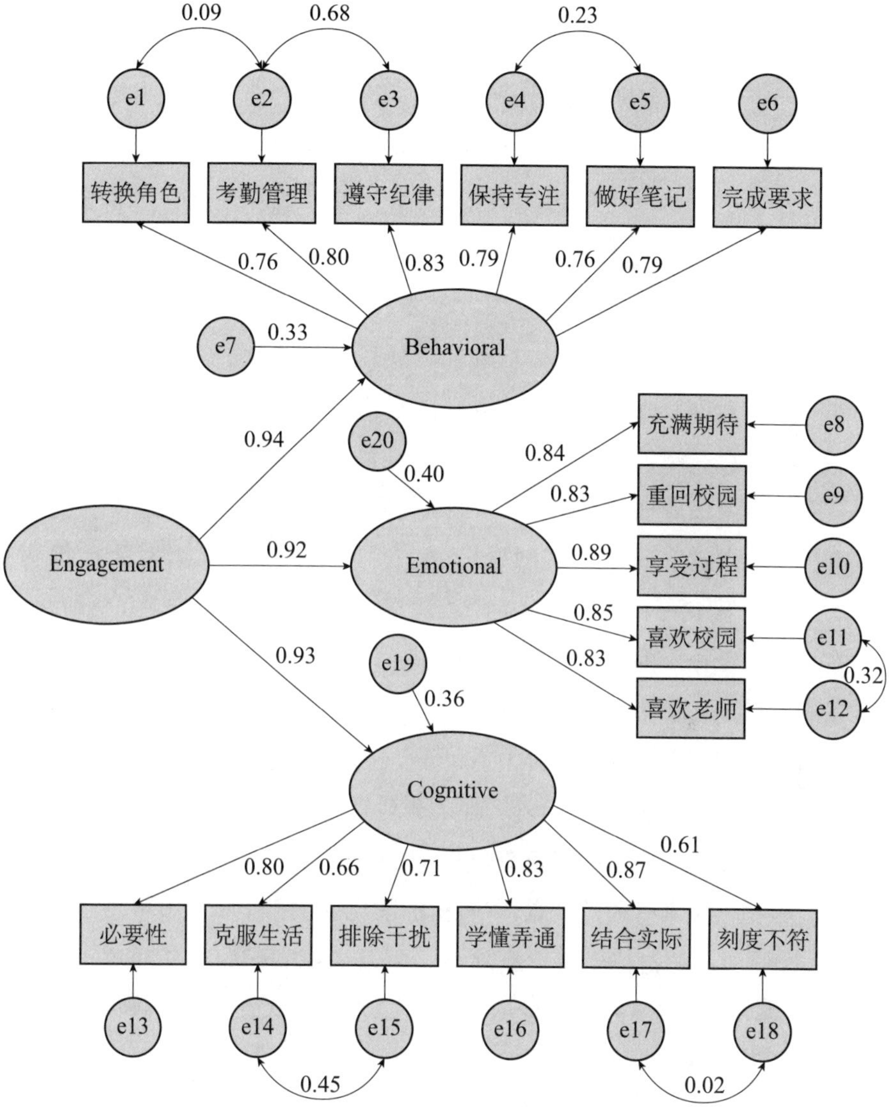

图 6-1　干部学习投入的验证性因子分析模型路径

二、干部学习成效二阶因素模型分析

本问卷中，干部学习成效中的政治素质、专业素质和推动工作三个方面中，分别有 5、5、4 个观测指标，可以构建干部学习成效的二阶因素模型来分析其效度。按照上一部分构建干部学习投入二阶因素模型的经验，分别就“政治素质”“专业素质”“推动工作”三个潜变量构建一阶观测模型，将因素负荷值显著偏低的观测指标予以删除。

在“政治素质”的5个观测指标中，第52题“关于政治理论方面，老师讲得比较虚，距离实际比较遥远，不接地气”是一道反向题，意在从另一个侧面考察参训干部对政治素质提升的情况。根据描述统计，18.8%的参训干部选择“完全符合”，10.3%的选择“基本符合”，说明认为政治理论学习还是存在不接地气情况。将该题进行反向转换后，对“政治素质”的5个观测指标作一阶因素模型分析，发现该题项因素负荷仅为0.07，严重低于适配标准，因此将其在后续模型分析中删除。同样，删除该题项是出于计量分析的需要，并非说明该题项没有意义。

在“专业素质”的5个观测指标的一阶因素模型中，因素负荷均达到0.90以上，适配良好。因此，这5个观测指标在后续分析中均予以保留。

在“推动工作”的4个观测指标中，第61题“通过参加本次培训，预期对您下一步任职或任用的影响”，意在考察学习后的职务晋升。跟访谈中认为培训和提拔之间不存在必然直接关系一致，选择“完全符合”的仅为33.2%，选择“基本符合”的仅为23.1%。对“推动工作”的4个观测指标作一阶因素模型分析，发现该题项因素负荷为0.54，虽未达到邱浩政提到的0.55的适配标准，根据侯杰泰等人的观点，“希望标准化的因素负荷在0.6或以上，如果小于0.5，对应的指标要考虑删除”①，以及考虑到任职或任用对于干部来说意义较大，一旦获得提拔或重用也必然推动工作发展，该观测指标在后续分析中将予以保留。

在上述一阶因素分析基础上，构建干部学习投入的二阶因素分析模型。其中，“学习成效”为二阶潜变量；“政治素质”“专业素质”“推动工作”为一阶潜变量，调整后它们分别有4、5、4个观测变量。使用Amos 24.0最大似然法，得到模型的拟合指数，见表6-2。

---

① 侯杰泰、温忠麟、成子娟：《结构方程模型及其应用》，教育科学出版社2004年版，第52页。

表 6－2　干部学习成效验证性因子分析模型适配情况①

模型适配指标	适配标准	指数值	适配判断
因素负荷量	0.50～0.95	0.52～0.960	√
P 卡方值显著性概率	*P*>0.05	*P*=0.000	×
GFI	>0.90	9.480	√
AGFI	>0.90	9.190	√
SRMR	<0.08	0.0180	√
RMSEA	<0.05 良好，<0.08 合理	0.074	√
NFI	>0.90	0.979	√
RFI	>0.90	0.973	√
IFI	>0.90	0.980	√
TLI	>0.90	0.974	√
CFI	>0.90	0.980	√

本研究中，政治素质、专业素质和推动工作三个方面的 13 个观测指标因素负荷都很高。除卡方值显著性概率外，模型其他指标适配良好。但卡方值容易受样本数大小影响而产生波动，必须参考其他适配度统计量。综合其他指标，本研究认为所构建的干部学习成效二阶因素模型可以接受。

其中，二阶潜变量“学习成效”对初阶潜变量“政治素质”“专业素质”“推动工作”的标准化路径系数分别为：0.82、0.97、0.83。“政治素质”的 4 个观测指标的因素负荷量分别为：0.93、0.96、0.95、0.93；“专业素质”的 5 个观测指标因素负荷量分别为：0.93、0.94、0.92、0.90、0.93；“推动工作”的 4 个观测标因素负荷量分别为：0.89、0.88、0.94、0.52。说明干部学习成效的问卷具有较高效度。

同样需要说明的是，由于后续建立模型需要，SPSS 数据包中已有“学习成效”、“政治素质”、“专业素质”和“推动工作”等变量名称，根据 Amos 统计软件规则，不能在潜变量中出现与 SPSS 数据包中相同名称的变量，故以相应英文名称分别对应。具体路径如图 6－2 所示。

① 指标标准参见林嵩《结构方程模型原理及 AMOS 应用》，华中师范大学出版社 2008 年版，第 48 页，转引自王纾《研究型大学学生学习性投入对学习收获的影响机制研究——基于 2009 年“中国大学生学情调查”的数据分析》，《清华大学教育研究》2011 年第 4 期。其中，因素负荷标准参见夏洁《就业观念对高校毕业生求职的影响》，北京大学 2021 年博士学位论文，第 48 页。

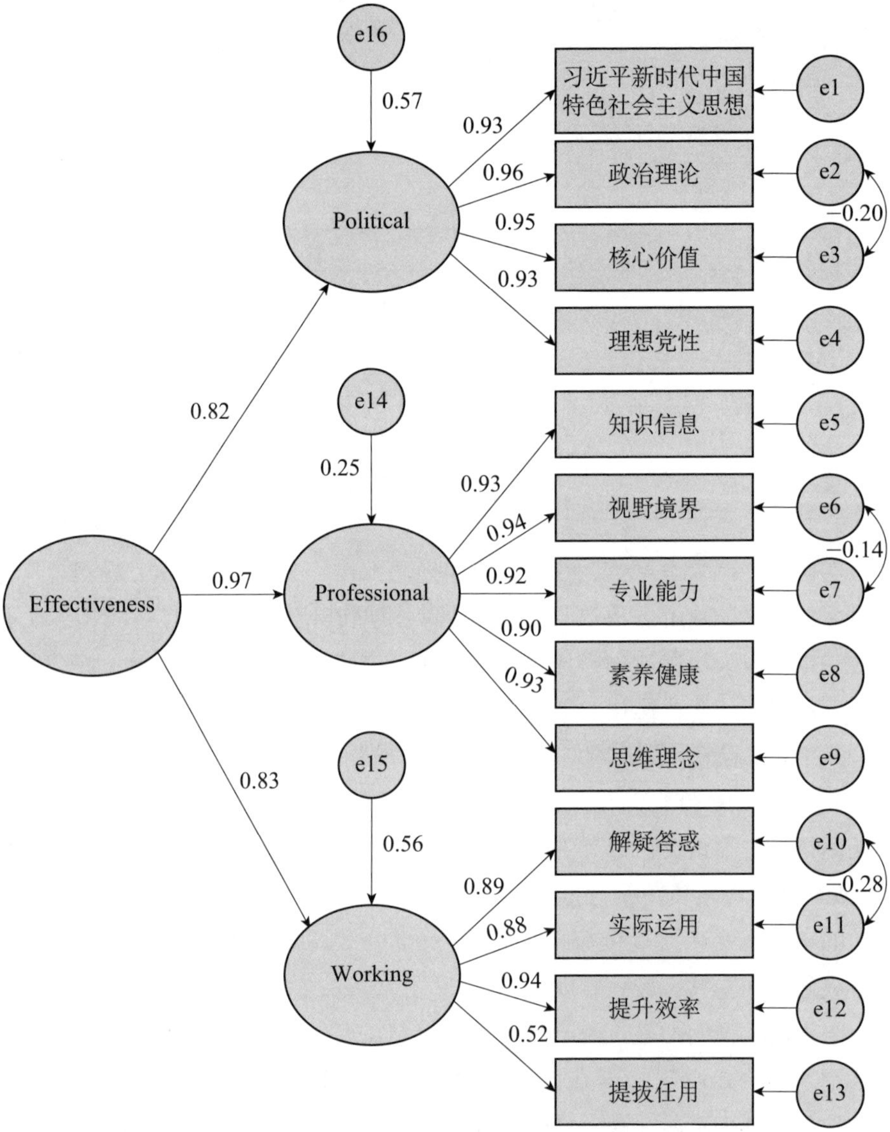

图 6-2 干部学习成效的验证性因子分析模型路径

干部学习成效之政治素质方面的 4 个观测指标内部克隆巴赫系数为 0.969；专业素质的 5 个观测指标内部克隆巴赫系数为 0.965；推动工作的 4 个观测指标内部克隆巴赫系数为 0.861，三个方面均具有很高的信度。

三、其他变量分析

（一）教学水平

在其他变量中，本研究者早已经预测，教学状况对干部学习投入和学习成效的影响作用，因此设计了 7 个测量指标，包含课程设计、教学内容、目标预期、教学态度、教学方法、调动参与以及总的教学水平。这 7 个指标的克隆巴赫系数为 0.953，说明内部具有比较高的可信度。运用统计软件 SPSS 21.0 版本进行因子分析，通过“最大方差法”分析，最终只提取一个主成分因素，说明仅有一个公共因子。本研究将这 7 个观测指标纳入潜变量“教学水平”之下，运用 Amos 24.0 最大似然法，构建一阶模型进行因素分析。模型拟合度如表 6－3 所示。

表 6－3　教学水平验证性因子分析模型适配情况 ①

模型适配指标	适配标准	指数值	适配判断
因素负荷量	0.50～0.95	0.71～0.930	√
P 卡方值显著性概率	*P*＞0.05	*P*＝0.000	×
GFI	＞0.90	0.993	√
AGFI	＞0.90	0.952	√
SRMR	＜0.08	0.004	√
RMSEA	＜0.05 良好，＜0.08 合理	0.078	√
NFI	＞0.90	0.997	√
RFI	＞0.90	0.982	√
IFI	＞0.90	0.997	√
TLI	＞0.90	0.983	√
CFI	＞0.90	0.997	√

① 指标标准参见林嵩《结构方程模型原理及 AMOS 应用》，华中师范大学出版社 2008 年版，第 48 页，转引自王纾《研究型大学学生学习性投入对学习收获的影响机制研究——基于 2009 年“中国大学生学情调查”的数据分析》，《清华大学教育研究》2011 年第 4 期。其中，因素负荷标准参见夏洁《就业观念对高校毕业生求职的影响》，北京大学 2021 年博士学位论文，第 48 页。

本研究中，7个观测指标的因素负荷分别为：0.85、0.83、0.92、0.93、0.86、0.89、0.71，属于理想效果。除卡方值显著性概率外，模型其他指标适配良好。综合其他指标，该教学水平一阶因素模型可以接受。

同样根据Amos统计软件规则，不能在潜变量中出现与SPSS数据包中相同名称的变量，以相应英文名称分别对应。“教学水平”具有比较高的信度和效度。具体路径如图6－3所示。

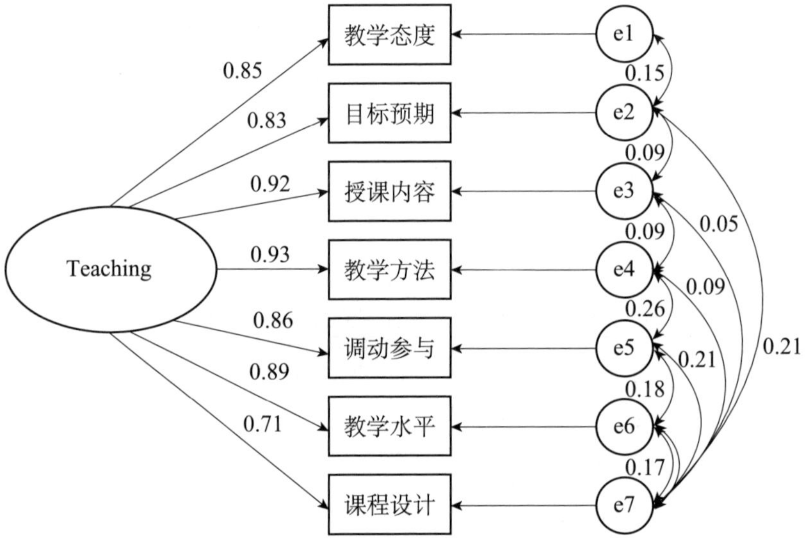

图6－3　教学水平验证性因子分析模型路径

（二）生活负载

本研究就“生活负载”设计3道题目，即来自工作事务的干扰、家庭生活的影响、自身身体健康状况，克隆巴赫系数为0.417，按照社会科学研究方法，α值大于或等于0.70，属于高信度；大于或等于0.35而小于0.70时，属于尚可；小于0.35时则为低信度。[①] 将这3个观测指标构建一阶模型，发现来自工作事务的干扰和家庭生活的影响的因素负荷分别为0.64，身心状态的因素负荷为－0.04。根据生活余力理论和实际情况，“身心状态欠佳”属于

① J. P. Gilford，*Psychometric Methods*（New York：McGraw-Hill Education，1954）. 转引自荣泰生《AMOS与研究方法》，重庆大学出版社2009年版，第82页。

生活负载的一部分，后续分析中将予以保留。

（三）组织要求

组织要求一项共设计3道题目，即第16题“您认为，组织方或办学单位对参训干部有严明的纪律要求与学习要求”，第17题“您因工作表现良好而被组织部门精心选拔参加脱产教育培训，因而备受鼓舞”；第18题“组织方或办学方对学习要求并不高，只要大家不违反纪律、完成任务即可”。其中，第18题属于反向题，跟第16题同为纪律要求方面。通过反向转换后，3道题目的克隆巴赫系为0.199，大大低于最低水平0.35。考虑到第18题与第16题类似，将其删除后，测量第16、第17两道题目的可信度，克隆巴赫系数为0.681，基本尚可。通过构建这两个观测指标的“组织要求”一阶模型分析发现，因素负荷分别为0.29、0.43，负荷量偏低。但结合以往文献和实际情况，也便于后续分析需要，将这两个观测指标予以保留。

（四）后勤保障

后勤保障共设计4道题目，分别是第12题“您对伙食、住宿方面比较适应”，第13题“您对教学环境，包括从住宿地到上课教室之间的距离都很适应”，第14题“您对教育培训所在地的气候、空气、交通等环境比较适应”，第15题“您认为组织方和办学方在教学管理服务方面比较周全”，克隆巴赫系数为0.896，可信度较高。通过构建这4个观测指标的“后勤保障”一阶模型分析，因素负荷分别为0.78、0.84、0.86、0.83，说明具有比较高的效度。

各变量克隆巴赫系数如表6-4所示，这些变量均具有较高信度和效度。

表6-4　各变量克隆巴赫系数

变量	观测指标	α	变量	观测指标	α
行为投入	6	0.912	推动工作	4	0.861
认知投入	6	0.882	教学水平	7	0.953
情感投入	5	0.931	生活负载	3	0.417
政治素质	4	0.969	组织要求	2	0.681
专业素质	5	0.965	后勤保障	4	0.896

第二节　均值比较

本节拟从人口学特征对干部学习投入和学习成效进行均值比较。具体做法是根据上一节问卷信度和效度分析，将行为、认知和情感投入的6、6、5个观测指标进行加总后计算出平均数，生成“干部学习投入”变量；同样将政治素质、专业素质和推动工作的4、5、4个观测指标进行加总后计算出平均数，生成“干部学习成效”变量。然后运用统计软件SPSS 21.0进行均值比较，分析干部学习投入和学习成效在人口学特征上是否具有差异。

一、不同性别分析

运用统计软件SPSS对不同性别干部的学习投入、学习成效进行均值比较。男性干部、女性干部在学习投入上的均值分别为4.51、4.58；学习成效均值分别为4.38、4.43，如表6-5所示。女性干部在学习投入、学习成效上的均值均高于男性干部。

表6-5　不同性别干部学习投入、学习成效均值比较

干部性别	学习投入		χ^2	P	学习成效		χ^2	P
	SE	SD			SE	SD		
男（n=2 802）	4.51	0.62			4.38	0.66		
女（n=1 457）	4.58	0.58	10.972	0.001	4.43	0.64	4.709	0.03
不明（n=2）	4.57	0.61			4.11	1.24		

经卡方检验发现，干部学习投入、学习成效在性别上存在统计学意义上的差异。

二、不同年龄段分析

本研究在年龄段上设置了4个年龄段，分别是35岁以下、大于或等于35岁且小于45岁、大于或等于45岁且小于55岁、55岁及以上。运用统计软件SPSS对不同年龄段干部的学习投入、学习成效进行均值比较。上述年龄段干部在学习投入上的均值分别为4.48、4.56、4.55、4.51；学习成效均值分别为4.38、4.45、4.37、4.34。在学习投入上，大于或等于35岁且小于45岁的干部均值最大；在学习成效上，同样也是该年龄段均值最大。具体如表6-6所示。

表6-6　不同年龄干部学习投入、学习成效均值比较

年龄	学习投入		χ^2	P	学习成效		χ^2	P
	SE	SD			SE	SD		
<35 (n=818)	4.48	0.69			4.38	0.74		
35≤X<45 (n=1 552)	4.56	0.60			4.45	0.63		
45≤X<55 (n=1 514)	4.55	0.57	2.232	0.135	4.37	0.64	5.035	0.025
X≥55 (n=377)	4.51	0.61			4.34	0.64		

卡方检验发现，干部学习投入在年龄段上无统计学意义上的差异，而学习成效在年龄段上存在统计学意义上的差异。

三、不同学历分析

问卷调查中在最高学历上共设置4档，分别是专科及以下、本科、硕士研究生、博士研究生。他们在学习投入上的均值分别是：4.55、4.54、4.53、4.45，投入程度最高的是专科及以下干部，投入程度最低的是博士研究生，说明干部学习投入程度与干部学历呈反比。在学习成效的均值分别是4.46、

4.41、4.37、4.30，成效也与学历层次同样成反比，成效最高的是专科及以下学历层次，最低的仍然是博士。具体如表 6－7 所示。

表 6－7　不同学历干部学习投入、学习成效均值比较

干部类型	学习投入		χ^2	P	学习成效		χ^2	P
	SE	SD			SE	SD		
专科及以下（n=259）	4.55	0.65			4.46	0.70		
本科（n=2 807）	4.54	0.61			4.41	0.66		
硕士研究生（n=1 024）	4.53	0.60	1.646	0.200	4.37	0.63	9.129	0.003
博士研究生（n=171）	4.45	0.58			4.30	0.59		

卡方检验发现，干部学习投入在学历层次上无统计学意义上的差异，而学习成效在学历层次上存在统计学意义上的差异。

四、不同干部类型分析

运用统计软件 SPSS 对不同类型干部的学习投入、学习成效进行均值比较。不同类型干部的学习投入中，党政干部、企业经营人员、专业技术人员和其他人员在学习投入上的均值分别为 4.53、4.54、4.54、4.51，企业经营人员和专业技术人员以 4.54 并列第一，党政干部以 4.53 排第二位。学习成效均值，党政干部、企业经营人员、专业技术人员和其他人员分别为 4.38、4.40、4.43、4.39，专业技术人员以 4.43 排第一位。具体如表 6－8 所示。

表 6－8　不同类型干部学习投入、学习成效均值比较

干部类型	学习投入		χ^2	P	学习成效		χ^2	P
	SE	SD			SE	SD		
党政干部（n=2 086）	4.53	0.64			4.38	0.68		
企业经管人员（n=910）	4.54	0.53			4.40	0.62		

续表

干部类型	学习投入		χ^2	*P*	学习成效		χ^2	*P*
	SE	SD			SE	SD		
专业技术人员（*n*=865）	4.54	0.62	0.009	0.924	4.43	0.64	6.419	0.011
其他人员（*n*=400）	4.51	0.59			4.39	0.64		

从上表看，经卡方检验发现，干部学习投入组间的差异远小于由于随机误差引起的组内差异，在干部类型上无统计学意义差异，说明他们与干部类型因素不相关，但不同类型干部在学习成效上有统计学意义差异。

五、不同职级干部分析

运用统计软件 SPSS 对不同职级干部的学习投入、学习成效进行均值比较。不同类型干部的学习投入中，司局级、县处级、乡科级、普通科员及以下干部在学习投入上的均值分别为 4.56、4.53、4.52、4.54，司局级干部以均值 4.56 学习投入最高，普通科员及以下干部以 4.54 排第二位。司局级、县处级、乡科级、普通科员及以下干部在学习成效上的均值分别为 4.28、4.38、4.41、4.44，普通科员及以下干部排第一位。具体如表 6-9 所示。

表 6-9　不同职级干部学习投入、学习成效均值比较

职务职级	学习投入		χ^2	*P*	学习成效		χ^2	*P*
	SE	SD			SE	SD		
司局级（*n*=2 086）	4.53	0.64			4.38	0.68		
县处级（*n*=910）	4.54	0.53			4.40	0.62		
乡科级（*n*=865）	4.54	0.62	0.009	0.924	4.43	0.64	6.419	0.011
普通科员及以下（*n*=400）	4.51	0.59			4.39	0.64		

经卡方检验发现，不同职务职级的干部学习投入无统计学意义差异，但不同职务职级的干部学习成效具有统计学意义差异。

六、不同单位层级分析

干部来源层级主要是看参训干部所在单位层级，分别来自中央或国家机关级（包括央企、部委直属事业单位或高校），省（区、市）级，市（地、州、盟）级，县（区、市、旗）级，乡（镇）级及以下等。在学习投入上的均值分别为 4.52、4.49、4.54、4.54、4.56，来自乡镇一级干部的学习投入均值最高，为 4.56，来自省级单位干部的学习投入均值最低为 4.49。在学习成效上，均值分别为 4.31、4.36、4.41、4.43、4.48，同样是来自乡镇一级干部的学习成效均值最高为 4.48，来自中央和国家机关单位干部的学习成效均值最低为 4.31。具体如表 6－10 所示。

表 6－10　不同单位层级干部学习投入、学习成效均值比较

职务职级	学习投入		χ^2	P	学习成效		χ^2	P
	SE	SD			SE	SD		
中央机关（n=828）	4.52	0.53				4.31	0.590	
省级（n=575）	4.49	0.65			4.36	0.68		
地市级（n=1 172）	4.54	0.57	3.587	0.058	4.41	0.64	26.923	0.000
县区级（n=1 210）	4.54	0.64			4.43	0.68		
乡镇级（n=476）	4.56	0.68			4.48	0.7		

经卡方检验发现，不同单位层级的干部学习投入无统计学意义差异，但不同单位层级的干部学习成效具有统计学意义差异。

七、不同区域分析

问卷对干部来源设计地域分布，包括：中央或国家机关（包括央企、部委直属事业单位或高校），东部（含北京、天津、河北、上海、江苏、浙江、福建、山东、广东和海南），中部（含山西、安徽、江西、河南、湖北和湖南），西部（含内蒙古、广西、重庆、四川、贵州、云南、西藏、陕西、甘肃、青海、宁夏和新疆），东北部（含辽宁、吉林和黑龙江）。中央、东部、中部、西部、东北部在学习投入上的均值分别是：4.50、4.54、4.57、4.51、4.57，其中东北部干部学习投入均值最高为 4.57；学习成效均值分别为：4.28、4.43、4.44、4.38、4.44。具体如表 6 - 11 所示。

表 6 - 11　不同区域干部学习投入、学习成效均值比较

地域分布	学习投入		χ^2	P	学习成效		χ^2	P
	SE	SD			SE	SD		
中央（国家）机关（n=516）	4.50	0.57			4.28	0.61		
东部（n=1 238）	4.54	0.62			4.43	0.66		
中部（n=730）	4.57	0.60	0.104	0.747	4.44	0.65	2.78	0.096
西部（n=1 498）	4.51	0.62			4.38	0.67		
东北部（n=279）	4.57	0.54			4.44	0.59		

经卡方检验发现，不同区域干部在学习投入和学习成效上均无统计学意义差异。

综上，在学习投入的均值比较上，仅在性别上存在统计学意义上差异，其他人口学特征未见差异。在学习成效上，仅在区域上不存在统计学意义上的差异，而在性别、年龄、学历、干部类型、干部职级、单位层级等方面均存在统计学意义上的差异。

第三节　相关分析

相关分析是研究变量之间是否存在某种联系的计量方法，目的是验证变量间是否存在相关特性。从变量之间相互关系的方向看，变量之间存在同增同减的同方向变动，为正相关；变量之间存在一增一减的反方向变动，为负相关。

本节拟对干部学习投入、干部学习成效、教学水平、组织要求、后勤保障、生活负载等做二元变量相关分析，为下一步结构方程分析做准备。其中，干部学习投入、干部学习成效两个变量已经在上一节均值分析中计算得出。教学水平、组织要求、生活负载、后勤保障等变量生成方法也如前两个变量一样，分别将其观测指标加总后平均得出。

运用 SPSS 统计软件对上述变量进行二元相关分析，得出描述统计量表（见表 6－12）。其中，干部学习投入、干部学习成效、教学水平、组织要求、后勤保障和生活负载的均值分别为：4.533 7、4.399 8、4.486 0、4.388 4、4.302 6、2.372 4。

表 6－12　相关变量描述性统计

变量	均值	标准差	N
干部学习投入	4.533 7	.606 32	4 261
干部学习成效	4.399 8	.656 82	4 261
教学水平	4.486 0	.680 38	4 261
组织要求	4.388 4	.797 62	4 261
后勤保障	4.302 6	.810 67	4 261
生活负载	2.372 4	.789 15	4 261

得出二元相关矩阵表，如表 6－13 所示。从中可以看出，干部学习投入与干部学习成效、教学水平、组织要求、后勤保障的皮尔逊相关系数分别为：0.784、0.789、0.681、0.587、－0.164，在 0.01 水平（双侧）上呈显著相关。干部学习成效与干部学习投入、教学水平、组织要求、后勤保障和生活负载的皮尔逊相关系数分别为：0.784、0.830、0.610、0.518、－0.114，同样在 0.01 水平（双侧）上呈显著相关。只不过除干部学习投入与生活负载、干部学习成效与生活负载呈负相关外，其他均为正相关。

当然，相关分析仅是粗略确定变量之间存在相关关联。尚无法确定谁是因变量、谁是自变量，以及自变量之间又是在多大程度上如何作用于因变量的。欲进一步揭示相关影响因素如何作用因变量干部学习成效，在多大程度上对其产生效应，下一节将采用结构方程模型进行进一步分析。

表 6-13　相关系数矩阵

		干部学习投入	干部学习成效	教学水平	组织要求	后勤保障	生活负载
干部学习投入	Pearson 相关性	1	.784**	.789**	.681**	.587**	−.164**
	显著性（双侧）		.000	.000	.000	.000	.000
	N	4 261	4 261	4 261	4 261	4 261	4 261
干部学习成效	Pearson 相关性	.784**	1	.830**	.610**	.518**	−.114**
	显著性（双侧）	.000		.000	.000	.000	.000
	N	4 261	4 261	4 261	4 261	4 261	4 261
教学水平	Pearson 相关性	.789**	.830**	1	.603**	.547**	−.143**
	显著性（双侧）	.000	.000		.000	.000	.000
	N	4 261	4 261	4 261	4 261	4 261	4 261
组织要求	Pearson 相关性	.681**	.610**	.603**	1	.608**	−.120**
	显著性（双侧）	.000	.000	.000		.000	.000
	N	4 261	4 261	4 261	4 261	4 261	4 261
后勤保障	Pearson 相关性	.587**	.518**	.547**	.608**	1	−.179**
	显著性（双侧）	.000	.000	.000	.000		.000
	N	4 261	4 261	4 261	4 261	4 261	4 261
生活负载	Pearson 相关性	−.164**	−.114**	−.143**	−.120**	−.179**	1
	显著性（双侧）	.000	.000	.000	.000	.000	
	N	4 261	4 261	4 261	4 261	4 261	4 261

注：** 表示在 0.01 水平（双侧）上显著相关。

第四节　结构方程分析

结构方程分析（Structural Equation Modeling，SEM），又称协方差结构分析，是根据变量之间的协方差矩阵来分析变量之间关系的统计方法。它融合了因素分析与路径分析两种技术，可以用于分析涉及潜变量（不可直接观察变量）的复杂关系，同时处理多个因变量，容许自变量和因变量含测量误差等优点，适合处理整体模型比较。结构方程模型可以分为测量模型和结构方程。测量模型用以描述观测指标与潜变量之间的关系，结构方程描述潜变量与潜变量之间的关系。

相比于传统的回归分析，结构方程模型可以更好地探讨多变量之间的因果关系。

本研究中，学习投入、学习成效、组织支持、教学水平、生活负载、后勤保障等变量均为潜变量，无法准确直接测量得出，需要借用外显指标间接测量（即问卷的问题）。学习投入、学习成效受到多个变量影响，关系较为复杂。个别变量，如学习投入，对学习成效来说是自变量，对其他变量来说它又是因变量。结构方程模型很适合本研究模型分析。

一、理论验证

从宏观来说，结构方程分析假设，来源于文献研究中的学习投入理论模型“背景因素-学习投入-学习成果”，其中，背景因素影响学习投入，学习投入影响学习成果；从微观来说，结构方程分析假设直接来源于前一章质的研究中归纳得出的结论，即组织支持主导、卓越教学直接作用下的干部学习投入和学习成效及其影响机制。

在这一理论模型中，组织支持对干部学习投入和学习成效起主导作用，卓越教学对学习投入和学习成效起直接作用，学习投入直接影响学习成效。这是运用质的研究方法，在无须事先理论假设的前提下，通过对访谈资料以及其他原始资料深入分析之后，自下而上一步一步归纳得出的。它与计量研究方法思路截然相反。计量研究要求事先进行理论假定，通过模型验证最后予以确认。本研究以质的研究为主，将质的研究中得出的具体结论作为理论假设，通过计量研究方法加以验证，这也是确保质的研究方法效度的一个方式。由于在实际操作中，这两种设计思路完全相反的研究方法同步进行，导致质的研究所得出的理论假设未必与量的研究中理论假设完全一致。也就是说，事先带着一定理论假设出发来设计的计量研究，与事先无须理论假设的质的研究中所得出的研究结论，存在不完全吻合情况。

具体到本研究来说，上一章指出组织支持主导作用体现在两方面。一方面体现在对某个干部教育培训具体项目办学全流程的决定权，决定着项目能否举办、在哪里举办，以及培训目标、课程内容和授课师资等。这一切虽然不直接作用于干部学习投入和学习成效，但与之有关且起着统领性作用。另一方面体现在组织对参训干部在管理上的直接约束作用，这点可直接影响到学习投入，进而影响学习成效。本研究的“组织支持”这一核心概念系由“组织关心”和“组织要求”两个层面具体组成。但在本研究的计量研究设计之初，仅考虑到组织严格的纪律要求以及干部参训是否得到组织严格遴选可能会对学员学习投入和学习成效产生影响，即“组织要求”。但“组织支持对整个教学的主导作用”和“组织对参训干部的关心”等方面在量的研究设计之处并无考虑，在问卷中也无体现。综合上述实际情况考虑，结合前面的相关分析，本章运用结构方程模型（见图6-4）分析的理论假设调整如下：

假设一，组织要求直接影响干部学习投入，组织支持对教学的影响、组织关心对干部学习投入的影响等暂时不予考虑；

假设二，干部学习投入直接影响学习成效；

假设三，教学水平不仅直接影响干部学习投入，还直接影响干部学习成效，并通过学习投入间接影响学习成效；

假设四，生活负载对干部学习投入起一定负作用，但作用不太明显；

假设五，后勤保障等会对干部学习投入起到一定直接影响作用，但作用同样不太明显。

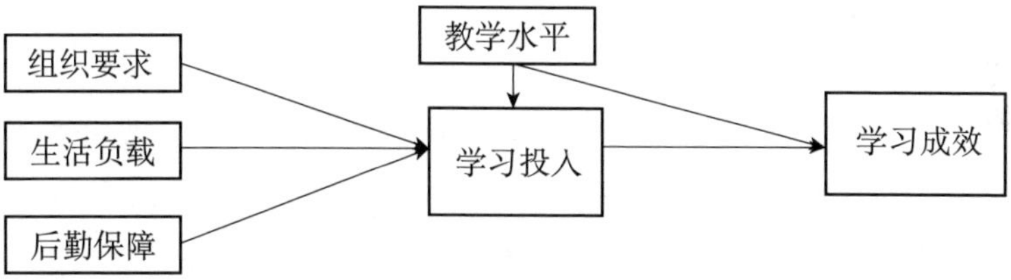

图6-4　结构方程分析的理论模型

与质的研究中所得出的理论模型相比，少了“组织支持”对“教学水平”的影响以及“组织关心”对“学习投入”的影响，仅考察到“组织要求”对学习投入的影响。需要强调的是，这并非推翻此前质的研究中所得出的结论，仅仅是为了便于从量的研究实际操作出发而调整，恰恰体现两种研究方法同时进行呈现的实际情况。

二、模型构建

本章第一节已经通过构建干部学习投入、学习成效二阶因素模型分析，可知各观测指标对于潜变量具有比较高的信度和效度。本节将构建各影响因素、学习投入和学习成效之间的全模型，既包括观测指标对潜变量的测量模型，也包括潜变量之间的结构模型。但若同样构建学习投入、学习成效二阶测量模型，则显得尤为庞杂。因此，有必要将学习投入之下的三个维度、学习成效之下的三个方面的潜变量，分别结合成单一指标值而成为观测指标。具体做法就是，将“学习投入”之下的三个潜在变量“行为投入”、“认知投入”和“情感投入”分别所包含的6、6、5个观测变量，分别加总平均计算得出的平均数即形成单一指标值。如将“行为投入”中的6个观测变量加总计算出平均数，代表着“行为投入”，它在模型中就不再是潜变量，而是观测变量值。这样，“干部学习投入”就直接对应“行为投入”“认知投入”“情感投入”三个观测值。“干部学习成效”也按照上述方式，将原潜变量“政治素质”“专业素质”“推动工作”转换为观测变量。这种在同一维度之下将若干观测指标加总平均形成单一指标值的做法，荣泰生在其《AMOS与研究方法中》以实际例子做过详细介绍。①

“教学水平”“组织要求”“生活负载”“后勤保障”4个变量也属于潜变量，分别由7、2、3、4个观测指标组成。从理论上来说，应该将他们分别构建为4个一阶因子测量模型，并按照理论假设分别与“学习投入”“学习成效”这两个潜在变量之间建立结构方程。这样的话，整个模型包括6个测量模型和6个结构模型，在统计上过于庞杂，难以操作。从本研究的目的来看，主要想利用计量研究方法作为一种补充，对质的研究得出结论予以验证或部分验证。因此，从实际操作出发，本研究按照上述办法，将“教学水平”“组织要求”“生活负载”“后勤保障”4个潜变量分别对应的观测值，进行加总后平均形成单一指标值，这4个潜变量相应转化为观测变量。

这样，结构方程模型中有“学习投入”“学习成效”2个潜变量。其中“学习投入”有行为投入、认知投入、情感投入3个观测指标，“学习成效”有政治素质、专业素质和推动工作3个观测指标。同时，结构方程模型中还有教学水平、组织要求、生活负载、后勤保障4个观测指标，一共有10个观测指标。理论模型如图6-5所示。

---

① 荣泰生：《AMOS与研究方法》，重庆大学出版社2009年版，第91页。

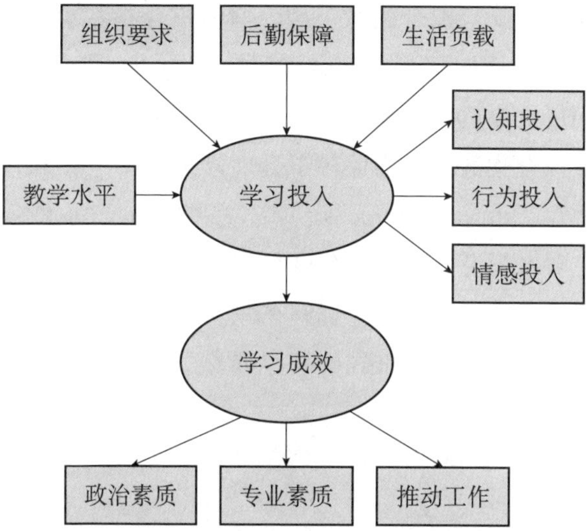

图 6-5　干部学习投入、学习成效及其影响机制模型

这个模型包括学习投入、学习成效 2 个测量模型，学习投入对学习成效 1 个结构方程，以及组织要求、生活负载、后勤保障、教学水平对学习投入、教学水平对学习成效、学习投入对学习成效 6 条路径分析。

三、模型评价与修正

对上述模型进行参数估计后得到拟合模型，分别从以下三个方面对模型进行评价。一是各种拟合指数，二是检验参数的显著性，评价参数的意义和合理性，三是计算测定系数来评价方程对数据的解释能力。[①] 其中，拟合指数主要包括：（1）卡方检验，表示拟合函数之间的距离，卡方值越小，说明模型越好。但卡方值容易受到样本规模影响，样本量越大，卡方值都较大，容易导致模型被拒绝。因此，这就需要从整体拟合指数来考虑。（2）近似误差均方根 REMSEA 受样本规模影响较小，是比较理想的拟合指数，其标准是低于 0.05 表示非常好，低于 0.01 表示非常出色，低于 0.08 尚可。（3）标准化残差均方根 SRMR 的标准是低于 0.08。其他拟合指数如非范拟合指数 NNFI、

① 侯杰泰、温忠麟、成子娟：《结构方程模型及其应用》，教育科学出版社 2004 年版，第 209 页。

比较拟合指数 CFI、规范拟合指数 NFI、增值拟合指数 IFI、比较拟合指数 CFI，拟合优度指数 GFI、调整的拟合优度指数 AGFI 等，均要求大于 0.90。

本研究采用最大似然法对初始模型进行拟合修正。首先查看参数值是否恰当，之后检查拟合指数。为确保科学合理修正模型，根据 Amos 软件中的检视修正指数（Modification Indices，MI）参数提示，每次修正仅增加或删除一条路径，主要修正潜变量中观测变量误差项之间的相关关系，以及其他观测变量误差项之间的相关关系，直到在减少卡方与模型简约性方面达成平衡。最终修正后得到的模型图如图 6－6 所示。

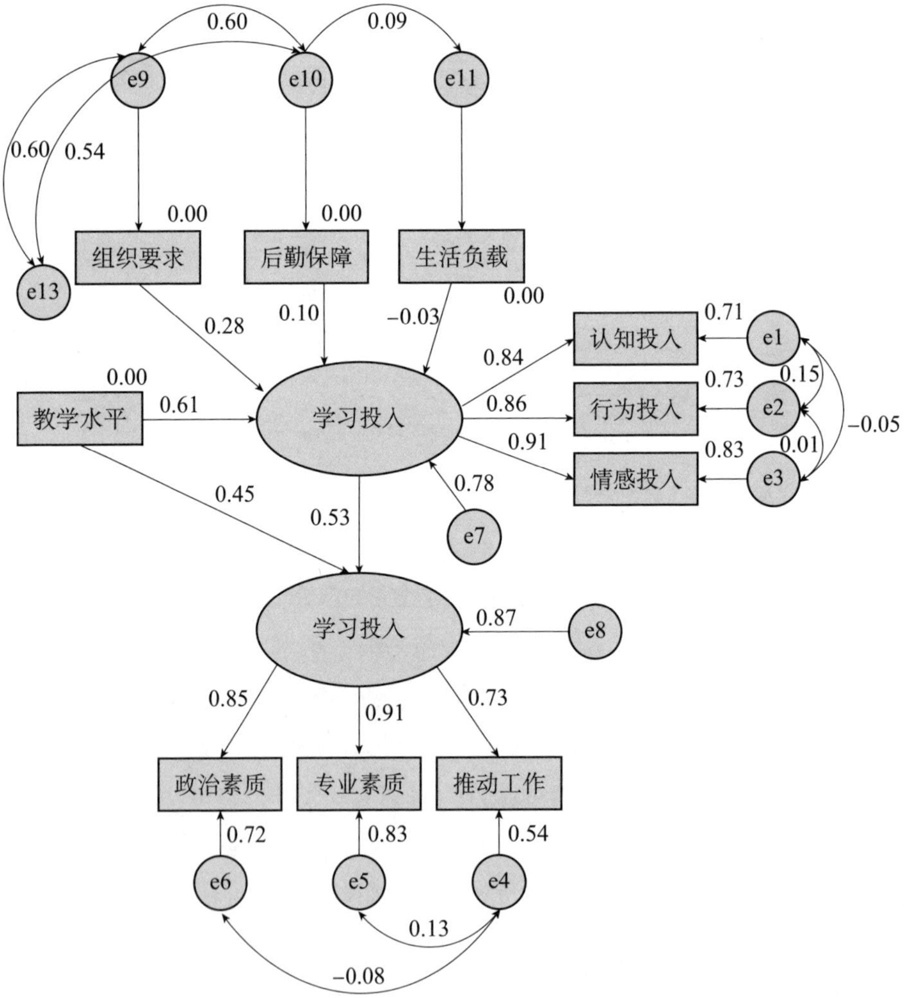

图 6－6　结构方程模型输出

根据结构方程模型中评价模型拟合优劣的相关理论，结构方程模型的拟合优劣指标结果如表 6－14 所示。

表 6－14　结构方程模型适配情况①

模型适配指标	适配标准	指数值	适配判断
P 卡方值显著性概率	*P*>0.05	*P*=0.000	×
GFI	>0.90	0.977	√
AGFI	>0.90	0.947	√
SRMR	<0.08	0.026	√
RMSEA	<0.05 良好，<0.08 合理	0.069	√
NFI	>0.90	0.984	√
RFI	>0.90	0.970	√
IFI	>0.90	0.985	√
TLI	>0.90	0.971	√
CFI	>0.90	0.985	√

从上表可知，除卡方值显著性概率外，模型其他指标适配良好。卡方值容易受样本数大小的变化而波动，须参考其他适配度统计量。综合其他指标，本研究认为所构建的结构方程模型可以接受。

四、结果解释

在两个测量模型中，学习成效中三个观测变量政治素质、专业素质、推动工作方面，因素负荷量分别为 0.85、0.91、0.73，均大于 0.71 的标准，说明这三项对干部整体学习成效具有较高的解释力。其中专业素质以 0.91 贡献最大，推动工作为 0.72 贡献最小。这一点与本研究访谈以及之前问卷调查描述性结论一致，即推动工作方面的成效最小。

学习投入中的三个观测变量“行为投入”“认知投入”“情感投入”的标

① 指标标准参见林嵩《结构方程模型原理及 AMOS 应用》，华中师范大学出版社 2008 年版，第 48 页，转引自王纾《研究型大学学生学习性投入对学习收获的影响机制研究——基于 2009 年“中国大学生学情调查”的数据分析》，《清华大学教育研究》2011 年第 4 期。其中，因素负荷标准参见夏洁《就业观念对高校毕业生求职的影响》，北京大学 2021 年博士学位论文，第 48 页。

准化因素负荷量分别为：0.73、0.71、0.83，均高于0.71的标准，说明它们分别对学习投入具有比较高的解释力。这其中，以“情感投入”贡献最大，“认知投入”排最后。

在影响干部学习投入的路径系数中，生活负载对学习投入为－0.3，说明它对干部学习投入存在负面影响，但影响力并不太大。后勤保障对学习投入的系数为0.1，二者之间存在正相关，但影响同样有限。组织支持对学习投入的路径系数为0.28，教学水平对学习投入的路径系数为0.61。说明影响干部学习投入的主要因素是组织支持和教学水平。这就证明本研究中的假设一、假设四、假设五等均成立。

在影响学习成效的路径系数中，教学水平、学习投入分别为0.45、0.53。这充分说明，影响学习成效的两大主要因素分别是学习投入和教学水平。这也证明本研究中的假设二、假设三是成立的。

通过结构方程模型，还可以具体分析潜变量对潜变量、观测变量对潜变量之间的直接效应关系，还可以分析观测变量对潜变量之间、潜变量对潜变量之间的间接效应关系。标准化的路径系数为效应值，直接效应在模型图的路径系数中可见，间接效应由相应的路径系数相乘计算得出，总效应为直接效应和间接效应之和。

表6－15列出了学习成效的效应分解表，显示学习投入、教学水平对其产生直接效应，组织要求、生活负载和后勤保障等的间接效应，以及教学水平通过学习投入对学习成效产生的间接效应。

表6－15　干部学习成效效应分解

直接效应				间接效应				总效应
路径			路径系数		路径		路径系数	
学习成效	←	学习投入	0.528	——				0.528
学习成效	←	教学水平	0.446	——				0.446
——				学习成效	←学习投入←	组织要求	0.148	0.148

续表

直接效应				间接效应				总效应
路径			路径系数		路径		路径系数	
——				学习成效	←学习投入←	生活负载	−0.015 9	−0.015 9
——				学习成效	←学习投入←	后勤保障	0.053	0.053
——				学习成效	←学习投入←	教学水平	0.323	0.323

结构方程模型还可以分析具体影响因素的因素载荷对学习成效的总效应。结合表 6 - 15 的数据，从表 6 - 16 中可以看出，教学水平以直接效应 0.446、间接效应 0.323，总效应为 0.769 排在第一位。情感投入、行为投入、认知投入分别以 0.482、0.456、0.445 的总效应分别排第二、第三、第四位。组织要求以 0.147 的总效应排在第五位。后勤保障、生活负载分别以 0.053、−0.0159 的总效应排在后两位。

表 6 - 16　干部学习成效影响因素效应分析

影响因素	因子载荷系数	总效应	效应排序
教学水平	0.45	0.769	1
情感投入	0.91	0.482	2
行为投入	0.86	0.456	3
认知投入	0.84	0.445	4
组织要求	0.28	0.147	5
后勤保障	0.10	0.053	6
生活负载	−0.03	−0.015 9	7

上述结构方程分析有力地支持了前一章研究的部分结论：干部学习投入对取得良好学习成效影响较大；教学水平不仅直接影响学习投入，还通过影响学习投入间接影响学习成效；组织要求直接影响干部学习投入。也充分说明了学习投入对学习成效的重要作用，组织支持的主导作用，教学水平的直接作用。

第七章

研究结论与相关建议

本章导语

- 主要结论如下：一是加强参训干部学习成效评估工作；二是努力提升干部学习投入；三是从组织支持、卓越教学等因素加以干预；四是充分运用并发挥组织支持主导、卓越教学直接作用下的影响机制。
- 主要建议如下：一是加强干部学习投入研究，重视干部学习投入的理论研究和实际运用，创新干部教育培训评估模型和指标体系；二是加大组织支持力度、提升办学核心竞争力以积极提升干部学习成效。

第一节　主要结论

本文主要结论如下。

一、加强参训干部学习成效评估工作

干部教育培训质量是符合性质量观和适用性质量观的有机统一，最终落脚点体现在干部学习成效上。根据西方培训效果评估理论，学习成效主要体现参训者在知识、技能、态度等方面的变化，以及在实际工作中的运用。在企业界，还测评培训投资回报率。中国的干部教育培训，不仅仅是“训”，还有“育”，其成效要体现参训干部在政治素质、专业素质的提升，以及在实际工作的运用也即推动工作等方面。干部学习成效高低不仅体现干部教育培训质量，更直接决定了该教育培训项目存在的价值和意义。因此，加强对参训干部学习成效的评估工作，是干部教育培训过程中必不可少的重要环节，也是确保干部教育培训质量的重要保障。

干部教育培训工作作为干部队伍建设的先导性、基础性、战略性工程，同样也是一项经济投入和时间成本投入巨大的工程。中共对干部教育培训要求“全员培训”，并且明确规定省部级、厅局级、县处级党政领导干部 5 年期间必须接受累计 3 个月或 550 学时的培训，其他干部每年累计培训不得少于 12 天或 90 学时。从时间成本来看，每名干部每年至少要在教育培训上花费 12 天时间，重要班次时间更长。以中央党校（国家行政学院）2018 年春季主体班次为例，省部级干部专题班次为 2～3 个月，厅局级干部专题班次、县委书记培训为 2 个月，中青年干部培训、民族干部培训为 4 个月，“习近平新时代中国特色社会主义思想”理论研修班、西藏民族干部培训班等学制为 1 年。由中央组织部、中央和国家机关工委主办，由中央党校（国家行政学院）、国防大学、北京大学、清华大学、中国人民大学、北京师范大学等院校承办的中央和国家机关司局级干部专题研修，项目自 2010 年首次举办以来截至 2023 年已经连续举办 14 年，专题班培训学时基本固定为 5 天。干部参加脱产教育培训恰恰正是占用工作时间。

在人力资源和社会保障部发布的统计公报中，仅2016年公布了全国公务员队伍人数，其他年份暂未见其公报。根据该公报，截至2016年底，全国共有公务员719万人。[①] 2016年底修订的《中央和国家机关培训费管理办法》，规定培训费包括综合定额和讲课费两部分，其中综合定额又包括住宿费，伙食费，场地费、资料费、交通费，以及其他费用等，按照干部级别不同分为一、二、三类培训，每人每天标准分别为750元、650元、550元。一般来说，一类培训为省部级干部培训，二类为司局级干部培训，三类为处级以及以下干部培训。讲课费最高的每天为6 000元人民币。各个地方依据该管理办法制定了本地方干部培训费标准。假若以2016年底719万人的全国公务员队伍为基准，按照全员培训计算，每人每年参加脱产学习10天，每人每天综合培训定额平均以500元计算，仅综合定额费用一年就可达到359.5亿元人民币。这一数据仅仅是对公务员队伍培训费的大致估算，根据第三章第一节中核心概念的界定，“干部”的范围远大于“公务员”范畴，不仅包括公务员，还包括国有企业经营管理人员和专业技术人员。此外，这一数据仅仅是对综合定额的估算，尚未包括讲课费，也未包括各级政府对各级党校（行政学院）、干部学院等专门干部教育培训机构的硬件投入和运行投入等费用。因此，从经济投入来看，各级主办单位对干部教育培训的投入也是巨大的，而这些基本上又都是财政投入，花的是纳税人的钱。无论是主办方还是社会公众，如此巨大的时间成本和经济成本投入，也必然要求取得良好的学习成效，这种投入才是真正具有价值意义的。从更深层次角度说，如果参训干部没有取得什么成效，只是“认认人、养养神、串串门”，不仅是时间和经济上的巨大浪费，也给社会带来不良影响。

正因如此，对干部参加培训开展考核评价也历来是官方强调的重点。《干部教育培训工作条例》第八章“考核与评估”部分第五十二条“建立干部教育培训考核和激励机制”中，规定“干部接受教育培训情况应当作为干部考核的内容和任职、晋升的重要依据”，强调了对参训干部开展考核的重要性；

---

① 《2016年度人力资源和社会保障事业发展统计公报》，人力资源和社会保障部网站，http://www.mohrss.gov.cn/SYrlzyhshbzb/zwgk/szrs/tjgb/201805/t20180521_294286.html。

第五十三条提出“干部教育培训考核的内容包括干部的学习态度和表现，理论、知识掌握程度，党性修养和作风养成情况，以及解决实际问题的能力等”，强调了考核的内容。《2018—2022年全国干部教育培训规划》第六部分第四条“建立健全干部教育培训考核评价制度”中，也提出“全面考核评价干部的学习态度和表现、理论知识掌握程度、党性修养和作风养成情况以及解决实际问题的能力等”。这两个文件均强调对参训干部做如下考核评价：其一是学习态度和学习表现；其二是理论掌握、党性养成和作风养成，干部教育培训中的“理论”具有特定意义，一般意为“政治理论”，包括党性修养、作风养成等，可以视为“政治素质”；其三是知识掌握，一般是指专业素质；其四是解决实际问题的能力，系指推动工作能力。学习态度和学习表现，也就是对参训干部的学习过程进行评价，后三点则是对学习成效的考核或评估。

反过来说，加强对干部学习成效的评估工作，可以视作“组织要求”，对参训干部可起到“指挥棒”的作用，利于增强干部学习投入。从访谈情况来看，在武倩（访谈编号：202）参加的省委党校（行政学院）中青班的学习中，每个单元的学习有1次闭卷考试，还要提交一篇不少于2000字的学习体会。他们一共学习7个单元，加上开班和结业，一共进行了9次闭卷考试。上述考试成绩需要计入参训干部档案。根据武倩的描述，正因为有严格考试，“所以我们同学有一些平常不太认真的，马马虎虎，有上课来睡觉的，但是到了考试的时候还是要打起精神来，毕竟大家也觉得不能考太差，面子上也过不去”。张茜（访谈编号：101）在中央党校（国家行政学院）参加的为期2个月的培训要求他们分组参加课题研究并撰写研究报告。根据她的描述，她利用了很多午休时间，加上熬夜设计问卷调查等，最后撰写出课题报告，过程非常辛苦，但老师和同学对她的课题研究评价甚好，她自己也感觉很有收获。她谈道，“周围知道（课题）的师生，引起关注还可以”。叶梅（访谈编号：309）和唐灿（访谈编号：310）参加的为期2年的精英教师培训对他们的学业考核非常严格，用唐灿的话来说是“魔鬼式的考核”；叶梅对“凝练教育思想”这一考核则形容为“把我们搞得要死”“反正这个考核大家都很痛苦”。但是，考核完之后，她们跟张茜感觉一样，认为特别有收获、很充实。唐灿提到，“可能过程是比较痛苦的，但是你真正结束之后，你会觉得非常舒服，那种很充实的感觉”。像程芬（访谈编号：104）、樊举（访谈编号：

105)、苏泓（访谈编号：119)、章涛（访谈编号：201)、姚颖（访谈编号：204)、方莹（访谈编号：205)、张诚（访谈编号：206)、史斌（访谈编号；207)、柴明（访谈编号：210）等参加某高校承办的中央和国家机关司局级干部专题研修项目，主办单位中央组织部、中央和国家机关工委则要求每名干部参训之后提交一篇心得体会，不要求字数，但要求写出真知灼见、真情实感。王蓓（访谈编号：115)、周胜（访谈编号：116）等参加某高校为期3个月的脱产培训，其所在区委组织部要求他们撰写结业论文并组织专家进行答辩。类似撰写结业论文并参与答辩的，还有某央企组织的青年干部培训班如董芳（访谈编号：203)、黄云（访谈编号：208）等。陆娜（访谈编号：306)、邓宏（访谈编号308）等作为军事院校的教师，因2020年新冠疫情无法正常开展面授教学而在某高校参加“混合式教学”培训，培训期间他们要求改写混合式教学教案并参加答辩，这使得他们课余时间都在讨论教案。

对干部参加培训开展考核评价，既是干部教育培训环节中的重点，也是一大难点。上述在访谈中谈到对学员学习成效的评估方式，包括闭卷考试、参与课题研究并撰写研究报告、撰写心得体会或结业论文、凝练参训教师的教育思想、改写混合式教学方案等，是对参训干部脱产学习成效的具体考核方式，按照柯氏四级评估模型划分，仅属于“学习层”的评估。如同中小学或大学生对学习成效评估，将学业成绩作为学习成效中的一项来对待。但按照评估理论，还应该在干部教育培训结束以后的一段时间内，对参训干部在“推动工作”即“结果层”方面进行评估。当然，上述项目能够在“学习层”上对学员进行考核，已经算是做得不错了。根据本研究者在实际工作中的了解，在高校举办的脱产干部教育培训项目，学时往往在1个星期左右（除去往返时间，实际参与培训为5天），绝大部分项目对学员并无上述考核，也无专门的学习成效评估，基本上仅评估教师教学水平，即“反应层”评估。因此，将对干部参加培训开展考核评价视为难点，正是因为从重点项目或学制较长项目来看，难以将学习成效评估延伸做到培训结束之后的“推动工作”效果评估；从一般项目来看，则连简单的“学习层”效果评估也很难做到。

对参训干部难以开展考核评价的主要原因，本研究认为主要有如下几个方面。一是缺乏科学的可操作的学习成效评估指标体系。在学习成效的评估上，一些研究者自觉或不自觉地以国外现有评估模型为基础，结合干部教育培训实际情况设计评价指标，但缺乏干部培训结束以后个体行为改变以及对组织带来影响的评估等；也有的评估指标量化到权重，可操作性相对较差。其二是科学的成效评估会增加经济投入，增加了工作量，提高了培训成本。尤其对参训干部后一段时期内进行“推动工作”方面评估，需要投入一定的时间成本、人力成本和经济成本。当然，从更深层次原因分析，还在于主办单位的重视程度和承办单位的有效配合。

综上，本研究认为，主办单位应该着重加强对参训干部学习成效的评估工作，解决干部教育培训环节的“最后一公里”。这样，通过学习成效评估，既能肯定干部教育培训的价值意义，反过来又能通过组织要求促进干部学习投入。

二、努力提升干部学习投入

干部学习投入是干部在参加学习过程中投入的时间、精力、身心力量乃至心血，统合了干部对学习的兴趣、意愿、热情、动机、努力、勤奋等要素，是一个体现在行为、认知、情感等多维度的元结构，也是官方文件中“学习态度”和“学习表现”科学的具体体现。在第一章研究中，本研究从马克思主义哲学强调人的主观能动性、唯物辩证法的内因作用、教育学中的学生主体作用、学习心理学中认知学习理论和建构主义学习理论对学习者主观能动作用等方面进行了深入分析，强调学习投入便是学员在学习过程中主观能动性、内因作用以及主体作用发挥的体现，事关干部教育培训质量。本研究通过质的性研究归纳得出干部学习投入对学习成效的直接作用，并根据结构方程分析，得出其直接影响的效应标准化路径系数达到 0.528，影响效果非常显著。

官方文件对参训干部学习过程中的评价非常重视。如前所述，《干部教育培训工作条例》《2018—2022 年全国干部教育培训规划》均强调要对干部的“学习态度”“学习表现”进行考核评价，并且强调干部教育培训情况与干部考核内容和干部任职、晋升的重要依据；而干部教育培训考核不合格的，年度考核不得确定为优秀等次。在《2018—2022 年全国干部教育培训规划》中还进一步提出，“加强干部选拔、培养、管理、使用工作的统筹，对中青年干部培训班等中长期主体班次强化跟班考察，通过开展谈心谈话、学员相互评价等方式，了解学员表现，为培养、考察、识别干部提供参考”。这些表明，官方对学员学习过程中的态度和表现等学习过程评价极为重视，并且要求将对干部的考核、任职、晋升结合起来，在评价方式上还提到学员互评等方式。这一要求对于具有培养前途的干部来说，无疑具有极强的导向作用，比如中青班或青年干部培训一定程度承载着干部培训和干部培养的双重职责。本研究中的访谈对象董芳（访谈编号：203）、黄云（访谈编号：208）、李健（访谈编号：209）均来自同一家央企金融机构，他们在经过集团公司严格选拔后，参加了由集团公司主办、某高校承办的青年干部培训班，结业后不久就进一步晋升了；张兰（访谈编号：117）、祝康（访谈编号：118）、吴梅（访谈编号：114）来自某直辖市的某区，同样在经过区委主要领导审定后，参加了由区委组织部委托某高校举办的培训班，培训后不久得到提拔。当然，能够将培训与任职、晋升结合起来的项目，主要集中在中青班等具有干部培养性质的班次。在要求全员培训的背景下，绝对多数培训班次与此并无直接联系。在访谈中，绝大部分受访者也证实了这点。

根据官方要求，作为干部教育培训的主阵地、主渠道，党校（行政学院）、干部学院比较注重对干部学习态度和学习表现的开展评估。从高校系统来看，自 2009 年中央组织部、教育部将北京大学等 13 所知名高校确定为首批全国干部教育培训高校基地，以及各省、区、市相应确定一批省级干部教育培训高校基地以来，高校已经成为开展干部教育培训的重要方面军。根据本研究者在高校多年从事干部教育培训工作实际来看，高校承办干部教育培训班次学时基本以一周时间居多，很少对学员的学习态度和学习表现开展评估。在第二章理论基础与研究方法中也发现，虽然有党校（行政学院）和干部学院已经将学员有关出勤、课堂纪律、学习情况等表现纳入评估或量化考核范畴，但他们的做法，由于缺乏学理支撑，仅仅关注考勤、纪律、完成要求等外显行为表现，并未真正涉及学员心灵深处和入脑入心。

本研究通过访谈发现，一些干部认为教育培训是干部持续成长的重要平台，是工作事业前进的加油站或充电站，还有一些干部认为是一种福利，也有个别干部认为是一种生产力，能够给企业带来直接经济效益等。与某些认为参加学习就是“修身养性”“调整心情”的观念相比，参训干部更认可参加学习是“转换心情”，是更新知识、更新理念、转换思维等的重要方式，因为长时期工作容易使人思维固化、形成定式。由于高品质教育培训资源稀缺，且开展干部教育培训成本巨大，很多干部认为脱产培训机会来之不易，非常珍惜。有的参训干部对上级组织或所在单位心存感恩、感激之情，唯恐辜负他们，并以此作为学习动力；也有干部本身就热爱学习。在调查问卷中，关于行为、认知和情感三个维度学习投入，共 17 个观测变量（在第七章中进行建验证性因素分析时调整过的测量指标），按照李克特 5 点量表法，均值为 4.53（注：最高为 5）。这一数据意味着绝大部分干部各项投入在“完全符合”和“基本符合”之间，参训干部对学习投入的自我评价总体较高。

对问卷调查中学员学习投入自我评价较高需做客观深入分析。一方面，本研究采取的是自我报告法，即学员根据问卷题目自行评估，这种方法某种程度上存在一定局限，“学生可能受社会期望的影响，会隐瞒自身的低学习投入状态等”。这点在访谈中也能得到一定体现，绝大部分被访谈对象对自己的学习投入评价较高，但被询问到其他同学时，则能发现一些同学存在不投入的现象。如武倩（访谈编号：202）在某省委党校（行政学院）学习时，就观察到其他同学，有上课睡觉的、有写作业抄袭的、在手机管理上存在上有政策下有对策的；黄云（访谈编号：208）在谈到其他同学时，也提到有在课堂上开小差、玩手机的，甚至有逃课逛街等现象。本研究者通过其他渠道可知，有参训干部在党校（行政学院）封闭学习期间组织下属代为撰写发言材料或心得体会。问卷调查显示，32.9%的参训干部“只关注对自己感兴趣的部分，或听到哪儿算哪儿”，这也说明近 1/3 的干部面对自己不感兴趣的课程容易分心、走神。另一方面，如第四章第四节分析那样，在三个学习投入维度的所有具体指标测量中，考勤和纪律遵守等规则性程序性投入居于所有测量指标的前 2 位，而深度思维等认知性投入居中，课堂专注度等行为投入靠后。因此，学习投入的均值很大程度是受到规则性或程序性行为投入高的分值拉高所致。尽管规则性或程序性行为投入也是取得学习成效的必要条件，但它却不是充分条件，并不能对学习成效产生直接影响。这一点说明有一些干部在教育培训中确实存在学风不正、学习投入不足等现象。

因此，参训干部需充分发挥主观能动性作用，彰显学员主体，将时间、精力乃至心力投入到学习中来，不仅遵守各项培训纪律，更要投入激情、展现积极向上精神风貌，还要结合实际工作深入思考、反思学习，从行为、认知和情感等多方面加强投入。主办单位和办学机构要加强对参训干部学习投入评估，科学、准确评价其投入状况。

三、从组织支持、卓越教学等核心影响因素加以干预

国外一些学者认为学生学习投入是可塑的，开展学习投入研究的目的在于探寻影响学习投入的因素，从而对其学习投入进行干预。本研究在第一章研究的问题中，把探寻影响干部脱产学习投入、学习成效的影响因素作为进一步深入研究的问题明确提出。在第四章学习投入状况分析中，本研究列出了影响行为投入、认知投入和情感投入的所有直接影响，并加以初步分析。在第六章中，将影响学习投入和学习成效的直接因素列为 21 项。通过类属分析，将 21 项进一步归纳为 4 个方面共 13 项。4 个方面即组织因素、教学因素、后勤保障和个体因素。进一步研究深入发现，个体因素、生活负载均受组织因素制约，真正对干部学习投入和学习成效的核心因素是 2 个，即组织因素和教学因素。也就是组织支持和卓越教学，它们对促进干部学习投入、提升学习成效起到非常重要作用。

组织支持包括组织关心、组织要求，它对干部学习投入和学习成效中起着主导作用。主要体现在，它对某个干部教育培训具体项目办学全流程具有最终决定权，是干部教育培训中的“甲方”，决定着项目能否举办、在哪里举办、培训目标、课程内容和授课师资等，对整个干部教育培训起到统领性和决定性作用。当然，组织支持同样对干部学习产生直接约束作用，因为根据组织人事关系，每一名干部的日常考核、培养、调整、升迁等，都要有其相应组织对其进行管理。这一点比办学单位在学员管理方面更具权威。在实际工作中，从组织关心来看，包括主办单位相关领导对培训班次的重视，如出席开班式提出相应要求、亲自参与授课，或者直接与学员进行面对面沟通、倾听参训干部意见建议，这无疑可以起到强烈的鼓励和鞭策作用。董芳（访谈编号：203）、黄云（访谈编号：208）、李健（访谈编号：209）参加由其集团公司委托某高校举办的青年干部班中，除集团公司分管领导参加开班式和结业

式外，培训期间集团公司总经理还会抽出时间，跟学员开展座谈。武倩（访谈编号：202）参加省委党校（行政学院）中青班学习期间，其省委书记、副书记、省委常委兼组织部部长均亲自参与授课。武倩本人作为省某国企党委常委、组织部部长，在公司委托某高校举办集团重要干部培训期间，除亲自在开班式上讲话提出要求外，还会利用培训期间与一些学员个别交流，并借机考察参训干部，这也体现出组织关心。

从组织要求来看，培训期间的考核要求、纪律要求非常重要。程芬（访谈编号：104）等参加的中央和国家机关司局级干部专题研修项目，中央组织部、中央和国家机关工委等主办单位专门成立高规格的领导小组，成员单位包括各承办院校的校级领导；开班式上均安排相关负责人出席并强调培训纪律；培训期间安排专职联络员全程参与，某种程度起到一定监督作用。还有培训班次中，重要领导亲自跟班参与培训，也能够起到很好作用。如刘勇（访谈编号：301）作为某市级传媒集团副总裁，在其单位委托某高校举办的培训班中，亲自带班学习，起到很好的示范与警示作用。在组织支持上，组织不关心或者要求不严格导致学员纪律涣散，则连起码的规则性或程序性行为投入都无法保障，也就谈不上认知或情感投入。本文第四章第一节中某部委委托高校举办的干部专题研修中，对相关要求执行不到位，就是反例。

教学是整个干部教育培训的核心环节。卓越教学由精品课程和优秀师资组成，他们直接影响着干部在行为、认知和情感等方面的投入，直接影响干部在政治理论和专业知识等方面的成效，并且通过学习投入这中介间接影响学习成效。在整个影响因素中，卓越教学的直接作用显得极为关键。根据结构方程分析，教学水平对干部学习成效的直接效应为0.446，通过学习投入这一中介起的间接效应为0.323，两者相加的总效应达到0.769，是所有因素中影响最大的。卓越教学中的精品课程实际就是培训内容。所谓“内容为王”就是确保参训干部学习到他们在实际工作岗位中、在个人成长中真正所需要的东西。一般来说，执政党的最新理论成果、国家战略决策部署、重大政策文件、前沿的经济社会发展形势、领导科学和管理知识以及各项专业知识等均为干部培训的内容。具体来说，不同级别、不同类别干部对培训内容需求不同。要避免像李叶（访谈编号：103）在访谈时说的那样：“（内容）‘不解渴’导致培训达不到预期，想要的得不到、教的都会，能不睡觉?”如果说培训内容是决定参训干部对学习是否产生兴趣的重要因素的话，教学水平则是决定了干部能否坐得住、听得进去的决定性因素。学历高、实践经验丰富是现有干部的主要特点。在本研究中，从 4 261 份有效问卷来看，具有本科学历的参训干部占 65.9%，硕士研究生 24.0%，还有 4.0%的博士研究生，合计本科及以上学历占比 93.9%。加上互联网时代，各种线上学习资源可谓目不暇接、唾手可得。这些对教师教学水平也提出了更高要求。本文第六章中对高水平师资总结了 7 个特点，即一定的知名度，如行业大咖等，还要有较强的政治性、思想性、专业性、针对性、实践性和艺术性。个别学员在访谈中强调，好的师资是成功举办培训的重要因素。

当然，强调上述两个核心因素的作用，也并不否认后勤保障、包括工学矛盾等在内的生活负载等因素的影响。实际上，后勤保障、生活负载等也是主办单位即组织方在举办干部教育培训时需要加以考虑的。如同苏泓（访谈编号：119）在访谈中说的那样：“对学员来讲，住宿条件好一些，伙食条件好一些，大家可能就觉得会很舒服。如果条件很差，各方面都很差，影响情绪以后，也会影响培训效果。当然肯定不是主要的因素，它只是因素之一。”结构方程分析中，后勤保障、生活负载对学习成效的影响分别以 0.053、−0.0159 的总效应排在后两位，说明这两者具有一定的影响值。但在实际工作中，一些单位过于强调后勤保障，在住宿、就餐等方面向办学单位提出不切实际的要求，或者在工学关系处理上过多强调工作，影响参训干部正常学习，也就偏离了开展干部教育培训工作的初衷。

因此，增强干部学习投入、提升干部学习成效，应该着重从组织支持、卓越教学这两大核心因素着手才是关键。

四、充分运用组织支持主导、卓越教学直接作用下的影响机制

对干部参加脱产培训的学习投入、学习成效的影响机制进行分析，是本研究中探究的最为重要的问题。影响机制与前面分析到的影响因素二者之间，既相互联系又相互区别。影响因素是指对学习投入、学习成效产生效应的个体，它是构成影响机制的前提基础；影响机制是一个个影响因素之间构成的

相互作用关系，它是包括影响因素等在内的一个整体。具体到本研究来说，核心影响因素是组织支持、卓越教学，组织支持对干部学习投入、学习成效要起到主导的统领性作用；卓越教学则要起到关键的直接作用；学习投入作为中介因素对学习成效起到重要作用。就学习投入而言，它既要受到组织支持的直接影响，还要受到卓越教学的直接影响，并对干部学习成效起到直接影响作用。具体来说，行为投入中的规则性投入，认知投入中的认识水平以及主动克服生活困难等是取得学习成效的必要条件；情感投入为行为、认知等投入提供精神能量，为取得良好学习成效起到保障作用，它们在取得良好学习成效上同样居于不可或缺的地位。但这些本身对学习成效不直接产生作用。行为投入中的积极主动，认知投入中的深度思考、反思学习等涉及高级思维投入，与实质学习过程高度吻合或者就是实质性学习活动本身，它们可以直接影响学习成效，是取得学习成效的充分条件。

充分运用并发挥组织支持主导、卓越教学直接作用下的影响机制，必须从整体上而不能将各因素分割来加以考虑。比如，组织支持主导作用的发挥，这是强调干部教育培训的主办方在整个干部教育培训流程中所起到的全局性和统领性作用，但在实际操作中，同样离不开办学单位、参训干部所在单位的有力支持与配合。以组织要求为例，主办单位必须对参训干部要求严明，并通过办学单位加以严格实施，这样才能落实到位。由于办学单位与参训干部并不存在组织人事上的隶属关系，没有主办单位的严格要求，仅凭办学单位的努力，是难以达到效果的；反过来说，单凭主办单位严格要求，办学单位落实不严格不到位，同样无法起到应有作用。在提升卓越教学方面，研发精品课程，培养优秀师资团队等方面，更是办学单位的主体责任。同样，参训干部所在单位的支持和配合也非常重要，如积极支持本部门人员参加相关单位组织的干部教育培训，脱产培训期间适当分担其所承担工作，这样可以确保提升学习投入，取得良好学习成效。

参训干部在出勤和纪律遵守等规则性程序性学习投入方面排名靠前，这是确保认知投入和情感投入的重要前提，也是取得良好学习成效的重要保障，充分说明党的十八大以来在全面从严治党背景下取得了良好成效。但规则性投入仅是取得良好学习成效的必要条件，而非充分条件。参训干部要确保规则性行为投入，更要保持课堂专注程度，提升认知投入和情感投入等。办学单位要配合主办单位，每期培训结束以后，对参训干部学习投入状况开展评估，评估本身也为增强干部学习投入提供了引导。

因此，本研究将上述影响机制构建为：组织支持主导、卓越教学直接作用下的干部学习投入与学习成效及其影响机制。既要强调主办单位的主导作用，还要发挥办学单位、学员所在单位等的支持配合作用；既要强调组织和教学作用，也不能忽视生活负载、后勤保障的作用。要从整体上理解并充分运用好这一影响机制，以更好地增强参训干部学习投入，提升干部学习成效。

第二节　相关建议

一、加强干部学习投入研究

（一）建议重视干部学习投入的理论研究和实际运用

学习投入从学生学习这一主体视角，被视为办学质量的重要过程性评价指标，在国外高等教育和中小学领域的研究呈现蓬勃发展之势。高等教育领域的学习投入研究，有侧重行为视角的，也有侧重文化视角的，由于 NSSE 在全世界影响甚大，其评估量表一度被我国学者引入并将其汉化为中文版。中小学领域的学习研究，侧重心理视角，以行为、认知和情感投入三个维度划分为主流方式，注重区分投入、后果和前置因素。两大领域的学习投入理论研究，起初均主要针对学生辍学而开展，后逐渐以丰富学生学校经历、增强学习收益为主要目的。

在我国，干部教育培训领域的学习投入理论研究极少，基本处于空白状态。干部的学习投入过程，不仅影响学习成效，还体现干部教育培训办学质量，更是体现出党员干部的党性和执政党的党风、作风。建议理论界和干部教育培训的主办单位、办学单位予以高度重视，加强对干部学习投入的理论研究和实际运用，以充实丰富干部教育教学理论。如干部学习投入维度到底如何划分、每个维度之下包括哪些具体指标、投入维度之间是否存在相互作用关系，以及如何更加有效运用学习投入理论来提升干部学习投入等。

（二）建议创新干部教育培训评估模型和指标体系

现有干部教育培训绩效评估或质量评估模型研究中，大多以柯克帕特里克四级评估模型为基础，如范柏乃、阮连法等的《干部教育培训绩效的评估指标、影响因素及优化路径研究》。目前我国干部教育培训绩效或质量评估中，基本没有摆脱这一框架。虽然包括柯氏及其后来者想不断完善这一模型，但从干部教育培训实践来看，这一模型在应用中大部分也就停留在“反应层”“学习层”评估上，后面的“行为层”“结果层”评估起来可操作性差。本研究建议，应该创新评估模型，将“干部学习投入”作为“投入层”纳入该评估模型中的第二层；按照干部教育培训目标，取消“结果层”，将干部学习成效和“行为层”结合为“成效层”。

在指标评价体系构建上，“投入层”要从行为、认知和情感投入等维度来构建具体评估指标，而不仅仅是简单的日常考勤、纪律等规则性行为，还应有深度思维、自我调节、认识水平等深度认知投入，以及有充满热情、激情、期盼等积极情感或积极意愿投入。“成效层”方面，个人收益要突破参训者“知识、技能和态度的掌握情况”，根据干部教育培训目标，从政治素质、专业素质提升，以及推动工作等方面来构建具体评估指标。

鉴于此，建议学界和干部教育培训从业人员，高度重视干部学习投入研究和实际投入状况，在积极吸收经典评估模型理论基础上，借鉴其他领域的新的研究成果，结合干部教育培训实际状况，创新干部教育培训评估模型和构建新的评价指标体系。

二、积极提升干部学习成效

本研究的最终目的在于探寻干部学习投入、学习成效的影响因素以及影响机制，达到促进干部学习投入、提升干部学习成效的目的。建议着重从加大组织支持力度、提升办学核心竞争力入手。

（一）加大组织支持力度

1. 严格管理参训干部

本文从对正、反两方面事例的研究表明，办学单位或学员所在组织的严格要求，是促进干部规则性行为投入的有效措施。规则性投入虽然不能直接影响学习成效，但这是取得良好学习成效的必要保障条件。目前来看，来自各层级的规定、要求并不少，也很严格，但关键在于严格执行和严格落实好。严格管理还包括严格学员学业考核要求。这有助于学员进行认知投入和情感投入，当然过程会使学员感到很辛苦，但同时也会很有收获。学业考核可以是培训期间开展研究课题，撰写结业论文或者心得体会。对于提交的这些考核成果，主办单位和办学单位应该组织专人予以评价，并给予学员反馈，这样才能使学员真正重视。否则，没有必要的学业考核要求，那就成了学多学少一个样、学与不学一个样。

2. 重视和关心参训干部

来自领导和单位的重视、关心、爱护或期待，可以从正面有效促进参训干部的深层次情感投入和认知投入。主要领导需要加大对干部教育培训的重视程度，主办单位要多关心激励参训干部，这样也能带动学员所在部门对参训干部的支持。根据组织支持理论，组织关心和组织要求必须要让干部感受到，也就是组织支持感，才能使参训干部产生感恩、感激、不辜负领导和组织的心态，达到深度投入学习的目的。因此，主办单位不仅要做好，而且要通过多种渠道、多种方式，让参训干部体会到组织的用心、关爱等。

3. 给干部参加教育培训以一定自主选择权限

可以在以往自主选学、干部选学基础上，根据自我决定理论，在学习主题、办学单位、参训时间等方面适当给干部自主选择权限，以激发干部内在学习动机。

因此，组织关心从正面激励角度促进干部深层次的认知和情感投入；组织要求从纪律保障和考核等方面促进干部行为投入，部分促进干部认知和情感投入。从正面角度分析，主要领导需要加大对干部教育培训的重视程度，主办单位要多关心激励参训干部，更要有明确的严格要求。这样，才能直接促进干部在行为、认知和情感等方面的投入。

（二）提升卓越办学水平

建议通过打造精品培训课程、建设优秀师资团队、加强培训需求调研，提升卓越教学水平。

1. 打造精品培训课程

好的培训课程如同好的剧本。干部教育培训非常注重实战、实践、前沿。一是注重研发新课程。要根据发展前沿形势，及时将党和国家的重大战略决策部署转化为培训课程，将经济、社会、科技、文化、外交等前沿形势转化为培训课程，将公共管理相关热点案例转化为培训课程，结合干部履职所需专项能力，如提升干部政治能力、危机管理能力、调查研究能力等研发课程。二是注重从全方位打磨课程。要从课程内容、教学方法、呈现形式等多方面进行科学设计，多次演练，反复讲解，以适应干部需要。

2. 找准干部学习需求

鉴于参训干部在学历基础、专业背景、工作岗位、生活阅历，乃至年龄、兴趣爱好等诸多方面存在多样化差异，建议设计培训方案时，主办单位在参训学员中通过问卷调查方式开展培训需求调研。具体来说，就是办学单位根据主办单位事先提出的培训目标、培训主题、培训学时等，设计出尽可能覆盖面广的培训课程方案，由参选干部从中选择。主办单位尽可能将选择集中度高的课程，与组织培训目标的需求相结合，最终确定培训内容。这样，可以在不同干部个性需求上寻找共性，最大限度地找准不同干部的“痛点”。

3. 研发和运用多种教学方式

在用好传统课堂面授为主的基础上，加强体验式、案例式、研讨式、角色扮演式等多种教学方式应用。改变满堂灌的“填鸭式”教学方式，以充分调动干部学习投入。当然，教学方式的运用要根据培训目标、内容而确定。

4. 建设优秀师资团队

优秀师资是干部教育培训的核心竞争力。所谓优秀，取决于自身的学术水平和理论功底，以及“教”的水平。要从政治性、思想性、实践性、专业性、针对性和艺术性等方面来遴选和锻炼师资团队。

通过提升卓越教学水平，促进干部学习投入、提升干部学习成效。

附件一　访谈提纲

干部教育培训学习投入与学习成效研究访谈提纲

一、基本情况

1. 基本情况：性别、年龄、政治面貌、职务（级）、单位。

2. 平时工作状况是否繁重，家庭负担是否过重，身体状况如何。

3. 近三年参加干部教育培训的情况。

二、学习投入

1. 您是否认为干部参加教育培训非常重要？您个人对参加干部教育培训意愿、动机如何？或者是借参加干部教育培训的机会，正好调整下身心状态，或者放松心情、交朋友，还是完全服从组织安排？在遇到一些不如意的情况，比如住宿、就餐等方面条件简陋，能够很好地克服和适应吗？

2. 在参加干部教育培训中，请自我评价下，您的考勤、课题纪律、课题笔记、积极思考、跟老师互动等方面的表现。上课有没有经常玩手机？

3. 您在参加教育培训过程中的情绪状态如何？觉得很开心、很愉悦，时间过得飞快，还是觉得很枯燥、很无聊等？或者离家远了，希望能早点回家陪伴家人、孩子等？

4. 您对个人参加教育培训的投入情况评价如何？您觉得身边同学学习投入情况如何？

三、学习成效

1. 通过学习，在坚定理想信念、锤炼党性修养或增强廉政意识，增强“四个意识”、坚定“四个自信”等方面情况如何？

2. 通过学习，在收获知识和信息量、开阔视野，掌握科学方法、提升专业化能力方面情况如何？

3. 通过学习，在解决实际工作问题方面情况如何？

4. 通过学习，对个人升迁和提拔有哪些影响？

5. 通过学习，个人还有哪些收获？

6. 通过举办干部教育培训，对干部个人和单位产生哪些积极影响？

四、影响学习投入、学习成效的因素

1. 教学管理水平：您参加的培训班授课老师教学水平如何？您觉得教学水平对学习投入、学习成效起什么作用？

2. 制度要求：培训期间组织方、教学单位是否有明确的管理规定，是否得到严格落实，单位领导或专人是否跟班学习并参与管理？您觉得这些制度要求对学习投入和学习成效有什么样的作用？

3. 后勤保障：您在住宿、饮食、交通等方面还适应吗？这些方面是否影响您的学习？

4. 个体特征：您个人的工作情况、家庭情况和身体状况，是否影响您的学习？

5. 其他方面：是否有需要补充的？

附件二　调查问卷

干部脱产教育培训的学习投入与学习成效调查问卷

亲爱的学员：

这是一份关于您近年来参加干部脱产教育培训情况的调查问卷，旨在了解干部学习投入和学习成效，对我们进一步深化把握干部学习规律、改进教学质量具有重要意义。

问卷调查属于匿名答卷，不记单位和姓名，对卷中所列问题，您可完全根据自己的理解和想法回答。我们郑重承诺对您填报的内容严格保密。请您在认定的选项后面的“□”内打“√”或直接填写建议意见。除标注“可多选”的题目外，其余都为“单选”题目。

本问卷共有62道题，请以您参加最近一次脱产教育培训为例填写。您的回答对本研究非常重要，恳请您耐心认真作答。

衷心感谢您对我们工作的大力支持！

“干部教育培训”研究课题组

2021年1月

一、基本信息

1. 您的性别：

（1）男 □

（2）女 □

2. 您的年龄是______岁：

（1）$X<35$ □

（2）$35\leqslant X<45$ □

（3）$45\leqslant X<55$ □

（4）$X\geqslant 55$ □

3. 您的政治面貌是：

（1）中共党员 □

（2）民主党派 □

（3）群众 □

4. 您的最高学历：

（1）专科及以下 □

（2）本科 □

（3）硕士研究生 □

（4）博士研究生 □

注：仅具有硕士学位或博士学位，亦可等同硕士研究生学历或博士研究生学历

5. 您属于以下干部类型：

（1）党政机关干部（含参公管理的群团组织等） □

（2）国有企业经营管理人员 □

（3）专业技术人员（如教师、医生、科研人员等） □

（4）其他 □

6. 您的职务职级（国有企业、事业单位人员比照填写）：

（1）司（局）级 □

（2）县（处）级 □

（3）乡（科）级 □

（4）普通科员及以下 □

7. 您来自哪一层级单位：

（1）中央或国家机关级（包括央企、部委直属事业单位或高校） □

（2）省（市、自治区）级 □

（3）市（地、州、盟）级 □

（4）县（区、市、旗）级 □

（5）乡（镇）级及以下 □

8. 您来自哪个区域：

（1）中央或国家机关（包括央企、部委直属事业单位或高校） □

（2）东部（北京、天津、河北、上海、江苏、浙江、福建、山东、广东和海南） □

（3）中部（山西、安徽、江西、河南、湖北和湖南） □

（4）西部（内蒙古、广西、重庆、四川、贵州、云南、西藏、陕西、甘肃、青海、宁夏和新疆） □

（5）东北部（辽宁、吉林和黑龙江） □

二、以您最近一次参加脱产教育培训为例，您当时的状态

9. 培训期间，时不时有领导、下属或同事通过电话、微信等找您，总有工作放不下（R）：

（1）完全不符合 □

（2）比较不符合 □

（3）一般 □

（4）比较符合 □

（5）完全符合 □

10. 培训期间，自己家里总有这样或那样的事牵挂在心（R）：

（1）完全不符合 □

（2）比较不符合 □

（3）一般 □

（4）比较符合 □

（5）完全符合 □

11. 培训期间，您的身体和精神状态很好（R）：

（1）完全不符合 □

（2）比较不符合 □

（3）一般 □

（4）比较符合 □

（5）完全符合 □

三、参加脱产教育培训期间的物质保障

12. 您对伙食、住宿方面比较适应：

（1）完全不符合 □

（2）比较不符合 □

（3）一般 □

（4）比较符合 □

（5）完全符合 □

13. 您对教学环境，包括从住宿地到上课教室之间的距离都很适应：

（1）完全不符合 □

（2）比较不符合 □

（3）一般 □

（4）比较符合 □

（5）完全符合 □

14. 您对教育培训所在地的气候、空气、交通等环境比较适应：

（1）完全不符合 □

（2）比较不符合 □

（3）一般 □

（4）比较符合 □

（5）完全符合 □

15. 您认为组织方和办学单位在教学管理服务方面比较周全：

（1）完全不符合 □

（2）比较不符合 □

（3）一般 □

(4) 比较符合 □

(5) 完全符合 □

四、参加脱产教育培训的制度保障

16. 您认为，组织方或办学单位对参训干部有严明的纪律要求与学习要求：

(1) 完全不符合 □

(2) 比较不符合 □

(3) 一般 □

(4) 比较符合 □

(5) 完全符合 □

17. 您因工作表现良好而被组织部门精心选拔参加脱产教育培训，因而备受鼓舞：

(1) 完全不符合 □

(2) 比较不符合 □

(3) 一般 □

(4) 比较符合 □

(5) 完全符合 □

18. 组织方或办学单位对学员学习情况要求并不高，只要大家不违反纪律、完成任务即可（R）：

(1) 完全不符合 □

(2) 比较不符合 □

(3) 一般 □

(4) 比较符合 □

(5) 完全符合 □

五、参加脱产干部教育培训的学习投入情况

（一）认知投入

19. 您觉得参加干部教育培训对您来说非常有必要：

(1) 完全不符合 □

(2) 比较不符合 □

(3) 一般 □

(4) 比较符合 □

(5) 完全符合 □

20. 尽管遇到住宿、就餐、场地、气候等方面影响，但您还是积极想办法克服和适应：

(1) 完全不符合 □

(2) 比较不符合 □

(3) 一般 □

(4) 比较符合 □

(5) 完全符合 □

21. 尽管有很多工作和家庭等事务干扰，但您总是想办法专心投入：

(1) 完全不符合 □

(2) 比较不符合 □

(3) 一般 □

(4) 比较符合 □

(5) 完全符合 □

22. 在学习过程中，遇到不太明白的问题，通过请教老师、同学，或查阅相关资料，总是积极想办法弄懂：

(1) 完全不符合 □

(2) 比较不符合 □

(3) 一般 □

(4) 比较符合 □

(5) 完全符合 □

23. 在学习过程中，您总是会主动与生活、工作实际结合起来思考：

(1) 完全不符合 □

(2) 比较不符合 □

(3) 一般 □

(4) 比较符合 □

(5) 完全符合 □

24. 在学习过程中，您只关注自己感兴趣的部分，或听到哪儿算哪儿（R）：

（1）完全不符合 □

（2）比较不符合 □

（3）一般 □

（4）比较符合 □

（5）完全符合 □

25. 假若老师授课内容或方式跟自己预期的不太相符，您总会想办法克服并适应：

（1）完全不符合 □

（2）比较不符合 □

（3）一般 □

（4）比较符合 □

（5）完全符合 □

26. 这种培训对个人来说，其实是可有可无、无所谓的（R）：

（1）完全不符合 □

（2）比较不符合 □

（3）一般 □

（4）比较符合 □

（5）完全符合 □

（二）行为投入

27. 参加脱产教育培训期间，您从干部角色向学员角色转换非常快：

（1）完全不符合 □

（2）比较不符合 □

（3）一般 □

（4）比较符合 □

（5）完全符合 □

28. 参加脱产教育培训期间，您在考勤方面做得很好：

（1）完全不符合 □

（2）比较不符合 □

（3）一般 □

(4) 比较符合 □

(5) 完全符合 □

29. 您在遵守培训纪律方面（含课堂纪律）做得很好：

(1) 完全不符合 □

(2) 比较不符合 □

(3) 一般 □

(4) 比较符合 □

(5) 完全符合 □

30. 在培训课堂上，您会时不时看微信、QQ、邮件等，或浏览网页新闻（R）：

(1) 完全不符合 □

(2) 比较不符合 □

(3) 一般 □

(4) 比较符合 □

(5) 完全符合 □

31. 培训课堂上您喜欢做笔记，将老师的主要思想观点或自己的思考记录下来：

(1) 完全不符合 □

(2) 比较不符合 □

(3) 一般 □

(4) 比较符合 □

(5) 完全符合 □

32. 您在听课过程中，总是保持很专注：

(1) 完全不符合 □

(2) 比较不符合 □

(3) 一般 □

(4) 比较符合 □

(5) 完全符合 □

33. 您总是积极主动完成老师或者上级单位布置的学习要求，如参与讨论、撰写结业论文等：

(1) 完全不符合 □

（2）比较不符合 □

（3）一般 □

（4）比较符合 □

（5）完全符合 □

（三）情感投入

34. 您对参加本次脱产教育培训，内心很期待、很渴望：

（1）完全不符合 □

（2）比较不符合 □

（3）一般 □

（4）比较符合 □

（5）完全符合 □

35. 工作时间长了，能够重新回到校园，又感觉自己重新回到了学生时代：

（1）完全不符合 □

（2）比较不符合 □

（3）一般 □

（4）比较符合 □

（5）完全符合 □

36. 常常担心自己会听不懂或不理解老师的讲课内容（R）：

（1）完全不符合 □

（2）比较不符合 □

（3）一般 □

（4）比较符合 □

（5）完全符合 □

37. 您对这次脱产教育培训感觉很好，很享受学习的过程：

（1）完全不符合 □

（2）比较不符合 □

（3）一般 □

（4）比较符合 □

（5）完全符合 □

38. 您对参加脱产教育培训的办学单位特别喜欢，因为它有着悠久历史、深厚底蕴、优良的校风学风和良好的氛围：

(1) 完全不符合 □

(2) 比较不符合 □

(3) 一般 □

(4) 比较符合 □

(5) 完全符合 □

39. 您对某些授课老师的授课观点或个人魅力特别喜欢并留下深刻印象：

(1) 完全不符合 □

(2) 比较不符合 □

(3) 一般 □

(4) 比较符合 □

(5) 完全符合 □

40. 跟班里绝大部分同学之前不熟悉，培训期间彼此也没有什么交流（R）：

(1) 完全不符合 □

(2) 比较不符合 □

(3) 一般 □

(4) 比较符合 □

(5) 完全符合 □

六、对脱产培训期间教学的评价

41. 您觉得绝大部分老师的授课态度很端正、很严谨、很敬业，能够有针对性备课：

(1) 完全不符合 □

(2) 比较不符合 □

(3) 一般 □

(4) 比较符合 □

(5) 完全符合 □

42. 您觉得绝大部分老师的授课内容与培训目标一致，跟自己预期一致：

(1) 完全不符合 □

（2）比较不符合 □

（3）一般 □

（4）比较符合 □

（5）完全符合 □

43. 您觉得绝大部分老师的授课内容信息量大，既有理论又有案例，还有独到的思想、观点和见解：

（1）完全不符合 □

（2）比较不符合 □

（3）一般 □

（4）比较符合 □

（5）完全符合 □

44. 您觉得绝大部分授课老师比较注重讲授方法，能够做到深入浅出、生动风趣：

（1）完全不符合 □

（2）比较不符合 □

（3）一般 □

（4）比较符合 □

（5）完全符合 □

45. 您觉得绝大部分授课老师在调动学员参与度上做得很好：

（1）完全不符合 □

（2）比较不符合 □

（3）一般 □

（4）比较符合 □

（5）完全符合 □

46. 您觉得绝大部分授课老师的教学水平很高：

（1）完全不符合 □

（2）比较不符合 □

（3）一般 □

（4）比较符合 □

（5）完全符合 □

47. 您觉得培训的整体课程设计，跟自己的工作岗位和实际需要的匹配程度很高：

(1) 完全不符合 □

(2) 比较不符合 □

(3) 一般 □

(4) 比较符合 □

(5) 完全符合 □

七、教育培训收获

(一) 政治素质

48. 通过学习，您对习近平新时代中国特色社会主义思想的形成背景、科学内涵和原创贡献，有了更为系统深入的把握了解：

(1) 完全不符合 □

(2) 比较不符合 □

(3) 一般 □

(4) 比较符合 □

(5) 完全符合 □

49. 通过学习，您对党的政治理论、治国理政思路、重大战略部署等方面有了更多更深入的了解：

(1) 完全不符合 □

(2) 比较不符合 □

(3) 一般 □

(4) 比较符合 □

(5) 完全符合 □

50. 通过学习，您对社会主义核心价值观上有了更多的认同，增强“四个意识”、能够更加坚定“四个自信”：

(1) 完全不符合 □

(2) 比较不符合 □

(3) 一般 □

(4) 比较符合 □

（5）完全符合 □

51. 通过学习，您在坚定理想信念、锤炼党性等方面有了进一步提升：

（1）完全不符合 □

（2）比较不符合 □

（3）一般 □

（4）比较符合 □

（5）完全符合 □

52. 关于政治理论方面，老师讲得比较虚，距离实际比较遥远，不接地气（R）：

（1）完全不符合 □

（2）比较不符合 □

（3）一般 □

（4）比较符合 □

（5）完全符合 □

（二）知识能力

53. 通过参加教育培训，感觉自己在知识和信息量方面收获很大：

（1）完全不符合 □

（2）比较不符合 □

（3）一般 □

（4）比较符合 □

（5）完全符合 □

54. 通过培训，感觉自己在开阔视野、提升境界等方面收获很大：

（1）完全不符合 □

（2）比较不符合 □

（3）一般 □

（4）比较符合 □

（5）完全符合 □

55. 通过培训，感觉自己在掌握科学方法、提升专业能力等方面收获很大：

（1）完全不符合 □

（2）比较不符合 □

（3）一般 □

（4）比较符合 □

（5）完全符合 □

56. 通过培训，感觉自己在提升人文素养、艺术修养和保持心理健康等方面收获很大：

（1）完全不符合 □

（2）比较不符合 □

（3）一般 □

（4）比较符合 □

（5）完全符合 □

57. 通过培训，感觉自己在进一步拓展思维、转变思想观念方面收获很大：

（1）完全不符合 □

（2）比较不符合 □

（3）一般 □

（4）比较符合 □

（5）完全符合 □

（三）推动工作

58. 通过参加教育培训，对解答您工作多年的困难疑惑很有帮助：

（1）完全不符合 □

（2）比较不符合 □

（3）一般 □

（4）比较符合 □

（5）完全符合 □

59. 参加教育培训的很多内容，可以直接运用到实际工作中：

（1）完全不符合 □

（2）比较不符合 □

（3）一般 □

（4）比较符合 □

（5）完全符合 □

60. 通过本次培训，预计对您下一步提升工作效率、推动工作发展有所成效：

（1）完全不符合 □

（2）比较不符合 □

（3）一般 □

（4）比较符合 □

（5）完全符合 □

61. 通过参加本次培训，预期对您下一步任职或任用的影响：

（1）没什么帮助 □

（2）比较小 □

（3）一般 □

（4）比较大 □

（5）非常大 □

62. 对于干部教育培训，您还有其他什么体会、感悟或意见建议：________。

问卷填写到此结束，谢谢您的支持！

后　记

笔者2005年硕士研究生毕业后留在北京大学工作，从事干部教育培训已近20年。其间正逢党的十六大、党的十七大作出“大规模培训干部，大幅度提升干部队伍素质”的战略部署，党的十八大强调“高质量教育培训干部”，干部教育培训事业蓬勃发展。笔者曾有幸经学校党委推荐，于2012年借调中央组织部，参与《2013—2017年全国干部教育培训规划》部分起草工作。在长期学习领悟和实践过程中，笔者深感高层领导对干部教育培训高度重视，对参训干部表现情况高度关注，对干部学习成效高度期待。尽管政策层面屡次强调对参训干部学习态度和学习成效要加强考核评估，但由于干部教育培训自身的理论化水平有待提高，导致在操作过程中很难科学有效执行。为了科学评估干部在参训期间的学习表现，考核其学习成效，探究影响它们的因素，在我的导师北京大学教育学院丁延庆副教授的悉心指导下，我将干部学习投入和学习成效作为主攻研究方向，完成博士学位论文《干部学习投入与学习成效及其影响机制研究》，并最终顺利通过答辩。本书正是在我的博士论文基础上修改而成的。

在国外，无论是在高等教育学界，还是在中小学教育领域，“学习投入”在相当长时间里是一个研究的热点，它被视为教育质量的过程性评价指标。因此，本书的主要研究目的有四个。一是借鉴学习投入理论，从行为投入、认知投入和情感投入三个维度来呈现干部参加脱产学习时的投入状况。在现有考核评估实际中，侧重于从出勤、纪律等外显行为来评估参训干部学习态度和行为表现，对照学习投入理论的三个维度，显然远远不够。二是运用现代培训的评估理论，结合干部教育培训实际，从提升干部政治素质、专业素质和推动工作三个层面对干部参加脱产培训的学习成效加以评估。政治素质、专业素质是干部教育培训的重要内容，理论联系实际、推动工作发展是干部教育培训的最终目的。三是运用质的研究方法，探寻影响干部学习投入、学习成效的主要因素。本书通过一级编码、二级编码和三级编码进行类属分析，从中归纳统合力强的核心概念，最终得出核心影响因素是组织因素和教学因素。四是探寻这些影响因素之间是如何相互作用的，也就是影响机制。本书运用扎根理论方法，在影响因素的核心概念之间，以及核心概念和学习投入、学习成效之间建立起概念联系，构建干部学习投入、学习成效的影响机制理论模型，即组织支持主导、卓越教学直接影响的影响机制；并通过结构方程模型对上述模型予以检验。当然，本书根本的目的还是通过对影响因素的干预、对影响机制的有效运用，来进一步提高干部学习投入、增强干部学习成效、提升干部教育培训质量。

特别感谢北京大学原党委书记、第十一届全国政协文史和学习委员会原副主任、北京大学教育学院名誉院长闵维方教授亲自为本书作序；感谢中央党校（国家行政学院）傅思明教授、中国井冈山干部学院副院长匡胜教授为本书题写专家评语。

笔者在博士阶段求学过程中，得到了包括导师在内的北京大学教育学院诸多师长的关怀和指导。文东茅教授、班主任汪琼教授多次敦促笔者所在班级同学趁着“手热”抓紧论文写作；丁小浩教授在课堂上“掰开揉碎”的写作要求时至今日仍言犹在耳；阎凤桥教授、陈晓宇教授、岳昌君教授、刘云杉教授、郭建如教授、蒋凯教授、林小英副教授、由由副研究员等老师（排名不分先后）多次给笔者以关心鼓励。在论文写作、修改、答辩等环节，不仅导师丁延庆副教授耳提面命、悉心指导和严格要求，陈洪捷教授、杨钋副教授、鲍威副教授、蒋承副教授、朱红副教授、马莉萍副教授、哈巍副教授、郭丛斌副教授（排名不分先后），以及北京理工大学马永霞教授、北京科技大学曲绍卫教授等，也都提出了诸多宝贵修改意见和建议。在确定研究问题阶段，笔者有幸得到大学本科的授业恩师——北京师范大学心理学部刘儒德教授亲自指导，并获赠他亲笔签名的专著。

本书的完成离不开四十名被访学员、四千多名问卷填写者以及为填写问卷提供帮助的诸多同事和兄弟院校同人的人力支持。略微遗憾的是，根据研究的伦理原则，文中不能使用被访者真名，所有被访者均为化名。论文写作过程中，笔者还得到了国家卫健委科研所张远博士在研究方法、写作规范等方面的诸多帮助。北京大学教育学院负责教务工作的徐未欣老师、邢颖老师、孙冰玉老师等在各个环节给予了教务上的大力支持。

本书的完成与笔者所工作的北京大学继续教育学院密切相关，它为本研究的顺利开展提供了良好的舞台和绝佳的便利；学院诸领导和同事也给予笔者鼎力支持。笔者母亲、妻子、孩子等家人对我的写作也非常理解和支持，母亲、妻子帮助承担部分家务，孩子在学业上孜孜不倦的勤勉努力也给了笔者很大鞭策和激励。本书能顺利出版，同样离不开国家行政学院出版社编辑室主任王莹等的大力帮助。

在此，谨向上述所有帮助过笔者和为本书出版付出辛勤努力的领导、师长、朋友、同事和家人表示最衷心的感谢！由于个人水平有限，书中难免还有谬误之处，敬请读者朋友们批评指正！

廖来红

2023 年 4 月于燕园